金商道

The positive thinker sees the invisible, feels the intangible,
and achieves the impossible.

惟正向思考者，能察於未見，感於無形，達於人所不能。 —— 佚名

有錢人與你的差距，不只是錢

THE BILLION DOLLAR SECRET

20 Principles of Billionaire Wealth and Success

RAFAEL BADZIAG

拉斐爾・巴齊亞——著

陳文和——譯

目錄

名人讚譽

本書能徹底改善你的財務。

——**布萊恩・崔西**（Brian Tracy），著有多本成功心理學暢銷書，包括《成功不難，習慣而已！》（*Million Dollar Habits*）、《吃了那隻青蛙》（*Eat That Frog!*），和《成就心理學》（*The Psychology of Achievement*）等

《有錢人與你的差距，不只是錢》是深入且富洞察力的傑作，充分展現作者拉斐爾・巴齊亞與二十多位受訪億萬富豪交織於心靈的奉獻精神、獨創性和堅韌意志。本書值得所有企業家閱讀，而這要歸功於巴齊亞近乎科學的寫作方法：精心研究多位人物殊異的成長背景與過程，從中發現他們之間的共同點，並歸納出經濟與專業成就的共通特徵。本書作者不是位空想、憑藉想像與意見成書的作家，而是腳踏實地行旅世界各地，向最傑出的人們學習，並甘之如飴將所得寫成本書，分享給熱烈期望成功的讀者們。

——**賈奈兒・蘇**（Jannelle So），菲律賓頻道（TFC）與生活風格網（Lifestyle Network）電視節目主持人及製作人

我極力推薦，本書對人生成功哲學的研究極為透徹。

——**陳覺中**（Tony Tan Caktiong），菲律賓億萬富豪，二〇〇四年「安永世界企業家大獎」得主

感謝作者巴齊亞！這是一本「必讀之作」，那種十年一見、能為多數人開啟封閉門扉的書，能改變讀者對成長、財務成功和商業的思考方式。卓越的研究，發人深省且鼓舞人心。

——**艾伯特．艾倫博士**（Dr. Albert Allen），大倫敦克羅夫頓勛爵、暢銷書作家、艾美獎得獎紀錄片共同製片人、企業家、商業房地產投資家、慈善家

這是一本深思熟慮談論成功的書。作者巴齊亞與世界頂尖企業家會談，並從中萃取珍貴的教訓，本書是他非凡的努力成果。我相信可以改善世界各地眾多讀者的事業與生活。

——**大衛．崔博士**（David Choi），企業與創業管理學教授、羅耀拉瑪麗蒙特大學（Loyola Marymount University）弗瑞．奇斯納企業與創業管理中心（Fred Kiesner Center for Entrepreneurship）主任

鑒於當前經濟競爭極為激烈，我推薦所有企業家閱讀這本絕妙好書。

——**曹德旺**（Cho Tak Wong／Cao Dewang），中國億萬富豪、二〇〇九年「安永世界企業家大獎」得主

巴齊亞闡明了締造財富的先決條件不是特權、教育、教養或龐大的遺產。作者訪談的富豪獲致成功憑藉的是辛勤工作、心靈手巧、奉獻精神、不隨波逐流與奔放的熱情。本書足以啟發世界各地的企業家。

——**尼可斯．卡來吉達奇斯**（Nikos Kalaitzidakis），可口可樂希臘瓶裝公司波蘭分公司總經理

終於有一本書開啟了全球最多產、最神祕、最成功商業指標人物的隱密之窗。巴齊亞將每位億萬富翁脫貧致富的獨特人生故事，巧妙編織成整套超級成功人士共有的特質和原則。我同時稱讚書中大量而深入的研究，使本書生動有趣。不論是企業家、主管階層，或想師法菁英中的翹楚、但對平淡無奇的勵志書感到厭煩的人，這是一本必讀之書。現代的拿破崙·希爾（Napoleon Hill）終於出現了。

——**梅樂蒂·艾維西拉**（Melody Avecilla），企業家、伸展台高跟鞋（Runway Heels）品牌創辦人

我推薦本書，因為書中蒐羅了讓事業欣欣向榮的所有基本要項。

——**羅康瑞**（Vincent Lo），香港億萬富豪、瑞安集團（Shui On Group）創辦人及董事長

巴齊亞率直地揭露，富豪最終邁向成功前所面臨的種種考驗與磨難，並娓娓道出他們的私人生活。他指出社會對這極少數人的諸般誤解，更深入洞察這些獨特的億萬富豪之間相似之處。本書能激發讀者內在的企業家精神，讓人了解藉由努力工作、熱情與些許好運，任何事情都可能成真。

——**塔塔尼亞·敏格**（Tatania Minguet），美泰兒（Mattel）公司國民會計帳資深經理

本書獨到洞察珍稀的億萬富豪心態。不論結果是好是壞，這些人擁有的權力與財金資源足以改變世界。作者憑其人脈，無人能及地進入最富裕人士排外、甚至隱遁的俱樂部。他寫出的專訪與名人軼事破除了（有時則確認了）關於「超高資產淨值神奇人物圈」的形形色色迷思。這無疑是本引人入勝、饒富趣味的書。

——**亞當．詹金斯**（Adam Jenkins），企業家、波蘭卓越的投資基金公司 Pekao TFI 執行長

我極力推薦。本書講述逾二十位成功億萬富豪的真實人生故事。閱讀本書就是樂趣所在。書中對這些企業家成功與締造財富之道，提出了激勵人心的珍貴洞見。他們全是白手起家，沒有繼承家族財產，卻能締造億萬財富。我認為本書不但實用且耐人尋思，讀來津津有味。

——**拉爾斯．溫霍斯特**（Lars Windhorst），德國億萬富豪、斯賓達集團（Sapinda Group）創辦人

巴齊亞有明確的寫作計畫，並專注實現了各項目標。他精挑細選二十多位極成功人士，且秉持毅力完成專訪。閱讀本書就像觀賞一部出色的電影，你會對億萬富豪們的想法與作為拍案叫絕。讀者能從非凡企業家們的諸多面向學習獲益，真是何其有幸。

——**沃爾夫岡．阿爾高**（Wolfgang Allgäuer），企業家、作家、教練、奧地利商務部長企業奧斯卡獎得主

本書對自食其力贏得成功的億萬富豪，有傑出的洞見與獨到觀點。作者講述了他們突破障礙、將規範置之度外、堅持價值觀、不壓抑內在反抗精神以致傷痕累累的諸多故事，既發人深省又振奮人心，足以啟發企業家或「破壞式創新者」成就夢想。本書能使人免於徒呼負負，同時也點出了百萬富翁與億萬富豪差異所在。

——**珊蒂・巴佳維**（Sandy Bhargavi），VR.org 執行長、企業家

這本書很適合年輕時的我，遠勝過當年我購買與閱讀的二十多本傳記書。

——**利瑞歐・帕里索托**（Lirio Albino Parisotto），巴西億萬富豪、Videolar 公司創辦人及董事長

我難忘巴齊亞第一次告訴我這項寫作計畫。當時我單純覺得這是不可能的任務，然而我很快明白了，如果有人辦得到的話，非巴齊亞莫屬。本書遠遠超越對美好心靈的描繪，對世上最富裕人士如何思考，更提供了前所未聞的洞見。巴齊亞並沒有重複講述富豪們的名人軼事，而正確地選擇聚焦於他們「不為人知」的人格、截然不同的背景，和未曾透露過的扣人心弦故事。這是一本必讀的書！

——**湯瑪斯・潘明傑**（Thomas Pamminger），連續創業家、天使投資人，以及沃爾澤爾（Wollzelle）與我們是研發者（WeAreDevelopers）公司創辦人

本書從富豪白手興家的真實人生故事中，抽絲剝繭出成功法則。巴齊亞超越西方文化的界限，引領讀者洞悉前所未見的世界。本書既實用又激勵人心，絕對值得投注時間閱讀……書中自有黃金屋。

——**保羅・芬克**（Paul Finck），
州立農業保險公司（State Farm）行政主管

我認識的最成功人士，與生俱來好奇心，亟欲了解其他人成功之道。本書回應了這項挑戰，揭示出成功企業家達成目標所憑藉的各項特質與步驟。這是傑出的成功路徑圖，每位讀者都能從中學習獲益。

——**傑克・柯溫**（Jack Cowin），澳洲億萬富豪、
澳洲競爭食品公司（Competitive Foods Australia）創辦人、董事長及董事總經理

本書激勵人心，讓人增廣見聞，值得那些尋求更高成就的企業家展讀。巴齊亞研究白手起家億萬富豪的指導原則與心態，也提供給所有追求致富的讀者諸多洞見與實用的參考架構。

——**理查・斯塔福德**（Richard Stafford）博士，
羅耀拉瑪麗蒙特大學副院長及高階經營管理碩士學程主任

我在納米比沙漠的一百公里超級馬拉松認識了本書作者。他準備相當充足，且對熟練的超馬好手言聽計從。在本書的寫作上，他也採取相同的策略：師法卓越的前輩作家。我相信，向書中最成功人士學習將對我接下來各項計畫大有助益。

——**馬丁・楊森**（Martin Jansen），
超級馬拉松選手、冒險家、演說家

我來自大家都想知道「如何成為百萬富翁」的時代。巴齊亞這本新時代著作談論的是，在數位盛行與指數型成長的世界下，成為億萬富豪之道。我認為，讀者將發現，數十年來領導人物的根柢大同小異。本書不同凡響之處，就在於點出這些微妙的差異。

——**奇普．威爾遜**（Chip Wilson），加拿大億萬富豪、體育休閒服品牌露露檸檬（Lululemon Athletica）創辦人

我向來認為，不只要心懷遠大夢想，更要著手圓夢。本書驗證了我的想法。書中來自世界各地的億萬富豪，都懷抱遠大的夢想，而且他們從小處著手並鍥而不捨。作者提出二十項成功法則，為讀者指點各種可能性，引領大家邁向富饒的人生。

——**雅克．沃基維奇**（Jacek Walkiewicz），心理學家、講師、波蘭頂尖的TED演說家

我是在一處個人發展工作坊初識巴齊亞。在所有演說者中，他是唯一熱情無比、信譽卓著且真心執著於使命的人。因為他很出色，於是我邀請他到自己的運動俱樂部演講。之後，他成為我的良師益友。拜他所賜，我開始力爭上游。我遵循信奉的法則發展自己的事業，熱愛所做的事情，並全力以赴。這些法則確實行得通！

——**米洛思．斯維奇**（Miłosz Świć），跑步者俱樂部「野豬突擊隊」（Wild Boar Commando）業主及指導人

參與這部全球性著作，是一次獨特又啟發靈感的經驗。感謝作者給我這次機會，讓我向懷有雄心壯志的讀者傳達訊息、與大家分享我的真實人生經歷。假如我的談話能鼓舞讀者並幫大家達成人生目標，是我莫大的榮幸。我也要感謝巴齊亞因人制宜，營造了愉快又奇妙的訪談氛圍。他引導我愉快地回顧人生早期歲月，讓我有機會重啟當年創業的林林總總記憶。他的提問使我思考了企業家生涯的所有面向，讓我得以重新檢視人生各個不同階段。我一向珍視成功人士以自己的話語，講述真實的人生故事。因此，我樂於閱讀他精選全球商界人士的成功故事，以了解他們的心態和各式動機。

——**佩特．史托達倫**（Petter Stordalen），
挪威億萬富豪、飯店業大亨

我在二〇一五年一月會見了巴齊亞，一開始便對他的熱忱印象深刻。他擁有激發正向情緒的非凡能力，令人十分著迷。他總是面帶微笑做著規模宏大的事情，例如沙漠超級馬拉松、不間斷的旅行、各式網際網路商務，本書寫作計畫尤其如此。這本不同凡響的著作，是他的勞動成果，我確信在未來數十年間將改變世界各地數百萬人的人生。

——**卡米爾．斯塔西亞**（Kamil Stasiak），
超級馬拉松跑者、企業家

巴齊亞的確擅長激勵人心。

——**Y**，魔術師、心理術師、電視明星、「Y的魔術」（Magic of Y）創辦人

我曾對接受本書訪談有所疑慮。無論如何，巴齊亞拜訪我之前，做足準備地研究了我與我的公司，令我深感驚喜。當今社會各階層與各行各業，明顯充斥著專業不足的問題。巴齊亞刷新了我的觀感，對專業重拾信心。我充分享受與他的會談。他的提問既切題又敏感。我不僅期待閱讀書中對我的描述，也亟欲看看他是怎麼寫其他成功人士。

——**彼得・哈格里夫斯**（Peter Hargreaves），英國億萬富豪、哈格里夫斯・蘭斯頓（Hargreaves Lansdown）金融服務公司創辦人及董事長

巴齊亞比億萬富豪本人，更了解他們的思考方式。本書不同於那些隨處可見的、標榜一夜致富方案的廉價書。作者讓人看清世界最富裕人士腦中的想法，他的洞見無與倫比。本書猶如成功路徑圖，幫助任何階段的企業家，達成看似難以企及的財金目標。

——**瑞克・弗里許曼**（Rick Frishman），出版商、公關業者、演說家、多部暢銷書的作者，著作包括《游擊式宣傳》（*Guerrilla Publicity*）與《網路魔法》（*Networking Magic*）

推薦序

把億萬富豪當成人生導師

傑克・坎菲爾（Jack Canfield）

五年前拉斐爾・巴齊亞找我洽談時，我根本不信他能如願訪問逾二十位各國億萬富豪，聽他們分享各自的成功祕訣。試想，要如何說服二十多名億萬富豪，讓他們從無比繁忙的行程裡，抽出寶貴的時間與你合作一項寫作計畫？或許百萬富翁會接受，但經營龐大多元帝國的億萬富豪會同意嗎？我研究成功人士長達四十多年，確知沒人試過這麼做。

過去五年來，我持續與巴齊亞聯繫，發現他對寫作計畫的執著程度令人讚歎。他運用從億萬富豪學來的原則與紀律，確實完成了這件全球規模的難事。而且，巴齊亞說服的不僅是二十一位億萬富豪，這些人更有多位是世界頂尖的企業家。

自二〇〇三年起，世界各國最成功的企業家每年會在摩納哥集會，選出年度的「安永世界企業家大獎」（World Entrepreneur of the Year）得主，也就是他們心目中那年全球最傑出的企業家。

二〇〇三年以來的十五位桂冠得主裡，有八名是億萬富豪。這八人中有五位參與本書寫作計畫，與巴齊亞和讀者們分享他們的智慧。

像這樣收錄如此眾多企業家經驗、洞見與智慧的書籍，堪稱世上獨一無二。巴齊亞與高成就的富豪完成無數訪談，從中歸納出二十項強大的成功原則，這些原則將助你達成事業與財務上的各種夢想。

書中二十一位務實的白手起家商業英雄，不但建立了無與倫比的公司，也廣泛參與慈善活動，對在地和全球社會貢獻良多，各位讀者將逐漸熟悉他們，並從中學習獲益。他們具有引人入勝的願景，更運用聰明才智努力落實，足為大家的楷模。

你將發現巴齊亞有一項獨到的天賦，能使基本上不輕易公開談論工作和財富的人，開懷暢談並分享他們對成功過程的私密看法與感想。閱讀本書，你將受惠於巴齊亞這項天賦，得以一窺在商界登峰造極人士的信仰和作為。作者筆法高超，讓你宛如身歷其境，與書中人物促膝而談，聽他們以簡明易懂的日常語言，講述面臨的各式挑戰、學到的種種教訓、發展出的諸多原則、創發的各式解決問題方法，和他們的努力成果。

你手中這本精彩著作，將逐步消解各種關於富豪的陳舊觀念與誤解。你會發覺，這些富豪並未繼承龐大財產，不是憑藉些許好運就能開展一番事業。事實上，他們都是自食其力而擁有億萬身家。其中有些人甚至家境貧困，起步時似乎前途渺茫。假如你遇見年輕時的他們，可能輕易判斷他們成就微不足道。但他們從未放棄自己，最終憑著不可思議的韌性在商界獲致非凡成就。

本書超越《富比士》或《財星》雜誌普遍描寫富豪的文章，隨著逐步了解這些傑出人士更多的人性面向，你會發現他們基本上跟我們沒兩樣。他們得以出類拔萃，是源於自信，並且深知自我設限會阻礙未來發展。閱讀他們的故事、了解他們致富的心態，你將明白，只要掙脫心理上的限制，就有實現任何心願的無限潛能。

在接下來的三百五十二頁裡，二十一位億萬富豪將成為你的人生導師，指引你了解他們的靈感、動機與資訊。只要專注投入、持之以恆運用他們教授的一切，你也能擁有像他們一樣晉身傑出人士的無窮潛力。

最後，我要祝你「好運」，但實際上你需要的不是運氣，而是實踐能改變人生原則的決心與勇氣。你可以在書中發現所需的各項工具。因此，最終我想說的是「享受閱讀之旅！」

（本文作者為《紐約時報》首屆一指的暢銷書作家，著有《心靈雞湯》（*Chicken Soup for the Soul*）系列書籍、《成功的原則》（*The Success Principles*）、《就是要成功：為成功改變自己》（*How to Get from Where You Are to Where You Want to Be*）、《勇敢去贏》（*Dare to Win*）和《專注的力量》（*The Power of Focus*）。）

財富自由，進而心靈自由

謝文憲

這是為我寫而的書，來得正是時候，我非億萬富豪，但我正往該條路上前進。

回想自己三十年的職業生涯，前面二十年都在累積經驗與能力，但真正賺到錢，享受財富自由，是從二〇一一年才露出曙光。

我試著用我的經歷，對應作者的論述，企圖幫讀者找到蛛絲馬跡，不想推薦一本只是成功勵志、心靈雞湯的書，我用了好幾天的時間，幫讀者先行閱讀，找到作者與我最近十年的發展藍圖，完全契合之處，寫下本書推薦的四大理由：

一、不要追逐錢，錢是水到渠成的副產品：追逐財富，一旦目標達成，很容易喪失成就動機，甚或是變成賺錢機器，這不是成功者的特質，取而代之的是追求人生使命與更高價值。

二、有錢人與普通人的差距，只在敢不敢，要不要，不是能不能：回想我自己這十年，從職業講師到職場作家、專欄作家、廣播主持人、投入影音事業、建立餐廳平台、個人創業、籌拍電影、籌組運動好事協會等等，我都沒有停在原地不動，不滿足現狀，勇敢追求獨立自主，是我與作者的契合之處。

三、市場即戰場：經商與追求財富的道理，在課堂裡都學不到，學會與市場共存，把自己投入市場，接受檢驗。這一點，在我的企業訓練、寫書、寫專欄、做廣播、影音節目，全都印證了這點，銷售工作是我身上最偉大的一枚勳章，不要排斥銷售工作，試著好好銷售自己，讓自己有所不同。

四、雖然是老生常談，卻是顛撲不破的真理：作者提及六大致富習慣、四大經營原則、成功之船，這三個篇章最值得您閱讀，用我的視角，加上長期與成功者、億萬富豪近距離工作的觀察，十分推薦讀者閱讀。

寫這篇推薦文的同時，我與夥伴剛成立影視公司，並籌拍商業電影，作者所提的閱讀觀念、深思熟慮、紀律、不要孤注一擲、注意風險報酬比、溝通能力、用錢要精打細算……，觀念與實例，都深深影響著我，也提醒著我，夢想與使命固然很好，若能搭配落地的執行策略與縝密規畫，或許我真能達到「二億目標」：億萬富豪、票房破億。

選擇的自由是出發點，財富自由是中途站，心靈自由才是目的地，願你我都能擁有全方位的自由，不再暴露於健康、社交、情感、財富、知識的五大風險中。

（本文作者為企業講師、作家、主持人）

見書如見人——我的合夥人曹德旺

李雅雯（十方）

《有錢人與你的差距，不只是錢》一書裡的億萬富豪曹德旺，是我的「合夥人」。我持有曹德旺公司的股票，已經超過八年。八年來，他一手創建的「福耀玻璃」（SHA：600660），幫我攫取了四三四％的利潤，年複合投報超過十八％，效益驚人。

這些年，我就像另一個拉斐爾．巴齊亞。

身為投資者，我持續不斷地檢視他的布局，評鑑他的取捨，聆聽他的願景；我確實看到，曹德旺展現出謙卑而自信，敏銳而務實，出類拔萃，都是萬中取一的特質。這些特質，讓我堅信，書裡所說的，確實是真理。

拉斐爾．巴齊亞說，億萬富豪們，大多有「強烈的「學習慾望」，能做到自我教育、主動學習，回想起來，曹德旺確實如此。他小學都沒畢業，卻為了自學買字典、辭典、百科全書；創業時，鑽研玻璃的製造流程，做出了全中國第一塊汽車玻璃。直到今年，他仍每日讀書三個小時，卻始終堅稱，自己只是「明白了一點點道理」。

福建人稱曹德旺為「曹特勒」（「希特勒」的通義詞），形容他勇往直前，獨斷獨行，而他確實切合「有叛逆感、漠視權威、獨斷獨行」的氣質。二十二歲那年，曹德旺為了還債，曾經連續二十八天不睡覺、不洗澡、不理髮、不吃飯，每日拉一輛五〇〇公斤的板車，一天兩趟，一趟五公里，沒日沒夜，勤奮戮力。小時候，曹德旺朝校長的頭撒尿，被直接退學；成年之後，曹德旺當著官員的面，在國際龍舟錦標賽上，把獎盃扔進了河裡。人們都說，曹德旺「軟硬不吃，實事求是」，而這種大開大闔、暢快淋漓的氣質，也正是作者所洞察的訊息。我們這才恍然大悟，原來是鑽石般的「心智」，讓億萬富豪們，堅不可摧，萬中取一。原來，是「內在的格局」，決定了「金錢的格局」。

退一萬步想，貧與富，或許皆是世人的偏見。但我相信，全力以赴，創造價值、頑強向上的的靈魂能量，卻是上帝的回音。

有為者亦若是。我深受啟發，希望你也是。

（本文作者為暢銷理財作家、投資者）

改變格局，就能晉升上流

許凱廸（阿格力）

從事投資理財教育多年，觀察了成千上萬名的學生後，我發現一般人與富人最大的差距不只是錢。如果要我回答造成這差異的最關鍵原因，答案無疑是「格局」，格局大小基本上就決定了財富多寡的結局。

股海十幾年的經驗中，我從市場上學習到的真理是，任何時刻都是最好的投資時機，差別只在於策略不同。舉例來說，新冠疫情衝擊了多數產業，但電商、物流與軟體業卻是大大的受惠，所以選股格局廣的人能在危機時找到轉機。現實生活中也是同樣道理，凡人始終都再等萬事俱備、外在條件完美時才願意跨出舒適圈改變，但試問何謂完美時機？

台灣目前高房價與低薪的環境，讓很多年輕人直接放棄理財與追求夢想的渴望，但我看到的情況卻完全相反，我認為這是出生三十年以來對年輕人最棒的時代。以筆者出社會僅二年（二十九歲才退伍）來說，我現在是公司負責人、財經節目主持人與暢銷書作家等。許多長輩與同儕都認為我運氣相當好，但實際上是愈努力愈幸運，我早在二十三歲時就在網路上發表投資觀點，累積八年成就今日的事業。君不見一堆二十幾歲的 Youtuber 發表了他們購屋、買車等的紀綠片。他們同樣抓住網路的趨勢，改變了財富的格局。試想年輕人如果在短短十年多前要創業，光是所需的資金、人脈等就是一道超高門檻，今日創業卻只要有一支手機就能開始，無論是拍片還是從事電商小生意。對網路認知格局的不同，造就許多二十幾歲就資產千萬的網紅。所以你要成為流量，還是享受流量？

更重要的是，富者不是等準備好了才開始，而是相信開始了就會準備好，這一念之差的格局，即註定了日後窮與富的遙遠距離。史蒂芬·賈伯斯（Steven Jobs）推出 iPhone 改變了網路的使用載體，伊隆·馬斯克開啟了電動車的時代，讓他們成為傳奇的關鍵，就在於相信會看到的格局，讓他們得以引領潮流而非隨波逐流。

本書統整了富有者的格局，像是事業的勝利者都不只是為了錢而努力，更多時候是享受賽局的樂趣。因為賺多少錢是一個目標，達標後會讓人喪失動機，但追求成就感的動機會讓富者更富。想晉升上流，快翻開本書突破格局。

（本文作者為台大生技博士、價值投資者、暢銷投資作家）

有錢人的現實世界，跟你我都一樣

凱若（Carol Chen）

當你親身遇見一個日入斗金的創業家時，心中會有什麼想法呢？有些人或許會想：「這人絕對天生幸運！」或許會認為他們擁有我們所沒有的資源和能力，甚至會懷疑，這人應該是特別敢做一些不可告人的事，或肯定狼性十足，無法與人愉快相處。總之，我們腦中總有很多的猜測，卻不敢直搗黃龍地問這個問題：「你，是如何賺到這些財富的？」

事實上，這群人與我們之間的距離，不在於能想像到的出身、學歷、背景，甚至許多的他們並非唯利是圖、自私自利之人。他們的腦袋，的確裝著與我們不同的東西！就像寫電腦程式一樣，他們多半從很年輕的時候，就為自己的大腦「重新編程」。別人看到的困難，他們看到機會；你我感受到壓力的狀況，他們視為責任。但他們也絕非活在幻夢之中，反而無比實際，努力利用眼前所有的僅有資源，和現實搏鬥，從未放棄。他們主控自己的生命，主導遊戲規則，甚至控制整個市場與世界。

本書作者拉斐爾．巴齊亞本身也是個創業家，擁有不少財富，他仍舊追根究底去研究那些身價超過十億美金的富豪究竟有什麼「過人之處」。他花了整整五年來訪問這二十多位億萬富豪的故事，歸納出了這些「秘密」與你我分享。我特別喜歡第五章中的「億萬富翁的十大動機」，你絕對能從這些非常務實的WHY之中，得到不同於以往閱讀名人傳記時的啟發。

十七年前懷著女兒時創業，我一直對於創業者的故事非常有興趣。我並不想知道他們畢業於什麼學校（因為我早已離開校園），對他們有什麼家庭背景我也不在乎（因為我們已經無法改變這些事實），我最有興趣的，是這群人如何光用自己的意志力與行動，就能翻轉現實，過著他們期望的夢想生活。

然而，正如我在創業之初所遇到的狀況，巴齊亞所訪問的億萬富豪均是男性創業家。當時，我身邊鮮少有女性創業家，書店架上也很難找到女性白手起家的故事。我一邊親自帶著幼子，一邊揣摩著如何讓事業生存發展。自身經歷過人生與事業的高低起伏後，我也更相信：用著相同的原則和精神，我絕對可以走出一條屬於自己的「成功」之路！雖然這「成功」的定義或許不一定是擁有億萬財富，但打造理想生活所運用的原理都是一致的：樂觀、主控、踏實、勇於冒險，甚至，與人為善。

誠摯推薦本書，給所有有夢的你！無論你的夢想是否是擁有金山銀山，擁有這些生命秘訣，加上經年累月的努力，都會讓你能夠過上自己的理想生活。

（本文作者為斜槓世代創業家、暢銷作者）

—人物介紹—

億萬富豪群像

1. 穆哈德・阿利塔德（Mohed Altrad）——貝都因人

國籍／居住地：法國／蒙彼利埃

一九八四年生，為敘利亞裔法國籍白手起家億萬富豪，阿利塔德集團創辦人及董事長。他的集團提供全世界逾百國建築業相關設備與服務，旗下約有二百家子公司，是全球鷹架業者的領導廠商。阿利塔德也擁有蒙彼利埃橄欖球俱樂部，且是頗有造詣的作家，著有三部小說。他曾榮獲法國榮譽軍團（The Legion of Honor）騎士勳章與軍官勳章，並在二〇一五年成為法國首位「安永世界企業家大獎」得主。

商業檔案

- 如何賺得人生第一桶金：經營鷹架生意
- 事業是……人生
- 成功是……幸福
- 想會見的人物：歐巴馬（Barack Obama）
- 熱愛的事物：文學
- 欠缺的技能：寫出世紀鉅著的能力
- 最佳商業書：馬克思・韋伯（Max Weber）的著作
- 未竟志業：「改造世界。找出使世界更美好的方式。因為我們若故步自封，世界將進一步沉淪。」
- 最景仰的思想領袖：納爾遜・曼德拉（Nelson Mandela）、赫爾穆特・施密特（Helmut Schmidt）、季斯卡（Giscard）、法蘭索瓦・密特朗（Francois Mitterrand）

2. 陳覺中——樂善好施的天才

國籍／居住地：菲律賓／馬尼拉

一九五三年生，白手起家的億萬富豪，亞洲最大餐飲服務集團快樂蜂的創辦人與董事長，旗下有十三個餐廳連鎖事業，包括快樂蜂、格林威治（Greenwich）、超群（Chowking）、紅緞帶（Red Ribbon）、燒烤先生（Mang Inasal）、思邁需漢堡（Smashburger）、菲律賓漢堡王（Filipino Burger King）、高地咖啡（Highlands Coffee）、永和大王（Yonghe King）、宏狀元（Hong Zhuang Yuan）等，在東亞、北美、歐洲與中東十八國開設了逾四千三百家餐飲店。快樂蜂公認是亞洲最受欽佩的公司之一，員工的評價在亞洲也是數一數二。《富比士》雜誌在二〇一三年將其列入了「亞洲最優五十家企業」名單。快樂蜂更是菲國唯一擊敗麥當勞的在地餐飲業者。陳覺中的慈善事業聚焦於供應學生餐飲。他在二〇〇四年榮獲「安永世界企業家大獎」。

商業檔案

- 如何賺到人生第一桶金：經營餐飲服務業
- 事業是……樂趣
- 成功是……與人合作的結果
- 人生座右銘：「己所不欲，勿施於人。」
- 最珍視的建言：誠實正直
- 熱愛的事物：美食
- 欠缺的技能：精通英語
- 最佳商業書：《卡內基溝通與人際關係：如何贏取友誼與影響他人》（*How to Win Friends and Influence People*）
- 未竟志業：「我們當前最大的目標是成為美國速食市場的大贏家。」
- 事業大忌：「我們極力避開與公司文化格格不入的夥伴，尤其是不正直的人。」
- 最景仰的思想領袖：佛陀與印度教思想家

3. 傑克・柯溫（Jack Cowin）——不可能的任務

國籍／居住地：澳洲／雪梨

一九四三年生於加拿大，白手起家的億萬富豪，澳洲競爭食品公司老闆、董事長及董事總經理。澳洲競爭食品公司是澳洲最大食品處理及連鎖餐飲業者之一，旗下擁有澳洲漢堡王連鎖加盟品牌飢餓傑克。柯溫是在澳洲引進速食的先驅業者，於肯德基、漢堡王和達美樂披薩連鎖事業搶得先機。他持有澳洲達美樂披薩絕大多數股權，在澳洲、紐西蘭、日本、法國、荷蘭、德國與比利時擁有超過二千四百家餐飲店。他也在澳洲與北美地區經營其他多種事業。柯溫亦是世界總裁組織（World Presidents Organization）的積極成員，他的慈善事業主要聚焦於高等教育。

商業檔案

- 如何賺進人生第一桶金：經營炸雞店
- 事業是……樂趣
- 成功是……實現人生的目標
- 人生座右銘：「永不放棄。」
- 想會見的人物：理查德・布蘭森（Richard Branson）
- 最珍視的建言：「己所不欲，勿施於人。要公平待人。」
- 熱愛的事物：工作
- 欠缺的技能：「或許是耐心。隨著年齡增長，我愈來愈沒耐心，愈來愈不能容忍他人的錯誤。」
- 最佳商業書：羅德・麥昆（Rod McQueen）所著《成功的驅動力》（*Driven to Succeed*）、法蘭克・哈森弗拉茨的自傳，以及奇普・威爾遜寫的《黑色小緊身褲》（*Little Black Stretchy Pants*）
- 未竟志業：「我想，持續努力的話，我們終將成為紐約證券交易所股票上市公司。這猶如進入大聯盟。」
- 事業大忌：「愚蠢的想法、不必要的冒險。雖然必須冒險，但不要做那些對終局毫無影響的事。」
- 最景仰的思想領袖：曼德拉、皮耶・杜魯道（Pierre Trudeau）

4. 蔡東青——永遠的捕夢人

國籍／居住地：中國／廣州

一九六九年生於中國，白手起家的億萬富豪，奧飛娛樂創辦人及董事長。該集團是中國最強大的創新娛樂事業之一，也是中國唯一在動畫業界擁有完整產業鏈的公司，其事業涵蓋動畫製作、品牌授權、媒體營運、產品設計，以及周邊玩具、遊戲、嬰兒用品和卡通行銷。奧飛也跨足電影、歌劇、主題樂園，及其他與娛樂、消費產品、網際網路、文化和教育有關的互動事業。集團每年推出逾百動畫相關專利玩具，在業界獨占鼇頭。蔡東青並被稱為中國的迪士尼。

商業檔案

- 如何賺得人生第一桶金：銷售玩具小喇叭

- 事業是……合作
- 成功是……活到老學到老
- 人生座右銘：「不經歷風雨，何以見彩虹？」
- 想會見的人物：孫正義
- 最珍視的建言：「所有對我的想法提出不同意見並指出問題所在的建議，它們對我有所裨益且影響深遠。」
- 熱愛的事物：自己的事業
- 欠缺的技能：在海裡自在地游泳、駕駛飛機
- 最佳商業書：《孫子兵法》，以及李嘉誠、馬雲、比爾・蓋茲（Bill Gates）的傳記
- 未竟志業：「我們想要打造中國的迪士尼王國。」
- 事業大忌：「不可只為了做生意而經商。商人要有原則。」
- 最景仰的思想領袖：老子與孔子

5. 提姆・德雷珀（Tim Draper）——風險大師

國籍／居住地：美國／加州矽谷

一九五八年生的傳奇創業投資家，曾榮登《富比士》雜誌評選的「最佳創投人」名單，公認是矽谷人脈最豐沛的創投家。他創辦了德豐傑投資公司（Draper Fisher Jurvetson）、德雷珀事業夥伴公司（Draper Associates），以及德雷珀大學（Draper University）。各界普遍認為他是病毒式行銷的發明者。身為Hotmail、Skype、特斯拉、太陽城公司（SolarCity）和百度的創始投資人，他對這些企業的成功貢獻卓著。他也是SpaceX、Indiegogo、Tumblr、Foursquare等逾千家公司主要投資人，並曾在二〇一五年榮獲「安永世界企業家大獎」。德雷珀亦熱中比特幣且直言不諱。

商業檔案

- 如何賺得人生第一桶金：參數（Parametric）公司的創投案
- 事業是……樂趣
- 成功是……始終不怕失敗
- 人生座右銘：「一切都有可能成真。」
- 想會見的人物：賈伯斯
- 最珍視的建言：「買賣對象是誰並不重要，重要的是人際關係。」

- 熱愛的事物：將企業家精神與創投擴展到世界各地
- 欠缺的技能：彈吉他
- 最佳商業書：威廉・亨利・德雷珀（William H. Draper）的《創業賽局》（*The Startup Game*）
- 未竟志業：改造房地產業、健康事業、保險業、銀行業、投資銀行業、政府
- 事業大忌：「避免追逐潮流。我洞察趨勢而不隨波逐流。」
- 最景仰的思想領袖：喬治・華盛頓（George Washington）、鄧小平、戈巴契夫（Gorbachev）

6. 謝爾蓋・加利茨基（Sergey Galitskiy）——洞燭機先

國籍／居住地：俄羅斯／克拉斯諾達爾

一九六七年生，白手起家的億萬富豪，俄國最大食品零售企業 Magnit 創辦人及執行長，旗下擁有逾一萬七千家便利商店、藥妝店、超級市場和大賣場，員工約二十九萬人。Magnit 也是俄國最大的民間雇主，且擁有六千輛貨車，規模居全俄之冠。其成長至當前的規模並非依靠購併。加利茨基同時也是克拉斯諾達爾足球俱樂部老闆及董事長。他是俄國最受國際敬重的商人，並獲《金磚五國》（*BRICs*）商業雜誌選為俄國最受推崇的企業家。

商業檔案

- 如何賺得人生第一桶金：從事配銷
- 事業是……心智賽局
- 成功是……享受人生每一時刻
- 人生座右銘：「誠實是上策。」
- 想會見的人物：「愛因斯坦（Albert Einstein），並不是因為他創造了相對論，而是因為他絕不聽從任何權威。」
- 最珍視的建言：「要給人第二次機會。這是我的夥伴給我的忠告。」
- 熱愛的事物：競爭
- 欠缺的技能：數學與物理學
- 最佳商業書：華特・艾薩克森（Walter Isaacson）的《賈伯斯傳》（*Steve Jobs*）
- 未竟志業：「我想在足球方面獲致足與商業成就比美的成果。我說的不是贏得獎盃，而是建立適切的運作機制。」
- 事業大忌：「避免把時間浪費在愚蠢及憤世嫉俗的人身上。」
- 最景仰的思想領袖：德國哲學家黑格爾（Hegel）

7. 彼得．哈格里夫斯（Peter Hargreaves）——超乎想像

國籍／居住地：英國／布里斯托

一九四六年生，白手起家的億萬富豪，英國金融服務業領袖。他可能是唯一一位沒有借貸也不靠購併，而成功打造出倫敦金融時報一〇〇指數成分股百大公司之一的企業家。他創辦的哈格里夫斯．蘭斯頓公司管理的資產高達一千二百億美元，約相當於中型國家一年的預算金額。在二〇一四年，他榮獲大英帝國司令勳章（Commander of the Most Excellent Order of the British Empire，簡稱 CBE）。

商業檔案

- 如何賺得人生第一桶金：從事金融服務
- 人生座右銘：「任何好到令人難以置信的事，或許就不是真實的事。」
- 想會見的人物：任何成功人士
- 最珍視的建言：「要使投資成為輕而易舉的事。」
- 熱愛的事物：商業
- 欠缺的技能：其他語言
- 最佳商業書：羅伯特．湯森（Robert Townsend）的《提升組織力》（*Up the Organization*）、彼得．林區（Peter Lynch）的《彼得林區選股戰略》（*One Up on Wall Street*）
- 未竟志業：「使金融服務業者獲得應有的社會肯定。」
- 事業大忌：開不完的會
- 最景仰的思想領袖：柴契爾夫人（Margaret Thatcher）

8. 法蘭克．哈森弗拉茨（Frank Hasenfratz）——我以自己的方式辦到了

國籍／居住地：加拿大／安大略省貴湖

一九三五年生於匈牙利，白手起家的億萬富豪，利納馬公司創辦人及董事長，專業領域為汽車動力總成系統與風力發動機製造。利納馬的子公司斯凱杰科（Skyjack）則是全球高空作業平台製造的領導廠商。利納馬在北美、歐洲與亞洲十七國設有逾九十處製造廠等，旗下員工約三萬人。它公認是業界最具創新精神、最精通技術且獲利最豐的企業，其產品因品質優良而經常得獎，其中包括加拿大卓越企業獎。哈森弗拉茨曾榮獲加拿大勳章（Order of Canada）、匈牙利騎士十字功績勳章（Hungarian Knight's Cross of the Order of Merit），並被列入加拿大商業名人堂（Canadian Business Hall of Fame）。

商業檔案

- 如何賺得人生第一桶金：從事國防事業
- 事業是……樂趣
- 成功是……達到心滿意足境界
- 人生座右銘：「衡量一切作為。」
- 想會見的人物：「我現在想不出任何想見的人。」
- 最珍視的建言：「父親告訴我，『要認真工作』。」
- 熱愛的事物：工作
- 欠缺的技能：更多的教育
- 最佳商業書：傑克．威爾契（Jack Welch）的《jack：20世紀最佳經理人，最重要的發言》（*Straight from the Gut*）
- 未竟志業：「使公司穩定成長。我期望事業成功。」
- 事業大忌：過度擴張
- 最景仰的思想領袖：隆納．雷根（Ronald Reagan）

9. 納文．簡恩（Naveen Jain）——沒有極限的人

國籍／居住地：美國／華盛頓州貝爾維尤

一九五九年生的印度裔富豪，資訊空間、英特利斯（Intelius）、才智（TalentWise）、月球特快車、藍點（Bluedot）、維奧美（Viome）等公司創辦人，奇點大學（Singularity University）副董事長、X獎基金會（XPrize Foundation）受託人（trustee）。他的首家企業資訊空間提供行動網路內容與工具，使他躋身億萬富豪之列。月球特快車則致力於實現民營太空探索的夢想。他曾榮獲「安永世界企業家大獎」、愛因斯坦技術獎章（Albert Einstein Technology Medal），並被印度矽谷封為「最受推崇的連續創業家」（Most Admired Serial Entrepreneur）。身為慈善家與企業家，他期望盡可能觸及所有人的生活。

商業檔案

- 如何賺得人生第一桶金：與比爾．蓋茲共事
- 事業是……助人

- 成功是……為社會帶來正面影響
- 人生座右銘：「人生要有為有守。始終要切記，花費數十年建立的信譽有可能毀於一旦。」
- 想會見的人物：愛因斯坦
- 最珍視的建言：「母親告訴我，『花費絕不可多過所得』。」
- 熱愛的事物：子女以及助人
- 欠缺的技能：精通英語
- 最佳商業書：艾瑞克・伯恩（Eric Berne）的《人間遊戲：人際關係心理學》（*Games People Play*）、湯姆斯・哈禮斯（Thomas Harris）《我好你也好的溝通練習》（*I'm OK, You're OK*）
- 未竟志業：「進軍所有主要產業。我從航太業著手，然後跨足醫療健保，接下來我可能會挺進教育事業、食品業，以及所有涉及人類最大問題的產業，因為人類最大的問題就是企業家最大的商機。」
- 事業大忌：「債務與虧損，因為這些最終會毀掉你的事業。」
- 最景仰的思想領袖：比爾・蓋茲

10. 金範洙（Kim Beom-Su）——冒險家

國籍／居住地：南韓／首爾

一九六六年生，白手起家的億萬富豪，南韓科斯達克證券交易所最大上市公司之一 Kakao 創辦人及董事長。Kakao 營運的行動即時通訊服務 KakaoTalk 擄獲九成五的南韓手機使用者，且其全球各地註冊用戶超過二億二千萬。Kakao 的計程車服務更在南韓計程車業界達成破壞式創新，在第一年就贏得近九百萬用戶。Kakao 的多音（Daum）入口網站擁有南韓第二大搜尋引擎。Kakao 的甜瓜（Melon）則是南韓最大數位音樂串流服務業者。金範洙在二〇一五年榮獲「安永世界企業家大獎」。藉由 K-CUBE 創投公司（K-CUBE Ventures）、百位執行長專案（100 CEOs Project）、C 計畫（C Program），他深度參與了降減南韓創業環境風險的工作。

商業檔案

- 如何賺得人生第一桶金：經營 Hangame 網路遊戲網站
- 事業是……提出假設然後加以證明
- 成功是……「使世界變得比我出生時更美好，且至少使一個人感到幸福。」
- 人生座右銘：「享受每天的冒險活動，並維持平衡的生活。」

- 想會見的人物：比爾．蓋茲、尼采
- 熱愛的事物：「賦予南韓社會正能量，以及改善窮人的生活品質。」
- 欠缺的技能：例如中文等語言能力
- 最佳商業書：克里斯．祖克（Chris Zook）與詹姆斯．艾倫（James Allen）的《從核心獲利》（*Profit from the Core*）
- 未竟志業：「線上到線下電子商務在全球方興未艾，我想在南韓開創這個領域的成功商業模式。」
- 事業大忌：「會毀掉他人生計的生意。」
- 最景仰的思想領袖：朝鮮海軍名將李舜臣

11. 納瑞亞納．穆爾蒂（N. R. Narayana Murthy）——機不可失

國籍／居住地：印度／班加羅爾

一九四六年生，白手起家的億萬富豪，印度首家那斯達克上市公司印孚瑟斯共同創辦人及執行長。該公司為全球軟體業巨擘之一，旗下約有二十萬員工，且造就出七位億萬富豪和逾四千名百萬富翁。穆爾蒂曾榮登《財星》雜誌當代十二位最傑出企業家名單、《經濟學人雜誌》全球最受推崇領袖人物榜、《金融時報》最受崇敬商業領袖名單，並在二〇一三年榮獲亞洲年度慈善家獎（Philanthropist of the Year in The Asian Awards）。他也獲印度政府頒授蓮花賜勳章（Padma Vibhushan）、法國政府授予法國榮譽軍團軍官勳章、英國政府頒授大英帝國官佐勳章（Officer of the Order of the British Empire），並在二〇〇三年榮獲「安永世界企業家大獎」。

商業檔案

- 如何賺得人生第一桶金：經營軟體業
- 事業是……使世界更加宜居
- 人生座右銘：「問心無愧則高枕無憂。」
- 想會見的人物：物理學家理查．費曼（Richard Feynman）
- 最珍視的建言：「將組織與社群的利益置於個人利益之上」
- 熱愛的事物：迅速行動
- 欠缺的技能：「我想要變得更加明智。」
- 最佳商業書：約翰．漢斯曼（Jon M. Huntsman）與葛蘭．貝克（Glenn Beck）的《真誠見偉大》（*Winners Never Cheat*）

- 未竟志業：為全球民眾創造一百萬個工作機會
- 事業大忌：「任何不會讓人更尊重我的事。」
- 最景仰的思想領袖：聖雄甘地

12. 胡斯努．歐茲耶金（Hüsnü Özyegin）——好男人

國籍／居住地：土耳其／伊斯坦堡

一九四四年生，白手起家的億萬富豪，土耳其第三富裕人士，也是該國最大方的慈善家。他創辦了七十五家公司，並在伊斯坦堡創立了歐茲耶金大學。他最早創設的是金融銀行，後來又透過Fiba控股集團陸續跨足零售業、房地產業、能源業、健康事業、飯店業和港口業務。他龐大的慈善事業聚焦於不同階段的教育，並在二〇一一年榮獲哈佛大學商學院傑出校友成就獎（Harvard Business School Alumni Achievement Award）。

商業檔案

- 如何賺得人生第一桶金：擔任銀行總裁十三年
- 人生座右銘：努力工作
- 想會見的人物：華倫．巴菲特（Warren Buffett），或征服者穆罕默德（Fatih the Conqueror）、米開朗基羅（Michelangelo）、建築師希南（architect Sinan）
- 最珍視的建言：「我父親總是說，『我知道你學業成績好，但千萬要結交益友。』我也認為，交友真的是很重要的事，對於事業也非常重要。」
- 熱愛的事物：工作與家庭
- 欠缺的技能：「我想要更加善用科技，也想學會演奏樂器。」
- 最佳商業書：羅恩．切爾諾夫（Ron Chernow）的《約翰．洛克斐勒傳》（*Titan*）與華特．艾薩克森的《賈伯斯傳》
- 未竟志業：「使我們的大學進入土耳其最好的研究與教學大學之列，促成學生與教授發明可為國家出口產品增值的事物。這是我今後的努力目標。」
- 事業大忌：「過度自信。未真正評估潛在的陷阱與失敗的或然率就過度確信能獲致成果。」

13. 利瑞歐．帕里索托（Lirio Albino Parisotto）——好奇心是他最好的夥伴

國籍／居住地：巴西／馬瑙斯

一九五三年生的白手起家億萬富豪，巴西股市最大手筆的投資人。他是Videolar（現為Videolar-Innova S.A.）創辦人、總裁與主要股東，最初從事錄音與錄影帶、磁碟片、雷射唱片、數位多功能影音光碟、藍光光碟製造，目前已轉型為石化業者，是巴西主要的塑化原料廠商。他也透過Geração L Par基金投資銀行業、電業、礦業、鋼鐵業和房地產業。在二〇〇二年，他榮獲了「安永世界企業家大獎」。他對保護亞馬遜雨林始終不遺餘力。

商業檔案

- 如何賺得人生第一桶金：電子產品零售
- 事業是……一項挑戰
- 成功是……做自己喜愛的事
- 人生座右銘：「絕不接受任何拒絕。」
- 想會見的人物：華倫・巴菲特、聖雄甘地
- 最珍視的建言：「怒顏對人者寸步難行。」
- 熱愛的事物：「做有益的事。」
- 最佳商業書：山姆・沃爾頓（Sam Walton）的《富甲美國》（*Made in America*）與盛田昭夫（Akio Morita）的《日本製造》（*Made in Japan*）
- 未竟志業：「我現在必須對一切心懷感激。」
- 事業大忌：「對生命週期已盡、且已無需求或用處的產品抱殘守缺。經營事業必須要審時度勢。」
- 最景仰的思想領袖：溫斯頓・邱吉爾（Winston Churchill）、亨利・福特（Henry Ford）、盛田昭夫和史蒂芬・賈伯斯

14. 迪利普・桑格維（Dilip Shanghvi）——效率的藝術

國籍／居住地：印度／孟買

一九五五年生，白手起家的億萬富豪，印度最大製藥業者暨亞洲十大最有價值企業太陽藥業（Sun Pharmaceuticals）創辦人及董事總經理。他是當前全球製藥業界首富，二〇一〇年榮獲「安永世界企業家大獎」，二〇一四年獲《富比士》雜誌選為年度最佳企業家，也曾被美國有線電視新聞網（CNN）和印度廣播電視網（IBN）評選為印度風雲人物，及《印度商業》（*Business India*）雜誌選為年度風雲商人。太陽藥業在二〇一三年榮獲印度《經濟時報》（*Economic Times*）評選為年度企業。《富比士》雜誌也將其列入「世界百大創新企業」（World's

100 Most Innovative Companies）名單。

商業檔案

- 如何賺得人生第一桶金：製造精神科藥物
- 事業是……樂趣
- 成功是……達成目標
- 人生座右銘：「父親曾告訴我，銀行員每天計數大量的錢，但重要的是他們能把多少錢帶回家？做生意會有許多金錢進出，但重要的是能獲得多少利潤。」
- 想會見的人物：聖雄甘地
- 最珍視的建言：「父親常說，『錢財能使你變成更富有的人，但你還必須努力成為更好的人。』」
- 熱愛的事物：建立事業並使其成長茁壯
- 欠缺的技能：「我不了解科技的技術層面，我努力以邏輯思維將它簡化，但它真的複雜難解。」
- 最佳商業書：卡洛·金賽·戈曼（Carol Kinsey Goman）的《忠誠度》（*Loyalty Factor*）、詹姆·柯林斯（Jim Collins）的《從A到A+》（*Good to Great*）與《基業長青》（*Built to Last*）
- 事業大忌：「爭執與歧見。我不喜歡與人爭鬥。即使會相互造成損害，我仍會與處不來的人結束彼此的關係。」
- 最景仰的思想領袖：史蒂芬·賈伯斯、比爾·蓋茲、華倫·巴菲特

15. 沈財福——足智多謀

國籍／居住地：新加坡

一九五八年生，白手起家的億萬富豪，亞洲首屈一指的健康生活產品品牌傲勝國際創辦人、董事長及執行長，在全球二十一個國家設有逾四百個暢貨中心。他也是特威茶葉公司（TWG Tea）、布魯克史東（Brookstone）、瑞萊（Richlife）和健安喜（GNC）的老闆，並為新加坡與中國多家購物中心的持股人。他熱中慈善事業與鐵人三項，且鼓勵員工挑戰鐵人三項。他在二〇〇四年榮獲「安永世界企業家大獎」。

商業檔案

- 如何賺得人生第一桶金：銷售生活用品
- 事業是……「與人息息相關。建立人際關係以打造企業。」
- 成功是……「達成自己的目標，並因而感到幸福，那就是成功。」

- 人生座右銘：「全力以赴。」
- 想會見的人物：秦始皇
- 最珍視的建言：「祖母與母親常說，『人生要有很好的目的。』」
- 熱愛的事物：「開創可引以為傲的傳世偉業。」
- 欠缺的技能：「比如滑板跳躍與定點跳傘等我做不來的運動。我總是很佩服那些從事這類運動的人。」
- 最佳商業書：詹姆・柯林斯的《從 A 到 A+》與《基業長青》
- 未竟志業：打造更強大的團隊、事業結構與實體
- 事業大忌：糟糕的合夥人
- 最景仰的思想領袖：秦始皇與李光耀

16. 邁克爾・索羅（Michał Sołowow）——千載難逢的機會

國籍／居住地：波蘭／凱爾采

一九六二年生的白手起家億萬富豪，有五家公司在波蘭股市華沙證券交易所上市，是波蘭史上第一人。索羅的事業廣及建築業、房地產開發業、零售業與製造業，在這些領域都曾創辦與轉賣公司。他的主要資產包括巴爾利內克（Barlinek）地板材料、色賽尼（Cersanit）衛浴設備與瓷磚，以及欣索斯（Synthos）化學工業。他也投資科技業與新創公司。他曾是歐洲地區拉力賽長年參賽好手。在二〇一四年，他獲選為「後共產主義時代波蘭最佳企業家」。目前他是波蘭的首富。

商業檔案

- 如何賺得人生第一桶金：從事建築業
- 人生座右銘：「永不放棄。」
- 想會見的人物：華倫・巴菲特、馬克・祖克柏（Mark Zuckerberg）、百度公司創建者李彥宏
- 熱愛的事物：「我熱中拉力賽長達十一年。整體來說，我熱愛運動與競賽。」
- 欠缺的技能：「我想要更加始終如一、更加條理分明。」
- 最佳商業書：傑森・詹寧斯（Jason Jennings）的《以快吃慢》（*It's Not the Big That Eat the Small . . . It's the Fast That Eat the Slow*）
- 未竟志業：打造世上財政效率最高的組織
- 最景仰的思想領袖：萊赫・華勒沙（Lech Wałęsa）

17. 佩特．史托達倫（Petter Stordalen）——草莓賣家

國籍／居住地：挪威／奧斯陸

一九六二年生，白手起家的億萬富豪，被暱稱為「飯店業之王」，其北歐精品酒店集團旗下有近二百家連鎖飯店。他的草莓集團經營的事業廣及房地產、金融、飯店、藝術、出版與公關，其商業房地產公司在挪威數一數二，而近年新成立的草莓出版社（Strawberry Publishing）更撼動了斯堪地那維亞半島的出版業。人們常形容他是斯堪地那維亞當今最絢麗多彩的人物。他也積極投入環保與慈善事業，在二〇一〇年獲選為年度企業家。

商業檔案

- 如何賺得人生第一桶金：「在特隆赫姆將三家購物中心合而為一，雖然大家都認為這是不可能的任務，但我辦到了，因而獲得百萬美元獎金。」
- 人生座右銘：「草莓哲學：有什麼就賣什麼，因為那是你唯一能賣的東西。」
- 想會見的人物：耶穌
- 熱愛的事物：「飯店業，因為這是與人息息相關的事業。我愛為人服務的事業。」
- 最佳商業書：「我沒讀過任何商業書。不對，事實上……我讀過一本。詹．卡爾森（Jan Carlzon）寫的《關鍵時刻》（*Moments of Truth*）。」
- 未竟志業：「打造真正持守經濟、環境與社會三重底線的企業，也就是要兼顧盈利、永續發展和社會責任。這三者同等重要，我們會時時發布三者相關的數據與指標。但這並非數年內就能達成的目標。我們要成為堅守三重底線的企業仍有很漫長的路要走。」
- 事業大忌：「與不喜歡的人共事」

18. 法蘭克．斯特羅納克（Frank Stronach）——通往經濟自由之路

國籍／居住地：加拿大／安大略省奧羅拉

一九三二年生，從奧地利移民到加拿大的白手起家億萬富豪，麥格納國際創辦人，現為全球最大汽車零組件供應商之一，在二十七國設有逾四百家工廠及商務中心，年營收約四百億美元。他在二〇〇〇年榮獲「安永世界企業家大獎終生成就獎」，其斯特羅納克集團是美國主要的賽車場營運業者。此外，他也是全球最成功的馬匹育種業者之一。他還積極參與加拿大和奧地利的政治，包括成立政黨並在奧地利全國選舉大有斬獲。他目前也在美

國佛羅里達州近十萬英畝的牧場養殖肉牛。

商業檔案

- 如何賺得人生第一桶金：銷售汽車零組件
- 事業是……「經世濟人。如果經濟不能發揮功能，一切都將起不了作用。」
- 成功是……「活得幸福且健康，並享有經濟上的自由。」
- 人生座右銘：「成為自由人，並且擁有經濟上的自由。」
- 想會見的人物：亨利．福特
- 最珍視的建言：「我成長的過程沒依賴他人，始終是從生活中學習一切。」
- 熱愛的事物：「我是愛馬的人，且曾為全美和全球首屈一指的養馬業者。」
- 欠缺的技能：「我不斷努力重新評價自己，且始終力圖改善自己。」
- 最佳商業書：「亨利．福特的自傳，以及羅蘭．巴德（Roland Baader）的《金錢、黃金與神級玩家》（*Money, Gold and God Players*）。」
- 未竟志業：「不能讓政治人物決定國家的一切，必須透過公民代表管理社經事務以平衡政治治理。」
- 事業大忌：「虧損是事業大忌。」
- 最景仰的思想領袖：毛澤東

19. 曼尼．斯圖爾（Manny Stul）——出身難民的「安永世界企業家大獎」得主

國籍／居住地：澳洲／墨爾本

一九四八年生，白手起家的億萬富豪，國際玩具製造商麋鹿玩具公司董事長，公認是最富創新精神且成長最快的業者之一。其購物寶貝（Shopkins）系列小玩具接連兩年獲美國玩具工業協會（Toy Industry Association）評選為年度最佳女孩玩具，銷售成績超越芭比娃娃、彩虹小馬（My Little Pony）與樂高等其他任何玩具。該公司並陸續獲得全球各地逾四十項消費者和業界頒授的獎項。斯圖爾的慈善事業聚焦於兒童與醫療保健。他在二〇一六年榮獲「安永世界企業家大獎」，是澳洲首位獲此殊榮者。

商業檔案

- 如何賺得人生第一桶金：從事創新禮品批發生意
- 事業是……樂趣
- 成功是……健康與幸福

- 人生座右銘：「幾所不欲，勿施於人。永不放棄。」
- 想會見的人物：尤迦南達（Yogananda）、華倫．巴菲特
- 最珍視的建言：「與正直的人交往。」
- 熱愛的事物：商業與運動
- 欠缺的技能：無法成為競技運動員和演說家
- 最佳商業書：詹姆．柯林斯的《從 A 到 A+》
- 未竟志業：「使公司持續成長為更大且更成功的企業，及使自己在精神層面上不斷成長。」
- 事業大忌：「與自己極處不來的人打交道。」
- 最景仰的思想領袖：佛陀

20. 奇普．威爾遜（Chip Wilson）——人生在世只有四萬個日子

國籍／居住地：加拿大／卑詩省溫哥華

一九五六年生，白手起家的億萬富豪，露露檸檬運動服飾公司創辦人。這家上市公司的高科技運動服銷售成績居全球之冠，且其利潤僅次於珠寶業者與蘋果公司。威爾遜也創立了專攻衝浪、滑板運動與單板滑雪運動服飾的西海灘公司，目前則專注於製造高科技日常服飾的新事業。他在二〇〇四年榮獲「安永加拿大企業家創新與行銷大獎」（Canadian Entrepreneur of the Year for Innovation and Marketing），他的慈善活動聚焦於加拿大高等教育（威爾遜設計學院），還透過「想像有一天」（Imagine1Day）非營利組織推廣衣索比亞小學教育，另也在溫哥華在地社區推動專案。

商業檔案

- 如何賺得人生第一桶金：銷售運動服飾
- 事業是……經世濟人
- 成功是……擁有健康與鍾愛的家庭
- 人生座右銘：「施比受更有福。」
- 想會見的人物：艾茵．蘭德（Ayn Rand）、穆罕默德．阿里（Muhammad Ali）、吉米．罕醉克斯（Jimi Hendrix）
- 最珍視的建言：有人告訴我，「在創辦露露檸檬之後，還有兩件大事要做。」

- 熱愛的事物：運動
- 欠缺的技能：「將想法與理念形成體系。」
- 最佳商業書：詹姆．柯林斯的《從A到A+》
- 事業大忌：層出不窮的談判
- 最景仰的思想領袖：艾茵．蘭德和馬可．奧理略（Marcus Aurelius）

21. 曹德旺——琥珀之心

公民身分／居住地：香港／中國福建

一九四六年生，全球最大汽車玻璃製造商福耀集團創辦人及董事長。該集團在二〇一四年獲波士頓顧問公司（BCG）列入「全球新興百大企業」（Global Challengers Top 100）名單，並曾接連五度被《財星》雜誌評為中國最受推崇的企業。曹德旺的慈善捐款高達數十億美元，曾數度獲頒中華慈善獎（China Charity Award），且在二〇一二年獲評選為年度慈善家榜首善。雖然他連小學教育都沒完成，但自學有成，不但成為億萬富豪，也榮獲二〇〇九年「安永世界企業家大獎」，是目前唯一獲此殊榮的中國商人。他也是中國人民與政府最敬重的企業家。

商業檔案

- 如何賺得人生第一桶金：生產水表玻璃
- 事業是……嗜好
- 成功是……獲得他人尊重
- 人生座右銘：「精益求精。使周遭的人隨我日進有功。」
- 想會見的人物：台塑集團創辦人王永慶、中國歷史名臣曾國藩
- 熱愛的事物：成功
- 最佳商業書：「曾國藩的相關書籍。」
- 未竟志業：「我的事業還沒完全成功，我仍在持續努力，期望能使全球人類都使用福耀玻璃。」
- 事業大忌：「任何會損害顧客利益的事。我不會做任何損及他人的事。」
- 最景仰的思想領袖：孔子和老子

—前言—

來龍去脈

數得清的錢不足掛齒。

——尚・保羅・蓋提（J. Paul Getty），一九五〇年代全球首富

卓越的企業家安德魯・卡內基（Andrew Carnegie）確信，必然存有一種任何人都能遵循、萬無一失的成功法則。一九〇八年拿破崙・希爾（Napoleon Hill）被指派去採訪當年這位世界首富時，並未多加想像這次訪談將有什麼後續發展。

希爾的機智讓卡內基印象深刻。卡內基詢問他，有無意願訪問全美國最成功人士，然後分析訪談結果，揭開成功的法則。希爾欣然同意。於是，卡內基為他撰寫推薦函，致汽車業巨頭亨利・福特（Henry Ford）。接著，福特又幫他引介電話發明家亞歷山大・格拉漢姆・貝爾（Alexander Graham Bell）、滅火器發明家艾爾默・蓋斯（Elmer R. Gates）、電燈發明家湯瑪斯・愛迪生（Thomas Edison），以及農業先鋒路德・伯班克（Luther Burbank）。

希爾陸續採訪了他們，以及其他多位當時最富裕和最成功的人士。歷經二十年的研究後，他出版了鉅著《成功法則》（*The Law of Success*），提出「成就的哲學」（Philosophy of Achievement）揭示脫貧致富的法則。他還在名著《思考致富》（*Think and Grow Rich*）中扼要闡明相關知識。該書後來榮登歷來最暢銷書籍排行榜，翻譯成多語種版本至今仍持續熱賣。

希爾的著作，在普世成功哲學的建立上具有開創性意義。過去一百年來，希爾哲學主宰了西方，確切來說，是美國「成功學」的思想學派，畢竟《思考致富》提及的所有人物都是美國人。

一切是怎麼開始的

五年前，我出席了一場成功學研討會，數千名與會者相互擊掌並起勁地高喊：「你有百萬富翁的精神！」我參加此會，是受一些談論成功的書籍啟發，那些書（包括希爾的著作）講的全是百萬富翁的想法，但會場裡我卻覺得有些尷尬。因為感覺有點不對勁，也就沒和其他人一起歡呼。現場不尋常的氣氛，使我無法融入其中。然後，我突然發覺：「當然啦！」

我本來就擁有百萬富翁的精神。回顧一九九〇年代，我是歐洲電子商務先鋒，打造了德語市場第一個功能齊全的線上自行車販售店。我創設過價值數百萬美元的公司，本身就是百萬富翁。但是，這不足掛齒？我並不覺得自己是非常成功的企業家。有些人好像沒我那麼賣力，事業卻發展得更快速、龐大。此外，我的事業像是綿延不絕的逆境求生作戰。在商界，成為百萬富翁只能算是平庸的表現。因此，我寧願擁有億萬富豪的精神。這也許是每位企業家的心願。但在這場大家為人生第一桶金拼命努力的會議上，我顯然學不到億萬富豪的精神。

我因幻滅而離開會場，並決心找出學習億萬富豪精神的途徑。

你曾疑問為何怎麼努力都達不到人生目標嗎？有些人一生中成功創立多個龐大組織，而且締造的總價值是尋常人難以望其項背。他們是怎麼辦到的？他們有什麼祕訣嗎？他們比較幸運嗎？是環境造就了他們嗎？還是他們所受教育使然？他們獲得傲人成就的關鍵何在？有何信仰體系？他們怎麼造就當前的地位？我們要如何踏上相同的成功旅程？這些具影響力、創造了龐大財富的人物，擁有什麼樣的心態和成功法則？是什麼驅策他們邁向成功？他們不同凡響的動機源自何處？他們堅持不懈達成目標的動力從何而來？白手起家的億萬富豪有何人格特質？何以能遠遠超越一般企業家並在商界獲得極致的成就？

你手上這本書是筆者五年的心血結晶。在寫作過程中，我曾數度環遊世界各國，找尋前述問題的答案。這使得希爾百年前提出的觀念再度恢復生機。無論如何，藉由採訪當今最成功的商界人士、白手起家的億萬富豪，我將希爾的研究再往前推進了一大步。與希爾的著作相比，本書的取向是全球性的，我不只與美國商界巨擘進行訪談，也採訪了世界各地代表不同民族、文化、宗教信仰的億萬富豪，以及來自各種業界、社會背景和年齡層的人物。當前社會早已全球化。亞洲現在富裕人口已大幅超越歐洲與北美。世界各地不同的文化、宗教與心態也各自發展出了獨到的致富之道。

書中自食其力發跡的億萬富豪各有千秋，各有他們的卓越領域、獨一無二的個人興趣和嗜好。儘管存在這些差異，他們仍有特定的共同特性與為人原則，幫助他們成功、將他們推向人生顛峰。這是他們脫穎而出之道。這些原則並不是與生俱來，而是可以透過學習、鍛鍊和內化來形成。我稱這些原則為「億萬美元的祕密」。

效法過往大多數作者，分析億萬富豪的公共形象，或爬梳第三方資料獲取結論，是一回事；像我這樣面對面訪問超級成功人士，討論他們的成功法則、動機與思考方式，又是截然不同的事。第一手資料能讓我們由衷且深入地了解傑出人士如何思考，讓我們了解他們真正的想法與情感，從新穎的角度洞察他們如何理解商業與世界。

本書獨到之處在於，嘗試直接從世界最成功、白手起家的億萬富豪身上發掘成功法則。

何謂億萬富豪？

億萬富豪的定義不足為奇，就是位財產淨值至少十億美元的人。然而，你可能不了解，億萬富豪極為稀有。根據統計，全世界每五百萬人裡，只有一位億萬富豪，或者每一萬個財產逾百萬美元的人裡，僅有一人是億萬富豪。多數人很難想像，十億美元到底多龐大，這筆錢相當於總重量約九千九百七十九公斤堆積如山的百元美鈔。

我採訪的二十一位富豪，在人生中創造的財富遠遠超過十億美元數倍。他們的財富並非繼承先人，也不是「幸運」獲得。他們的財產都是刻苦辛勞所得，也都克服了諸多嚴峻考驗和苦難才攀升到當今的地位。

我必須釐清一項常見的錯誤想法，億萬富豪不是坐擁錢山的人。沒有人會持有數億美元的現金。他們的私人銀行帳戶裡幾乎見不到數億美元存款。就算有，也只會在多筆轉帳交易之間的有限時間內發生。他們所有的錢大多投資於多家公司、股票和房地產。龐大現金閒置不用，是不負責任的行為。因為通貨膨脹會把錢吃掉，銀行也總有破產倒閉的風險。

藝術家麥可．瑪科維奇（Michael Marcovici）曾創作一件題為〈十億美元〉（*One Billion Dollar*）的作品，是以假錢具體堆疊呈現十億美元的樣貌。當這件大作在維也納展出時，有人詢問瑪科維奇為何不使用真鈔？猜他怎麼回答？「沒人買得起參觀門票。」即使他以一％的年利率向銀行借十億美元，用這筆真鈔辦一週的展覽就要花費近二十萬美元。

企業家或投資家通常期望能有五％的投資報酬率。以此推算，將十億美元閒置，等於每天要付出十三萬五千美元的機會成本，超過多數人一年所得。因此，幾乎沒人願意把錢擺著不用。

許多人看不出百萬富翁與億萬富豪之間的差別。事實上，二者間存有巨大差異。請思考以下這些例證：

- 百萬富翁可能擁有一家飯店。挪威億萬富豪彼得．史托達倫掌有近二百家連鎖飯店。
- 身價數百萬美元的富人可能擁有一家工廠。加拿大億萬富豪法蘭克．斯特羅納克掌有四百家工廠。

- 百萬富豪可能擁有一家或數家餐廳。澳洲億萬富豪傑克・柯溫持有三千家餐廳的股權。
- 普通百萬富翁可能擁有一、二家超市。俄羅斯億萬富豪謝爾蓋・加利茨基掌有逾一萬七千家連鎖超市與藥局。

再舉一件事，或許更能了解百萬富翁與億萬富豪的差異。最近有位朋友告訴我，他每年賺取的利潤達五十萬美元。對多數人來說，這很厲害，而且他已接連多年有如此獲利，並持續投資。他的資產淨值有數百萬美元，無疑是位百萬富翁。但據我了解，除非他出生於西元前，而且省下至今賺的每一分錢、不繳稅、沒有通貨膨脹，財富才可能累積到十億美元，更何況億萬富豪一生締造的財富甚至超過十億美元。

百萬富翁與億萬富豪不只財富上存有巨大差距，在權力與影響力上也有天淵之別。億萬富豪真的能改變世界。本書將為你闡明，億萬富豪思考過程與尋常人迥然不同之處，並解答以下問題：為何有些人成為百萬富翁後無法更上層樓？何以其他人能成為億萬富豪進而改變世界？後者獲得更高成就的原因何在？

不論你努力想達成什麼目標，向世上最傑出人士學習必定沒錯。為什麼？因為不管你向三流玩家討教或向世界冠軍請益，需付出的時間與努力都一樣，然而結果卻會截然不同。舉例來說，如果你想成為世界頂尖足球健將，不論是自學或拜地方高手為師，都無法使你得償所願，就算教練的天賦極高或身經百戰也是徒勞而已。但若能獲得梅西（Lionel Messi）、C羅（Cristiano

Ronaldo）、比利（Pelé）、米婭・哈姆（Mia Hamm）這些過去或現役的明星指點，你才能迅速心領神會，有望成為歷來最佳足球員。

同樣地，假如你想成為成功的商界人士，你需要向世界最傑出企業家學習。不過，怎麼決定向誰取經呢？

關於商業成功有一項客觀的衡量標準：資產淨值。這是舉世皆準的商業表現評比依據。成功的意義因人而異，但在商界，要判定誰是世上最成功企業家，是相對容易的事：正是在事業上創造最多美元價值、資產淨值最高的人。依此定義，全球最傑出企業家就是世界最富裕人士。明確地說，也就是億萬富豪。

對於真正有雄心壯志的企業家，徵詢「普通的」百萬富翁毫無意義。在當今的商業界，百萬富商與表現最優秀的成功人士相去甚遠。在美國，每二十名企業家就有一人是百萬富翁。因此，不要師從百萬富翁。你需要向表現最好的億萬富豪學習。

下列頂尖億萬富豪企業家在本書中分享了他們的智慧：

- 曼尼・斯圖爾，二〇一六年「安永世界企業家大獎」得主。
- 穆哈德・阿利塔德，二〇一五年「安永世界企業家大獎」得主。
- 曹德旺，二〇〇九年「安永世界企業家大獎」得主。
- 陳覺中，二〇〇四年「安永世界企業家大獎」得主。
- 納瑞亞納・穆爾蒂，二〇〇三年「安永世界企業家大獎」得主。

你可能會納悶，我如何獲得訪問這些名人的機會、如何說服他們參與這項全球性的寫作計畫。嗯，這需要寫另一本書才講得清楚（或許有天我會這麼做）。無庸贅言，我為這項計畫數度跑遍世界各地，從而洞察到一般不為外人知的內情。最後，但也同樣重要的是，經由這個計畫，我會見了當代最非凡的商界人士，而這一切都是為了與親愛的讀者分享他們的智慧。這些億萬富豪是商界的璀璨鑽石，他們特立獨行，是人中龍鳳，是「黑天鵝」，然而，本書不是他們的夫子自道，而是他們親口揭露的驚人成就奧祕，也就是「億萬美元的祕密」。

本書提供你一套路徑圖，使你可以著手展開旅程，為自己的人生與事業創造相似的成果。

讓我們啟程吧。

第1章
堅毅的內在心法

「面對真理，深信不疑是比謊言更危險的敵人。」

——尼采（Friedrich Nietzsche）

人們對億萬富豪的刻版印象讓人匪夷所思。大家普遍對社會中僅占〇・〇〇〇〇二%的億萬富豪所知甚少。如此不足的認知又受到媒體扭曲，畢竟媒體只注重華而不實的形象和引人注目的事件，藉以廣泛引發受眾羨慕的情緒。媒體的描繪被視聽大眾接受為事實，但起碼就涉及億萬富豪的部分來說，媒體報導實際上嚴重曲解實情，與事實相去甚遠。

讓我們著手來反駁一些最常見的誤解。我接下來將帶你感受書中人物，並引領你進入他們的世界。

對億萬富豪的誤解1：他們生於富裕的已開發國家

如果你認為億萬富豪必然生於富庶的已開發國家，那就想錯了。納瑞亞納．穆爾蒂的故事就是最好的反證。

穆爾蒂一九四六年生於印度，那是當時全球最貧窮的國家之一。他小時家徒四壁，所有家人都席坐而地，也以地為床。父親教導他要慎選嗜好，以免耗盡微薄的預算。他喜好閱讀、聽音樂與朋友談心，但家裡買不起報紙，只能去公共圖書館讀報。在一九八〇年代初期，印度不只在世界最窮國家之列，也是全球最敵視自由企業制度的國家之一。當時印度社會主義政府制定了一系列限制措施和荒誕的規範，造成人民幾乎無法在印度經商。此舉導致印度政府腐敗，官員甚至有權決定各家企業的成敗，國家經濟慘遭扼殺。

穆爾蒂與數名合夥人在一九八一年共同創立印孚瑟斯（Infosys）軟體公司時，遭遇了諸多難以克服的問題，時常停電只是其中一個小阻礙。

試想，假如沒有電腦，如何經營一家軟體公司？印孚瑟斯初創時連一台電腦也沒有。為什麼會這樣？

因為在印度要進口電腦必須先取得政府許可證。穆爾蒂指出，為拿到許可證，他花了三年，總共往返德里（印度第二大城市）五十次。然而，與其他諸多努力比起來，這件事根本微不足道。印孚瑟斯總部設在班加羅爾，德里則遠在約二千四百多公里外（約比紐約市到佛羅里達州邁阿密市的距離多出三百二十多公里）。穆爾蒂沒錢搭飛機，因此每次前往德里得坐二天火車。前面說過，整個官僚作業流程，使穆爾蒂往返德里五十次。算一算他申請許可證三年期間的總旅程數，相當於二百天！

你可能會問：「三年期間連一部電腦也沒有，軟體公司怎麼可能營運？他們怎麼寫程式？」穆爾蒂的團隊找到了一位美國客戶，該客戶允許用他的電腦寫程式。於是公司六名共同創辦人一起前往美國接下工作，穆爾蒂則留在印度處理例行公事，並取得進口電腦所需的許可證。

異地通訊是他們另一個難題。穆爾蒂說，當時印度的公司平均耗時五到七年才能申請到一條電話線。除了技術落後因素之外，當局允許政府退休官員優先獲得電話線，也造成民間公司必須長期等待。這裡有個明顯的問題：沒有電話的穆爾蒂，怎麼與遠在美國的事業夥伴和客戶聯繫（當時還沒有電子郵件）？

他只能定期去郵局，利用郵局的公用電話聯絡他們。

我問說，假如美國同事需要與他聯繫的話該怎麼辦？他微笑回答說：「唉，這就沒辦法了。」奮鬥了一年之後，他們公司終於安裝電話。但這並不表示他們可以對外聯繫了，尤其是打電話到美國。他們的電話經常連訊號也沒有，就算有訊號，對方也總是忙線中。

如前所述，他們耗時三年才取得進口電腦的許可證。即使拿到了許可證，公司也不見得有錢買電腦。更棘手的是，他們正在研發的軟體需要使用迷你電腦，而迷你電腦要價數十萬美元，公司根本負擔不起。印孚瑟斯是由七位創辦人拿出存款共同創設，總資金僅有二百五十美元。

穆爾蒂還面臨另一項問題，但這問題也讓他締造了另一個奇蹟。終於買到電腦並完成安裝之後，六位赴美的事業夥伴回到印度繼續工作。但他們必須克服的障礙依然沒完沒了。在完成軟體後，他們得設法把程式碼提供給美國客戶，而那時還沒有網際網路，無法簡便地利用電郵把程式傳到美國。當時唯一的方法，是把程式儲存到磁帶上，藉由傳統的郵遞方式寄給美國客戶，再由客戶把磁帶中儲存的程式安裝到電腦上。不幸的是，這個方法行不通。

原因何在？因為從印度運送到美國的所有包裹，都必須通過印度海關，而海關人員需要二週才能跑完相關作業流程。也就是說，印孚瑟斯把程式交到美國客戶手上需要三週的時間。之後該公司每次修改程式，又必須再等三週才能收到美國客戶使用後的回饋。這使得專案時間漫無止盡地愈拖愈長，令人難以接受。對企業來說，這簡直像是切腹自殺。他們必須大幅縮短交件時間，以加速生產週期。

問題該如何解決？他們想到的辦法，是把程式碼列印出來，然後傳真給在美國負責該公司專案的員工，接著由這名員工把程式碼輸入客戶的電腦。當然，這會增加額外工作，而且難保不會出錯，但仍顯著地提升了交件的速度。

不過，他們遭逢的挑戰還不只這些。究竟當年在印度創建一家公司需要克服多少狀況和障礙呢？

在採訪穆爾蒂期間，我親身體驗了其中一些狀況。當時德里的氣溫高達攝氏四十五度，不論從事體力或智力工作，這樣的環境實在不利生產。但這就是印度人日常工作狀況。如今，印孚瑟斯已是印度最富有、最先進的公司之一，能提供員工最佳的工作環境。當然，在我與穆爾蒂進行訪談的德里貴賓室裡也有空調系統。

儘管如此，訪談期間突發性停電，空調系統因而停擺。我們嘗試讓電力恢復運轉，但徒勞無功，室內溫度迅速上升至難以忍受程度。於是穆爾蒂召來一組維修人員，摸索十分鐘才終於搞定。然而，五分鐘後再度停電，空調系統又一次停擺。這次我們決定不管了，不想再浪費任何時間。

我只是淺嘗了當今印度工作的滋味。未曾有過這類機會的讀者，能否想像三十年前印度與印孚瑟斯還很落後時的工作環境？

穆爾蒂現在已是億萬富豪，印孚瑟斯也發展成全球最大軟體公司，旗下有二十萬程式設計師，超越微軟、蘋果和谷歌程式設計師的總和。二〇〇三年，穆爾蒂更榮獲「安永世界企業家大獎」桂冠，公認為全球最傑出企業家。

他的故事，打破了唯有出生在富庶已開發國家才能成為億萬富豪的迷思。事實上，穆爾蒂不只自己晉身億萬富豪，還造就六位合夥人成為億萬富豪，而且公司員工至少有四千人是百萬富翁。

多數人不了解，開發中國家財富成長遠比先進工業化國家快速。二〇一六年時，亞洲億萬富豪的人數已超越北美地區的總和。至於移民億萬富豪輩出的現象，我在做研究期間正好躬逢其盛。沒錯，億萬富豪在外國脫貧致富的比率高到引人注目。他們多數來自貧窮或戰亂的國家，雖然身無分文，終能摸索出創造龐大財富之道。我們稍後再來詳細討論這點。

對億萬富豪的誤解2：他們有富裕的家庭為後盾

如果認為生在富貴之家才有機會成為億萬富豪，你很可能沒聽過穆哈德·阿利塔德的故事。他來自敘利亞沙漠地帶的游牧家庭，屬於貝都因人部落，習以帳篷為家。他們在可找到飲用水的地方設立營區，只要牲口的牧草充足就會持續停留當地。當牧草不足了，他們會收拾營帳，啟程尋找更好的牧地。

阿利塔德一出生就遭父親捨棄。他與母親都被父親逐出家門，他的舅舅更遭父親殺害。他與母親被迫在部落邊陲地帶生活。他是那麼微不足道，甚至沒有人在乎他的生日。直到現在，他都不知道自己生於哪年哪月。據他透露，因為子女想為他慶生，於是自己編造了一個出生日期。

阿利塔德的悲慘境遇還不止於此。他四歲那年，母親過世了。祖母接手撫養他，並認定他是當牧羊人的命，也就沒讓他上學，因為祖母認為那是「閒人」的事。阿利塔德那時每天逃家，赤腳穿越沙漠，步行數里到附近村莊求學。

他無鞋可穿，也沒攜帶任何東西，身上只穿著一件早已不合身的破舊、帶有防風帽的吉拉巴長袍。學校老師見他空手而來，就拿了筆記本和鉛筆給他。他曾數次尋求父親援助一些必需品，但一再遭到拒絕和羞辱，有時甚至會被毆打。儘管如此，在他小學三年級時，奇蹟出現了：父親給了他一輛舊腳踏車。這是他從父親收到的首份也是唯一的禮物。阿利塔德善用這台腳踏車，並首度展現了企業家天賦。他把腳踏車租給同學，賺了一點錢。雖然金額不多，但足夠買一些學校用品。

他明白求學是擺脫人生宿命的唯一機會，因此勤奮向學。於是，阿利塔德很快就晉身當地最優秀學生之列，還獲得國外深造的獎學金。多年後他完成學業，接手法國一家破產的鷹架公司，最終發展成為領導業界的全球大廠。阿利塔德集團更在三十年間擁有二百多家公司。如今的阿利塔德已是億萬富豪，並在二〇一五年榮獲「安永世界企業家大獎」，受肯定為全球最卓越企業家。

有鑑於此，假如你認為億萬富豪必然出身富貴人家，就大錯特錯了。阿利塔德是貧窮國度游牧民族的社會邊緣人，他遭家庭捨棄，被認定只能當個牧羊人。但他向大家證明了，這些都不能阻止他踏上成功之路。就我所知，很多白手起家的億萬富豪童年時並非無憂無慮、備受呵護。他們很早就被受環境所迫，必須承擔起自己的人生。這些事，我會在後面的章節詳談。

根據統計，全球超過七成的億萬富豪是靠一己之力發跡，也就是說，他們並不是含著金湯匙出生。所以，他們不須窮盡一生就能創造了難以想像的財富，光是這件事就讓人讚歎不已。

相對來說，繼承財產成為億萬富豪的人不到三成，在這之中，有不少人並非生於豪門，而是受惠於配偶的遺產。總之，所有億萬富豪中僅有約四分之一符合這樣的刻版印象：來自權貴家庭、畢生坐享榮華富貴。

對億萬富豪的誤解3：他們受過最頂尖的大學教育

如果你主張穆爾蒂和阿利塔德成功的關鍵，是面臨諸多阻礙下設法完成良好的正規教育，我同意這看法是公允的。然而，那些早年沒受過教育的億萬富豪又另當別論。億萬富豪真的全都出自最高學府嗎？

曹德旺出生於中國文化大革命的動亂期間，成長於福建省一個貧窮村莊。在他出生之前，父親拋棄了家庭前往上海，甚至沒替還在娘胎裡的他取名。在中國，父親為子女命名是一項備受重視的傳統。

結果，曹德旺到九歲前只有綽號而沒有真正的名字。他與五位兄弟姐妹都由母親撫養長大，生活相當貧困。雖然法律規定屆學齡的小孩要上學，但他的家庭多年來一直負擔不起小孩的學費。直到九歲，曹德旺才去上學，但當時他依然沒有名字。鑒於茲事體大，他的叔父慎思熟慮後終於為他取名德旺。

他最初對上學興致勃勃，但後來課業變成了一項挑戰。他上課時「如坐針氈」，既焦躁又不自在。他違抗師命還私下嘲笑老師，以致得不到師長的同情。讓他苦苦掙扎的倒不是成績，而是他的行為。他很小就被貼上「壞小孩」的標籤。每當老師轉向黑板寫字，他會站起來模仿老師的動作，引得同學哄堂大笑。

在他十二歲時，父親終於回家了。父親每天傍晚都派他去買酒。在回家路上，他會偷喝幾口酒，漸漸愈喝愈多，過沒多久就染上酒癮。曹德旺每天很早就得起床外出收集家裡燒爐火用的柴薪，因此到了下午就會昏昏欲睡。有一次他在課堂上睡著了，校長因此當眾羞辱他。曹德旺發誓不會對此善罷甘休。他說：「我在廁所逮到了機會，爬到牆上痛快地朝他頭上撒尿。」

理所當然，他不會有第二次機會，上完五年級後，就被迫離開學校。他家人實際上都鬆了口氣，因為他們負擔不起他的學費。在中國，只念完小學五年級基本上無異於文盲。中文書寫文字約有九萬字，其中約五千字為常用字。中國人可說畢生都在學習書寫。

曹德旺因所受教育有限，十四歲時成為村民的出氣筒。他被指派照顧公社的一頭母牛，薪資幾乎不夠養活自己。沒人願意把更重要的工作交付給這個不識字、愛喝酒的無賴少年。他的人生跌到了谷底，但同時也迎來了轉折點。

他拒絕自暴自棄，並決心不計一切也要擺脫窮困，於是堅毅地展開自我學習，著手研讀兄長的學校教科書，連照顧母牛時也手不釋卷。可惜的是，他看不懂數千個字，試著求助兄長，但不認識的字太多了，漸漸地兄長也感到不耐煩。字典成為解決之道。買新華字典這種好字典要花費〇．八元人民幣，對當時看牛的他是一大筆錢。然而，曹德旺在這時首度展現了做生意的天賦與堅韌意志。

他當時很早起，在上工前到河邊割草，然後賣給村裡的馬夫養馬，為他們省下一件麻煩事。雖然賺的錢不多，但是聚少成多，存了一年之後，他終於買到新華字典來學習新字。

曹德旺努力翻查字典裡每一個字，直到了解全部字義，但這並不能滿足他的求知欲。為理解書裡提及的各種概念，他需要百科全書。無庸贅言，百科全書售價遠高於字典，一冊要價三元人民幣。他又存了三年才終於買得起百科全書。

隨著歲月推移，他逐步改造自己，直到一切努力獲致成果。在許多年間，他換過不少工作與職位，當過蔬果商、菸販、蘑菇種植農、建築工人、引擎技工、廚師、推銷員、採購員，以及工廠經理。最後他成為企業家，創辦了福耀玻璃工業集團，當前已是全球最大的汽車玻璃製造商。

在人生跌至谷底之後近五十年，曹德旺於二〇〇九年榮獲「安永世界企業家大獎」，成為當年全球最傑出企業家。如今他也進入了億萬富豪的行列。他未曾拿過任何學校的畢業證書，也沒上過大學。出生於窮鄉僻壤，窮苦的家人甚至無法負擔他的小學學費。儘管如此，他已成為全中國最富有人士之一。

不要框限無限可能

如果你認為要晉身世界首富之列，必須生於富庶先進國家，還要來自富貴人家、拿過頂尖大學的文憑，那你不但觀念錯誤，也低估了自己。你框限了自己與可能達到的成就。多數白手起家的億萬富豪根本不具備前述優勢條件，許多人甚至像曹德旺一樣，連一項優勢條件也沒有。那些迷思全都經不起現實的考驗。

我從億萬富豪學到的第一件事，是外部因素並不是獲取成功的決定性要件。那麼，究竟是什麼促使某些人克服最初前途渺茫的困境，最終達到不可思議的成就？又為何有些人即使擁有許多絕佳條件，卻終其一生庸庸碌碌，絲毫沒有值得一提的成就？

億萬富豪共有的內在心法，如同我說的「億萬美元的祕密」，是他們非凡成就的決定性關鍵。其中第一個祕密，是人能克服所有不利條件。儘管有重重阻礙，甚至正是因為有了這些逆境，最終才能獲得非凡成就。要在事業上出類拔萃，首重內在心法，而不是外在條件。在接下來的章節裡，我將逐步揭示其他十九項成功法則。

與億萬富翁的差距

- 游移不定的人相信，只有各項條件達到完美才有可能成功。但不論條件如何，總會有某些事情讓他們止步不前。
- 百萬富翁的強項在於主宰自己的人生。但他們仍相信，成功取決於許多有利條件。
- 億萬富豪深知成功的內在心法，並在事業上將其發揚光大，毫不依賴外部因素。

關於本章的更多故事，請上：http://TheBillionDollarSecret.com/resources

第2章 獨立自主才能飛黃騰達

「問題不在於人生短暫，而是我們虛擲了太多時光。」
——辛尼卡（Seneca），古羅馬時代著名的哲學家、政治家、劇作家

讀完前一章後，你已明白，一般企業家與億萬富豪的成就差異，並非基於任何外在因素。那麼，究竟是什麼造成二者天差地別？

在各業界，業者的商業模式或多或少有共通之處。既然都運用了類似的方法或謀略，那麼為何許多人鎩羽而歸，而某些人卻能獲得其他人難以企及的成就？

對於這個問題，從貝都因難民蛻變為「安永世界企業家大獎」得主的阿利塔德認為，關鍵在於每個人有不同的維度。他提出這樣的比喻：「就如同高級的保時捷跑車與福特汽車迥然有別。福特汽車有一定的速度極限，比如開到時速二百公里時就會不穩，無法正常地運轉。保時捷就不會有相同問題，原因是什麼？因為設計時並沒有那樣的限制。」

汽車的限制來自於內部構造，而企業家則受制於內在體系：心態、信仰、態度、世界觀、動機、技能、習慣、知識，以及人格。思考一下，你具備可靠的內在體系嗎？你想要大幅提升這個體系以大展鴻圖、開創你想都不敢想的事業嗎？本書正是這方面的指南。

公司會反映出創辦者具備的一切特質，也包括他的種種侷限。

美國軟體業及航太業界億萬富豪納文．簡恩指出：「當你改變時，你的商業作風、公司策略，乃至一切都會隨著改變……如果你想締造市值百億美元的公司，你必須有能力解決涉及千億美元的問題。這意味你要有能力幫助十億人。」

為了在事業上登峰造極，你必須具備全球最傑出企業家那樣的內在體系。換言之，你必須學習他們的思考方式。本書會讓你了解，白手起家的億萬富豪如何思考與行動。他們將以各自的語言教導你這一切。

你想成為商界的保時捷還是福特汽車呢？

想在商界領先群倫的人、厭倦了平庸現狀的人，以及想要更美好人生的人，本書為你而寫。

自力更生

想要人生有所成就，首先必須成為獨立的人。

我採訪的億萬富豪很早就學習自立。矽谷傳奇投資家提姆．德雷珀和土耳其最富裕的白手起家榜樣胡斯努．歐茲耶金分別在十四歲和十歲離家就學。多數自食其力闖出一片天的億萬富豪出身貧苦，不得不比一般人早熟。

新加坡傲勝國際公司（ＯＳＩＭ）創辦人沈財福的故事，將改變你對童工的看法。他指出：「出身貧寒對我來說是件幸運的事，因為這不只帶來飢餓與絕望，更促使我想做正確的事和好事。」

「我們全家住在一起，包括我的父母、七個小孩、外祖父母、叔父與嬸母。十三人擠在只有一房的公寓裡生活，所有人都睡地上。」

「我從九歲就開始工作。因為家裡買不起足夠的食物，我每天下午到一家麵店做事。老闆會對我說，『你帶著這兩個竹箱的麵，挨家挨戶敲門讓客人點餐』。」

依照份量大小，沈財福每賣掉一碗麵可拿三到八分錢的工資。

「在我九歲那年，每天放學後到傍晚六點之間可以賺到八十分錢。這在當時是一大筆錢，約相當於現在的五到十元。那時，我們的零用錢只有五分錢。我從小學四年級就開始工作，用自己賺的錢活了下來。」

愈早開始工作對你愈有利。你會學到勤奮工作和金錢的價值，並對財富從何而來產生一些概念。享譽國際的俄羅斯億萬富豪謝爾蓋．加利茨基，童年時每逢週末會被父親逼著去花園從事體力勞動。他表示：「當然，那時我不喜歡做事，但我確信這培養了我勤奮工作的精神。我確實有所獲益，學會了埋頭苦幹的道理。」

我訪問的所有億萬富豪都在十八歲之前就開始工作。有些人在學校放假期間打工，為上大學存錢，例如創辦露露檸檬的加拿大億萬富豪奇普．威爾遜。他十四歲時做過拆除穀倉與農舍的工作，每天可賺五美元，後來還曾幫公園管理處修剪過樹木，以及為人泊車與洗車。

創設飢餓傑克（Hungry Jack's）的澳洲億萬富豪傑克．柯溫，從十二歲起每逢假期都會打工，夏季時為人修整草坪，冬季時則替人剷雪。柯溫還送過報紙。他說：「報紙每天都要送，每週還要向訂戶收錢。這使我有了責任感，也明白自己能有多少收入。那時我大約十二歲。我還記得送報路線是有錢人居住的路段。我常看到醫生和律師開最好的車，住在上等的房子。這使我恍然大悟，原來富裕是取決於教育、存錢能力，及經營自己的事業。」柯溫十六歲時用儲蓄的錢買了一輛車。「這可能就是獨立吧。有了足夠的錢，不用再向父母伸手。」

許多億萬富豪甚至在十歲之前就開始工作。

德雷珀的母親會指派他做住家戶外工作。「我們做事可以拿錢。我在花園拔雜草、鏟污泥、拖車重新上漆、砍樹、修整草坪。我忙上忙下，每分鐘可拿到一分錢。」他將存下來的錢用來投資。「九歲時，父親開始讓我投資，我買了一檔股票。」

快樂蜂食品公司（Jollibee）的創辦人陳覺中，八歲就開始賣報紙。但最早自食其力的是創辦利納馬（Linamar）公司的匈牙利裔加拿大億萬富豪法蘭克．哈森弗拉茨，以及巴西企業家利瑞歐．帕里索托，他們六歲起就分擔家計。哈森弗拉茨記得：「我們住在農場，我六歲時負責養雞，還得準時餵養。想玩也可以，但到了傍晚六點一定要餵雞。隨著年紀增長，我肩負的責任也愈重大，而且享有的權益也愈多。後來我還養豬。至於養馬，則要到十或十一歲才能做。毫無疑問，人生就是這樣，必須工作。」

對自己和身邊的人負責

帕里索托出生於巴西南部小農村，當地人多為義大利移民的後裔。村裡沒有水電，沒有無線電，也沒有柏油路。「我們只有基本生活所需。我不知道未來要做什麼。但我很清楚一件事：我不要在田裡工作。種田太辛苦了，天氣很炎熱，而且蚊蟲非常多。我家很窮，只買得起食物和衣服。我們沒錢買汽車、吉普車或其他東西。而且村裡衛生條件不好，很多人生病。大家都不注重飲用水和食物的衛生。我們沒有冰箱，也沒電可用，只能用煤油燈。你能想像嗎？」

他從六歲開始賺錢：「我們採玉米，剝下玉米葉，用來包菸草，做成『玉米葉雪茄』。一個包裝有二十五根。我們每天晚飯後工作二小時。每個月會有人來我家裡買雪茄。」帕里索托是家裡最年長的小孩，他必須照顧其他兄弟姊妹。「我是十一個小孩中的老大。媽媽沒有任何幫手，我得幫她。她要準備一家人的食物，為大家洗衣服，照養家禽家畜，擠牛奶和製作起司。如果我的弟弟妹妹做錯了事，我要承擔責任，因此我必須操練他們，以確保不會出事（大笑）。」

全球製藥業界首富迪利普．桑格維，以及南韓科技業界大亨金範洙，從小就被當成大人看待，早年都要照顧弟弟妹妹。

金範洙小時候與父母、五個小孩和祖母同住在只有一房的公寓。身為長子的他注定日後要扛起家計，因此他的父母遵循韓國傳統特別栽培他，讓他具備應有的能力和責任感。

金範洙的家境不好，因此家人做出一些犧牲才能供他上大學。他明白自己是家裡唯一享有此特權的孩子，除了對家人心懷感激，也深知未來必須回報他們。「因為這些經驗，事業有成後我自然加倍報答家人。」他的父母曾因經商失敗而破產，一家人一度淪落街頭。「從那時起，我瘋狂地工作，身兼數職。拼命賺來的錢比大學畢業生全職工作的薪資多好幾倍。於是我直接出社會工作，不再專注學業。」

不少億萬富豪從小就開始支撐家庭，有些是賺錢貼補家用，有些則在家族事業裡幫忙。印弗瑟斯公司創辦人穆爾蒂曾是卡納塔卡邦（Karnataka）地區前四強的頂尖學生，還於十一年級時榮獲國家獎學金。「我把錢給了母親。因為我家有八個小孩，從小被教導要分享一切。因此，我很自然地把獎學金交給母親，她會確保每個家人都能受益。」

加利茨基十四歲開始在母親任職的蔬果倉庫做事。「我做的是苦力活，幫運送百事可樂的卡車裝貨。我們當時沒太多選擇。那時家裡過得很辛苦。我把賺的錢交給父母，雖然想自己留些錢他們也不在意。但我就是覺得必須把錢交給父母。而且我連做了好幾年。」

有些億萬富豪成長於單親家庭，有些甚至是孤兒。他們必須為自己與身邊親人的生計扛起全部責任。

盡早開創你自己的事業

為人效力無法成為億萬富豪。假如想在財金方面獲得極致成就，你必須開創自己的事業。

連鎖速食業大亨柯溫，大學畢業後就成為小企業主，財源滾滾使他聲名大噪。他原本想找一份高薪工作，而舍監建議他去拜會比爾．波拉克（Bill Pollock）。波拉克是老練的企業家，提供獵人頭、臨時人力派遣與辦公室業務外包等服務。柯溫拜見波拉克，獲得了寶貴建言，從而改變了未來的人生。波拉克對柯溫說：「我可以給你一份工作，但如果你想要飛黃騰達，真的應當自己開創事業。」他們至今仍密切往來。波拉克成為柯溫的良師益友，也是柯溫旗下企業的股東。

柯溫分享了波拉克給他的致富建言：「別當上班族。要自己創業。脫離為人效勞的行列。一週只有七天，一天只有二十四小時。成功並非取決於勞碌的程度，而是來自於開創可獲利的事業，這才是締造財富之道。」

巴西億萬富豪帕里索托擁有醫學學位，他的致富之道讓人大感意外：「當醫生若想富甲天下，首先別再懸壺濟世。」應去創辦醫療事業，並找頂尖專家組成工作團隊。

要為未來的經濟前途扛起全責。自己來掌握自己的命運。開創自己的事業，事不宜遲。愈早起步，你起飛的空間與反覆試驗的時間就愈充足。

沈財福自認很幸運，因為他很早就自己創業。

英國最大金融服務公司創辦人彼得．哈格里夫斯指出，如果人生能重新來過，他「很可能會更早創業」。

年近四十歲才創辦首家公司的箇恩所見略同：「我但願二十歲出頭就著手創業，這樣就會有二十年時間累積更多經驗。雖然第一家公司或許不會很成功，但重點在於，比起向別人學習，自己經營能學到更多。在創業二十年後，最初兩家公司可能慘澹經營，但第三家公司勢必成功。」

許多富豪早年因不想再當雇員且已存夠錢而著手創業。

當歐茲耶金從美國返回土耳其後，偶然遇見了昔日校友、建設信貸銀行（Yapi Kredi Bank）業主梅邁特．艾明．卡拉梅邁特（Mehmet Emin Karamehmet）。二十九歲時他被卡拉梅邁特任命為銀行董事，並於三十二歲時榮升總裁。「我掌理建設信貸銀行三年半。剛接手時，還是家虧損連連的銀行，但三年半內就開始獲利。」於是他向卡拉梅邁特要求一%股權。「我想要成為銀行的股東，感受擁有的滋味。」但卡拉梅邁特說：「我有三家銀行，假如我讓你持有一%股權，其他人會要求比照辦理。這不是我的體系運作方式，但我可以給你豐厚的紅利。」歐茲耶金遭拒當天就決定自己創辦銀行。「有趣的是，雖然卡拉梅邁特的拒絕使我不悅，但回想此事，很顯然他幫了我一個大忙，如今我仍對他心懷感激。」

要創設銀行，資金必不可缺。在付諸行動前，歐茲耶金擔任銀行總裁期間已累積不少財富。「我賣掉了兩棟房子，得手一百五十萬美元，然後與妻子和兩個小孩搬進租來的公寓，並向三位商人借了一百五十萬美元。我的銀行創始之初有八百萬美元的資本，因為我將銀行三成五的股份以五〇%的市場溢價，賣給了第一批股東，自己則持有六五%股權。」

十九年後，他以五十五億美元的價格，把一手創立的銀行出售給希臘國家銀行。這是土耳其史上最高的公司售案，歐茲耶金因而成為億萬富豪，其他股東也獲利豐厚。「在希臘國家銀行買下我的金融銀行（Finansbank）時，該行二十一位原始股東僅有一人連續持股十九年。我後來在一場婚禮遇見此人。我們穿西裝打領帶，他試圖親吻我的手，因為希臘國家銀行提議以五千萬美元收購他的股份，而當年他父親買這些股票給他時，只支付了十二萬美元。」

陳覺中曾受邀到百事可樂公司面試但鎩羽而歸，原因在於面試官問他想做什麼，而他回答說想要自己創業。這可能受他父親影響。他父親最初受雇於寺廟擔任廚師，後來自己經營中式餐廳。「或許父親是我的創業楷模。」

波蘭首富邁克爾．索羅也不想當上班族。他畢業後曾在德國汽車廠任職，當他存了一萬美元之後，就以這筆錢做為創業資本。

談及致富之道，德雷珀建議全球讀者：「現在就著手創業！」

主控環境與命運

面對現實很重要。簡恩表示：「或許很不可思議，但我從不看電影。因為電影的思考方式很怪異，會把人帶進異世界。我不想離開現實的世界，我時時刻刻熱愛這個美麗的世界，不想進入或生活在虛構的異世界。」

我們應像威爾遜那樣負責任，也就是說，與其抱怨連連，不如設法解決問題。要對自己的環境負起責任。了解環境會形塑人的成長方式、影響周遭的人如何看待你和努力結果。切勿消極地受環境影響。

正如柯溫所說：「能掌控自己的生活與各項事務的人，泰半知足常樂。人大致都會尋求獨立，以便在自主的時間與地點做自己想做的事。世上有多少不快樂的人？有九成的人是迫於經濟需求而工作、參與活動或發展人際關係。他們因為必須償還房貸、繳交學費而留在痛恨的工作崗位，成為囚徒。請想一想要怎麼掌控人生？如何維持自己的控制能力？」

柯溫曾在企業管理碩士課程講說：「跟我比起來，各位有一項很大的劣勢。我大學畢業時獲得的工作機會，年薪只有六千美元。你們畢業後則能從事年薪十五萬美元的工作，可活得很有格調、加入高爾夫球俱樂部，小孩也能上私立學校。各位將購買高房貸的豪宅，成為高格調生活的囚徒。而當年我決定自己創業時，會失去的並不多，卻能贏得一切。」

柯溫從加拿大的大學畢業後，進入保險公司做事，因表現良好，薪資優渥。然後他結婚、生小孩、用不高的房貸購屋。那時他二十五歲。

「當時唯一可以確定的，是我不想再為大公司效命。我想開創事業，享有做自己想做的事的自由。這是我唯一確定的事。」

「然而，我如何掌控自己的環境？」

工作五年之後，他與好友一起會見公司一名高階主管。

「我們想要創立保險代理公司，並成為獨立的保險代理商。我們任職的保險公司在加拿大數一數二，但科層體系過於龐大，我們想要推動革新。主管眼神呆滯地聽著我們倆二十五歲小伙子講這些話，他差點沒說『別再浪費我的時間了！』對於我們說的事情，他全無興趣。」

「於是，我辭去了保險公司的工作，前往澳洲創業。我的朋友也建立了自己的事業，成為加拿大極為成功的輪胎經銷商。我們兩人都有很好的成就。我擁有了一棟房子，另又貸款買了一間。後來我賣掉了房子，繼續朝目標前進。我從未自問『真的要放棄這一切？』。我未曾煩惱過這種問題。我對冒險更感興趣。」

想知道柯溫的完整創業故事，請上：http://TheBillionDollarSecret.com/resources.

弗蘭克．斯特羅納克成長於戰後奧地利的貧窮家庭。在二十四歲那年，他決心主宰自己的命運，並矢志改變身處的環境。對於自己如何從洗碗盤雜工蛻變為億萬富豪，他指出：

「我想見識世界，因此申請了許多國家的簽證，有南非、澳洲、美國、加拿大等等。結果加拿大簽證最早批下來，所以我就搭船去了加拿大。當時我口袋裡只有二百美元，於是買了最便宜的船票。因為沒錢買食物，我在加拿大曾數度挨餓。我在那裡的第一個工作是在醫院洗盤子。第二個工作是在一家很小的工廠。做了半年後，我成為實際營運者。工廠業主於是說：『我想讓你成為合夥人。』但他的話從未實現。他是個好人，但未曾把提議訴諸白紙黑字。很顯然，他並沒有認真看待此事。」

「因此，我離開那家工廠，進入一家薪資較高的公司，住宿費用也非常便宜。我住在一個小房間，省下許多錢。二年後，我買了一些二手機器設備，租了一處小車庫，開始兜攬生意：『如果你的工廠有問題，我可以幫忙檢查。假如問題解決不了，你不必付錢。』就是這麼簡單。」

斯特羅納克如今已成億萬富豪。他創辦的麥格納國際（Magna）是全球最大汽車零組件製造商之一，年營收近四百億美元。

億萬富豪自己制定遊戲規則。愛好足球的金範洙常擔任球隊隊長，會自訂一些額外的有趣規則，為球賽增添趣味。有時他也會為友人創造一場全新的賽事。我問說：「所以，不是自己設定的遊戲規則，你就不玩對嗎？」他微笑以對。

獨立自主能淨化心靈，金範洙就曾親身經歷過。曾有段相當長的時間他無法自在地表達情感、宣洩怒氣、放聲哭泣。「開始創業後，我白天經營事業，晚上寫程式。那時因做著嶄新又困難的事而備感壓力，或是產生疑懼，尤其還要發薪水給員工。但想到離開先前公司獲得了自由，如今獨立開創事業又有種奇妙的感覺。疑懼與自由的感受交織成一種心靈淨化效應，某天淋浴時我突然開始嚎啕大哭。從那之後，淋浴舒壓成了一種習慣。現在我甚至連看電視節目也會掉眼淚。」

所以說，親愛的讀者，想翱翔天際，首先必須要離巢。你的命運掌握在自己手裡。挺身而進，靠自己頂天立地。對自己與身邊的人負起責任，盡早開創事業，掌控自己的環境與人生。唯有如此，你才能踏上事業成功的康莊大道。

與億萬富翁的差距

- 游移不定的人永難脫離舒適圈，也絕難展翅高飛。
- 百萬富翁會離開舒適圈嘗試振翅飛翔。
- 億萬富豪敢跳出舒適圈追求飛黃騰達。

關於本章的更多故事，請上：http://TheBillionDollarSecret.com/resources

第3章

高瞻遠矚才能大展鴻圖

「心懷雄心壯志才會有偉大成就。」

——赫拉克利特（Heraclitus），古希臘哲學家

你能有多大的成就，取決於思想格局，因此要有宏大的願景。要成為大人物，你必須高瞻遠矚，不可安於現狀。

二〇一六年「安永世界企業家大獎」得主曼尼．斯圖爾，在事業生涯裡創建了兩家公司。他靠經銷禮品的首家公司成為百萬富翁，然後憑藉製造玩具的第二家公司晉身億萬富豪。「渴望極為重要，渴望百萬美元與渴望十億美元有天淵之別，而相應的事業規模與領域也迥然不同。我只想要獲得極致的成就，並不渴望成為億萬富豪。這二者的差異在於期望、格局和願景。要放大視野，從大處著想。當我初創禮品公司時，我渴望在伯斯地區有所成就，也想把成果擴及澳洲全境。經營第二家公司『麋鹿玩具公司』（Moose Toys）時，我想的已不是在澳洲闖出名堂，而是想在

全世界大放異彩。這純粹是思想格局不同所致。」

被稱為「中國迪士尼」的蔡東青（Cai Dongqing）強調，人必須勇於追夢並為圓夢奮鬥。他認為百萬富翁與億萬富豪的差別在於：「目標不同，這決定了他們獲得第一階段成功後，是否仍積極進取、會不會故步自封。」

加拿大億萬富豪斯特羅納克也認為：「人一旦停止追夢，就無異於行屍走肉。夢想沒有止境，無拘無束。知識則有限制。你必須永保夢想。夢想使人的思想天馬行空，然後你會明白自己必須做什麼，以實現夢想。」

「巴西的華倫．巴菲特」帕里索托拓展事業版圖的動力從何而來？當他只有一小家零售店時，偶然產生一個遠大的夢想：「某晚在女友家中，我看到一本雜誌列出巴西五百大企業。排在第二二一名的是『帕里索托』，與我的姓一模一樣。這是何方神聖啊？於是我研究了一下。事實上，那是家總經銷公司業主的姓氏。我靈機乍現，想讓自己的公司也登上五百大名單。如果那位帕里索托能上榜，我有什麼理由辦不到呢？」

二〇〇一年時，帕里索托的 Videolar 公司終於被同一家雜誌列入巴西五百大公司名單。

夢想遠大與實際成就大事業不可混為一談。

波蘭首富索羅分享了一個有趣的觀點：「我進建築業是想要建造龐大且昂貴的事物，因為這比打造小而廉價的東西能獲得更大的利潤。因此，與其製造一美元的洗手乳，我寧願建造千萬美元的大樓。畢竟製造一美元洗手乳的利潤微不足道。建築業賺的都是大筆的錢，因此我可以支配及運用的錢很多。」

突破那些束縛你的限制，闖出一番大事業吧！

夢想使你不偏離正軌、不失去熱情與動機。

正如蔡東青所說：「你要有目標。當有了目標，你就會有夢想。在面臨困境與挑戰時，你就有動機與熱情去克服，並持續勇往直前。」

你的夢想也能激勵人心，助你吸引到頂尖員工。

切勿畫地自限

不要局限自己的人生。要了解，最大障礙存在內心之中。你應當竭盡所能認清它並克服它。

美國航太企業家簡恩指出：「我確信所有父母都會誇讚自己的小孩聰明。父母會告訴你，想做的一切都能做到，只有天空限制得了你。然而，你也會了解，天空是想像出來的，實際上並沒有天空。我們想像有天空，是因為我們看不見更遠處的任何事物，即使登上了月球或火星，依然超越不了天空。我們創造了自己的天空，也侷限了自己。如果你相信某些事情是不可能的，那也只是對於你不可能，並非對所有人都不可能。因此，只要信念與心態認為可行，就有可能辦到。我相信航太業會是下一個趨勢產業。因為地球上一切有限資源在太空都很豐足。要是太空的資源能為我們所用呢？為何不去月球取用所需資源呢？我的月球特快車（Moon Express）公司就這樣應運而生。

對我來說，月球特快車很大程度上是我的夢想。我期望讓世人了解什麼是『登月計畫』。試想什麼能鼓勵下個世代的人去證實任何事情都可能成真。對我來說，登月是四分鐘跑完一哩（約一．六公里）的問題。在傳奇跑手班尼斯特（Roger Bannister）於四分鐘內跑完一哩之前，大家都不相信人具備這種能耐。但你知道嗎？短短幾年內，有更多人做到了。登月的象徵意義也一樣。假如我能登上月球，那麼你能做什麼？你有什麼『登月計畫』？大家都能有各自不同的『登月計畫』。你的『登月計畫』可以是『治療癌症』。我的『登月計畫』可以是『解決貧窮問題』、『締造世界和平』。沒有什麼不可能辦到的事。我們目前正在建造無人的登月太空梭。」

簡恩曾在機場應對移民官時惹上麻煩，當時他回答例行問題表示旗下公司將去月球採礦。「官員看著我說，『你很瘋狂，我們國家不允許瘋子入境，除非你告知實情，否則我將拒絕你的簽證。』我回說，『我的公司真的準備去月球採礦，不過我實際上是軟體業者。』移民官說：『這正是我要的答案。你是軟體業者，可以入境了。』」

「那位移民官員無法理解有人膽敢夢想登月採礦。對他來說，那是瘋狂的念頭。他認為我精神失常。這使我明白，人們已失去做大事的想像力。唯有人們允許懷抱遠大夢想且不畏懼失敗，社會才會進步。對我來說，登月純粹是做人們認為『不可能的事』的象徵。」

簡恩總是告訴大家：「別跟我說天空有界限，我將上月球採礦。」假如一切順利，月球特快車將繼美國、俄羅斯與中國之後第四個登上月球的組織。勇敢追夢，做別人認為不可能的事吧！

不要貶低自己。要像索羅一樣拒絕靠月薪度日：「那時大多數人都是這麼過活的。但我想要做更多事、賺更多錢……。」

斯圖爾是出生於德國難民營的波蘭裔猶太人，九個月大時跟雙親遷移到澳洲。他的父親常說：**「要咬，就大口咬，塞滿你的嘴，讓血從你的嘴邊流下，流到下巴和胸膛。**你就該這麼做。要做大事而且要做值得的事。要咬，就大口咬。」他把這教誨運用到麋鹿玩具公司的營運上。「挑戰一項產品，我們先自問這能獲得多大的成功？是否值得投注時間和一切努力？」結果，麋鹿玩具公司在十五年內就成為全球第五大玩具製造商。斯圖爾並榮獲二〇一六年「安永世界企業家大獎」。他從難民蛻變為年度世界企業家的故事展現了宏圖大志的力量。

不要因不敢放手一搏而事後懊悔。某些億萬富豪對一開始沒有奮力拚搏心懷遺憾。我問了新加坡傲勝帝國締造者沈財福：「你希望二十歲時就能了解什麼事？」他的回答讓我深感意外：「如果能回到過去，我會玩得更大。我繞了遠路，雖然因而成為萬能、更堅韌和強大的人，但我不應花那麼多時間。」

你可能察覺到環境已容不下你的雄心壯志，且限制了你的未來發展，那就脫離這個環境，嘗試更大格局的事物吧！

挪威飯店業大亨佩特・史托達倫在波什格倫（Porsgrunn）小城度過童年。父親寄望他長大後能繼承兩家雜貨店。「學校教我的，是如何成為奧斯陸超商的負責人，於是我先去奧斯陸待了二年，才回家鄉與父親共事。但回家後發現，雜貨店的格局太小了。我無法跟著父親做事，因為我不能一輩子追隨他的腳步走。我想建立自己的事業。我不明白原因，但我心裡就是這麼想。我告訴父親：『請把店交給弟弟，因為我不想經營。』我的決定讓父親的希望落空，但他同時也為我感到驕傲。他覺得『佩特真有豪情壯志』。我不知道人生該做什麼。我只是不想步人後塵。」

有時你必須像中國娛樂業大亨蔡東青那樣放棄學業。有時環境無法滿足你的雄心壯志，你甚至必須去改變環境。我訪談的多位億萬富豪都曾經這麼做。

不要滿足現狀，讓心火持續燃燒

飢餓、絕望與渴求是動機的三大燃料。**渴望達成目標會使你內心產生高階能量。**你有多渴望出人頭地？有多大的雄心壯志？渴望締造自己的帝國嗎？

新加坡億萬富豪沈財福對人生的看法非常純粹：「中國有句俗話：『做是死，不做也是死。』不是嗎？人就只有一生。全力以赴，死而無憾。所以，你應當挑戰自己、把自己極大化。竭盡所能留下傳世偉業。讓自己有成就感。人生所為何來？不好意思，我不為神佛而活。我為榮耀、成就感及畢生的成果而活。我創造事物並造福後世。」

他對成功的渴求顯然永遠不會得到滿足。

那麼，百萬富翁與億萬富豪究竟有何差異呢？

澳洲億萬富豪柯溫擁有逾三千家飢餓傑克與達美樂披薩的股權，據他指出：「百萬富翁會自認，『我的點子非常好，很成功，我建立了自己的事業，我很快樂，我滿足於上蒼給我現有的一切。』億萬富豪會想，『極限何在？我還可能做什麼？』億萬富豪不問『為什麼？』而問『為何不？』因為問『為什麼？』只是試著去了解，而問『為何不？』則是說『讓我們試著去達成吧。』」

對於沈財福來說，二者的差異在於：「胸懷有多廣大？夢想有多遠大？這是關鍵點。胸懷的格局將決定願景的格局。」如我們所知，這將決定一個人能有多大的成就。

所以，百萬富翁與億萬富豪彼此心態主要差別在於，有多大的雄心壯志及想要人生有何等的成就。想要更上層樓，絕不可抱殘守缺。

多數百萬富翁更上層樓的路上，潛伏著一項危機，那就是志得意滿。**切勿躊躇滿志！**否則會不思進取。自鳴得意會扼殺你的事業。

哈森弗拉茨是傑出的工具製造商。在一九八五年匈牙利發生抗暴運動後，他離開了祖國。初抵加拿大時，他想要找個本行相關工作，於是應徵了擁有極佳工具間的「W．C伍德公司」（W．C Wood），但未獲錄取。因為他太自負了，該公司總經理佐特不相信他的自吹自擂。然後，他從加拿大鐵路公司獲得了第一個工作機會，而且待遇頗佳。但叔父卻建議他回絕：「別接受這工作。『為什麼？』因為待遇太好了，你永遠也不會想離開，永難闖出一片天。你做高薪工作，待遇比大家都好，人生會太過安逸。」於是他謝絕了首個工作機會。這也震驚了大家。他的堂兄弟說：「開什麼玩笑！你沒接受那份工作？」他回道：「你父親建議我別接受。」

然後，他回去找佐特，謙遜地假裝自己不如當初說的那麼厲害。佐特生氣地說：「你又在說謊。」他回說：「佐特先生，錄用我吧。不必給我薪水，我叔父會給我錢。他會帶我上工，我會跟著他。」佐特同意說：「好吧。試用一個星期，但公司不付薪水。」最終哈森弗拉茨證明自己非常擅長製造工具，還獲得業主補發第一週的薪資。他不但獲得自己想要的工作，並得以在自己選擇的道路上成長茁壯。後來他創辦了利納馬公司，是全球汽車零組件業界最賺錢的公司之一。叔父的建言造就他成了億萬富豪。所以，切勿躊躇志滿。要避免被黃金牢籠套住。

巴西企業家帕里索托也有類似的經驗。他故鄉最受敬重的兩個人分別是神父與醫生，因此早年他認為這兩種專業與成功和財富息息相關，並夢想未來要從事其中一種事業。在因行為不端被神學院退學後，他開始準備醫學院入學考試，同時也參加了巴西銀行的公開徵試，以驗證自己的能力。該行迄今仍是巴西最大銀行，是大家夢寐以求的頂尖金融機構。「在當時，巴西銀行的待遇最優渥，而且工作有終身保障，不會被炒魷魚。該行有全額退休金，所以退休後生活無虞。」大家都想試試運氣，因此這場公開徵試競爭極為激烈。

最終他錄用了，被分派到巴西南部一個小城的分行任職。「我想繼續深造，卻被派到一處沒有大學的地方。」於是他詢問，「不能派我到其他有大學的城市嗎？」而得到的答案是，「不行，只有這個地方可以派任。」

帕里索托只好接受，並期望來日可以轉派他處。他的職務只是「助手的助手」，屬於銀行職涯最初階的工作，「但薪資比之前工作高三倍、甚至五倍之多。而且只要不搶銀行、沒做錯事，就能留在銀行工作，終身有保障。」。

然而，他做了二週後就看清這工作沒出路。「我得知分行包括警衛共二十三名員工全都想要轉調別處。我突然領悟，留下來是死路一條。」

於是，他辭掉工作，一毛錢也沒領到。當他回家繼續準備醫學院入學考試，家鄉的人（包括父母）都難以置信他的決定。「你瘋了」是他最常聽到的評語。

「這可能是我人生最艱難的抉擇，因為九九．九%的人會樂意接受那樣優渥的待遇和安全保障。」

我問他為何會做出那樣的決定。

他回答說：「我認為自己要的不只這些。放棄那份工作也不是因為有人提供我更好的機會，或是要經營自己的事業。不，我平白沒了工作，成了失業者。我只是對自己有信心。我冒了極大的險，因為一切問題都有可能發生。我用一份安全、高薪的工作換取人生目標。因此，我得更加努力。為求獲得更多，我必須更辛勤工作。當然，在那時，當醫生的出路更好（大笑）。」

他指出：「假如你想在商界有所成就，最糟糕的阻礙就是高薪。因為高薪雖能保障生活，卻無法使你致富。多數人為了安全保障而捨棄了一切。對於九九．九%的人來說，安全意味一份終身有保障的工作。」

不要用你的未來換取安全，這是不划算的交易。帕里索托沒這麼做，你也不應當這麼做。此外，切勿成為自己生活格調的囚徒。

獲得成功是一回事，永保成功又是另一回事。為永保成功，你需要永續的飢渴。

加拿大億萬富豪威爾遜建議，從瀕死者的視角看事情：「在臨終時，有任何比垂死更令你在意的事嗎？你有依照自己想要的方式過完人生嗎？身為人，我們總在人前做那些看似美好的事，但想想，臨終時，在人前維持好形象絕對是毫無意義的事。臨終時我會思考，我的人生錯失了多少不可思議的事，只因我不想被某個女孩拒絕；不想讓某個傢伙認為我不夠聰明；不想涉足某個領域的事。我們在地球上只有三萬五千個日子，與世長辭後，就不會有人在乎了。我們只是宇宙中微不足道的塵埃。因此，別人怎麼看你實在是無關緊要。重要的是，我們有沒有充實地度過人生的每一刻？這使我不再去做那些真的一點也不重要的事。有時我會想，如果我只能再活三個月，我要怎麼更改行事曆？我要完成哪些計畫？我不想做什麼事？這能幫我釐清優先要務。於是我發現自己做了應做的事，或真正重要的事。我無法忍受自己臨終時，還有任何想法沒試著落實，我必須弄清楚，我的想法究竟是否可行。」

只要用心銘記這些話語，你的心火將永恆地燃燒，你的渴望將永不止息，你的事業將可獲得無與倫比的成就。也請謹記沈財福的話：「我仍然非常飢渴。我不覺得自己像個億萬富豪。」

切勿居功自傲

永不止步還不夠，你必須更上層樓。一旦認為已達成目標，就會開始走下坡。哈森弗拉茨指出：「若你的目標是登上某座山的顛峰，在出發前，你最好先弄清楚是否還有更高的山峰。如果沒有，那就只有一條路可走。在攻頂後，你不會想要永遠留在那裡，總得走下來。」

不要滿足於現有的成果。

出身敘利亞貝都因難民的億萬富豪阿利塔德，大學畢業後進了電信公司上班，但他很快就離職了，「因為西裝不合身」。其實，他想要更上層樓，最後他在阿布達比找到工作，成為締造阿布達比石油公司的幾個關鍵人物之一。那時阿布達比還是個小村莊，如今則已成為擁有五百萬人口的全球最富裕城市之一。阿利塔德當年擔任管理工程師，薪資極高，他任職四年期間賺的錢，約相當於現在的六十萬美元。然而，他為阿布達比創造的財富則高達數千億美元，但他並未擁有任何股份。

後來他離開阿布達比，到法國建立自己的事業。他投注所有積蓄與夥伴理查德·阿爾考克（Richard Alcock）共同創設電腦公司，打造出歐洲最早期的筆記型電腦之一，這電腦外形像個手提箱，重約三十公斤，但在當時算是羽量級的電腦。然後，他在十八個月內以投資金額的二倍價錢賣掉這家公司，並著手準備下一步計畫。

讓我們再回到帕里索托的故事。他辭掉巴西銀行的工作後，決心研習醫學。那時他創辦了一家小公司，聘請一名經理協助營運，自己則專心學醫。畢業前開始到醫院實習時，他了解了兩件事。首先，「我明白醫生無異於奴隸。因為病人不斷來求診，他們日夜不停地工作，難得休假或旅行。而且，醫生之間總存在著病態的競爭。」因此，他決定轉而從商。其次，他也明白，醫學是非常高尚的專業，利用醫術來做生意、賺取不幸者的錢並不是好事。所以，他畢業後沒當醫生，反而經營起自己的公司。「這不是件輕而易舉的事。有些人認為我瘋了。因為我的公司當時規模還很小。」為了願景遠大但前途未卜的事業，他再次決定孤注一擲。最終，他的小公司逐步擴展成為市值數十億美元的大企業。

因此，**不要滿足於到手的東西**。要像帕里索托那樣，永遠不因需要安全保障而妥協。永遠不要志得意滿，不要貪圖安逸。

一旦實現了一個夢想，要再打造另一個更遠大的夢想。億萬富豪永遠不會躊躇滿志。

簡恩擁有多家市值數十億美元的公司後，仍堅稱自己仍處於起步階段：「我的人生之書才剛起頭，目前只寫了少許章節，大部分章節仍待撰寫。我跨足所有重點行業，一開始是航太工業，目前是醫療保健業。接下來可能進軍教育事業。我也可能涉足食品業，並持續鎖定最棘手問題相關產業，因為最重大的問題總是提供企業家最大的商機。身為企業家，我真心認為，如果我能解決所有最棘手問題，我就能開創出大規模的商業。」

億萬富豪永不停止成長。

土耳其億萬富豪歐茲耶金，七十多歲時仍持續創辦新公司。「我們剛成立一家養老金公司。我們每六個月會投資一座新的風力發電廠。此刻，我們陸續建設五座風力發電廠。機會實在多不勝數。」

最後，讓我們以哈格里夫斯這段話做為本章的結語：「我認為想要超越特定水平的人不多。人們一旦獲得某種程度的成就，餘生就無虞匱乏，而這會妨礙他們更上層樓，於是很少有人能持續努力不懈。我想，要超越這些，必須時時懷抱更遠大更美好的夢想。你必須要有征服世界的野心。」

親愛的讀者們，大家想要有多大的成就呢？各位有什麼抱負和夢想？有多渴望實現抱負與夢想？你的渴望是否強烈到足以推促你不斷進取、不至於志得意滿？」

與億萬富翁的差距

- 游移不定的人會被生活擊潰並喪失夢想。
- 百萬富翁易於躊躇滿志，且夢想不夠遠大。
- 億萬富豪懷抱不同凡響的夢想，他們永不饜足，而且志比天高。

關於本章的更多故事，請上：http://TheBillionDollarSecret.com/resources

第4章 打造成功之「船」

「他們能辦到是因為他們相信自己能辦到。」

——魏吉爾（Virgil），古羅馬詩人

以信仰（Belief）、樂觀（Optimism）、自我肯定（Assertiveness）與信任自己（Trust in yourself）打造成功之「船」（B.O.A.T.），這艘船如同諾亞方舟，將載你平安航過一望無際的海洋，安然度過事業生涯的大風大浪。你必須樂觀、自信、自我肯定，唯有具備信仰才能做到這一切！這四項以及熱忱都是成功企業家最重要的特質，也是億萬富豪的人格要素。

樂觀與積極的心態

當個樂觀的人。矽谷傳奇創業投資家德雷鉑表示：「你可以選擇當個樂觀或悲觀的人。**樂觀**

的人總能完成所有事情。悲觀的人則一事無成。悲觀者只會以一切託辭辯解為何凡事都行不通。樂觀者則向悲觀者指出，『有時你們是錯的，這很可能行得通』。因此，當個樂觀的人吧。」

億萬富豪不在負面的事情上浪費時間。陳覺中對此尤其嚴格。實際上，他不記得任何悲傷或痛苦的事情。「或許不記得的原因在於我心態非常正向。凡事總是看事情的積極面向。」

我訪談中所有白手起家的億萬富豪，都認為自己有熱忱又樂觀，是正向思考的人。他們也視此為自己的強項。他們相信，艱難的時刻絕不會漫無止境。他們不只積極面對自己，也同樣正面看待他人。

要有自信

阿利塔德對自己的未來始終抱持無限的信心。因此，他拒絕接受自己注定只能當牧羊人，並移居法國，憑藉看似盲目的樂觀，走上正確的事業道路。賣掉電腦公司後，他在妻子的家鄉偶然發現一家破產的鷹架公司。

「我是去那裡度假的，有個人前來問我說：『你想買鷹架公司嗎？』**請相信我，這是我第一次聽到『鷹架』這個名詞**。或許你會認為我不理性，但我相信自己，所以我把所有的錢都投資在鷹架生意上。」

「我去看了那家破產的公司後，明白它具備極大的發展潛力，因為世界各地都需要鷹架。想要粉刷牆壁會用到鷹架；想要翻新住宅外牆需要鷹架；煉油廠、核能中心或機場作業也都需要鷹架。」

「我看到鷹架的商機，同時也見到親近妻子與其家鄉的方式。試想，我是不是來到了合適的地方、做了正確的事情？我是這麼覺得。」

在之後三十年間，阿利塔德不但讓這家公司起死回生，更使阿利塔德集團成為全球首屈一指的鷹架業者，旗下相關公司逾二百家。他也因而榮獲二〇一五年「安永世界企業家大獎」。他表示，自己最珍視的人生忠告是：「相信自己。對於自己的作為要有信心。」

如果你年輕又有熱忱，即使有時無知，也無礙你成就偉大的事情。因為你不會覺得事情行不通，不會覺得問題非常棘手，只會不遺餘力完成。

一九九〇年代波蘭轉型為自由市場體制時，商業先鋒索羅等人都是抱持這樣的心態：「許多人善用了當時出現的各種機會。最終這些人也承受了最大的風險，因為他們沒有經驗。沒有歷史知識可供他們了解種種條件有多麼棘手，他們也因而未被所知限制住。他們對『不可行』一無所知。」

柯溫回顧自己的事業也提出相似的想法：「年輕人有一點很有趣，那就是對自己的無知一無所知。我們年輕時熱切地攀爬山岳，卻不知山有多高。雖然不了解自己當下的處境，但仍勇於冒險。」

「年輕人不知道什麼是侷限。**假如年輕時我知道現在所知的一切，我不會去做當年做過的泰半事情**。因為那時犯了許多錯誤。擴張的速度過快。但我們存活下來了，我們是開路先鋒。如今則是必須面對許多可能讓我們倒閉的競爭對手。當年我們在一無所知下存活過來，現在我們仍辦得到。」

加拿大籍的柯漚渴望帶給澳洲人平價的速食。首先他在澳洲開了肯德基餐廳，然後建立了餓傑克和達美樂披薩連鎖事業。這個過程中，他造就自己成了億萬富豪。

富豪的傳記與人生態度，總能看到自信與無限的樂觀。斯特羅納克到美國時，口袋裡只有二百美元，但他自信能在那裡成就一番大事業。沈財福也是滿懷自信：「未來十到十五年，我們將見證誰是真正的贏家。坦白說，我距離實現目標還很遙遠。好戲還在後頭。」

任何事情都有可能發生

「侷限只存於內心。」這是陳腔濫調。沒人認為自己受到局限，但事實是，我們日常總要處理一些重大的心理限制，只是沒有察覺而已。全球製藥業界首富桑格維指出：「我們的能力遠超越自己所知。人的內在潛力無窮，要有自信。」

德雷鉑所見略同：「任何想像得到的事都可能發生。我年輕時看過《星際爭霸戰》影集，裡面有個通訊設備，就像是現在的智慧型手機，星艦上的全像甲板，則如同今時的虛擬實境科技。影集裡的醫療儀器三度儀也即將問世。除了往返所有不同行星的太空旅行尚未能實現，其他幾乎成真。」因此，「任何事都可能發生」，這也成為他的人生座右銘之一。

要如何做成「任何事」呢？創辦歐洲最大連鎖超商 Magnit 事業的加利茨基，擁有逾一萬七千家超市與藥局。在訪談期間，他們一天開展五家新店，非常不可思議。試想，開一家超市需要做什麼準備。首先，你需要找地點，與地主洽商買賣事宜，然後要取得所有相關許可證，接下來要蓋店面、安裝所需系統、雇用與訓練員工、組織供應鏈、管理物流、進貨、行銷，最後開門營業。那麼，每天開五家新店是如何辦到的？

「事實上，成功的企業家不承認有辦不到的事情。每個事業夥伴都會說，一天開五家新店是不可能的任務，而我也會附和他們。但只要任務達成，就會想要每天再多開一些店。最初大家都認為不可能的事，在不可思議的艱難條件下辦到了。最終事實否定了大家的負面想法。」

信任與自信

「如果沒有自信，很難在事業上有所成就。務必要信任自己！」這是哈森弗拉茨給年輕人的建議。

沈財福務實地指出：「即使一無所有，只要對自己有信心，就能有所建樹。必須有自信。不要太在意別人的話。專注於自己相信及想做的事。」

史托達倫最珍視的建議則是：「相信自己的夢想。」

全球最大汽車玻璃製造商福耀集團創辦人曹德旺認為信任是成功的基礎：「要相信自己、信任自己的願景、相信自己能取得資源並使夢想成真。」但不要盲目信任。「推行一項計畫之前，必須先做可行性研究，並善用一切相關資料。」然後，將信任建立在可行性研究結果上。對曹德旺而言，成功之道有三個步驟：信任、願景與執行。要把目標建立在信任的事物上，然後努力去實現它。

想要事業成功更必須有自信，而且要信任自己的技能。

哈格里夫斯信任自己的商業技能更甚於對員工職能的信任，這使他走上做生意這條路。「我認為自己厭倦了為他人做事，雖然那些企業主都是全力以赴的好人，但我可以看出自己能做得更好。」他過去曾跟老闆說：「你的推銷能力很強，有很出色的想法，但卻不是位傑出的商人。如果你就負責銷售，我來經營生意，我們將會很成功。」老闆難以置信。於是哈格里夫斯決定：「好吧，我自己來創業。」然後，他與同事史蒂夫・蘭斯頓（StephenLansdown）一起離職，共同創辦了哈格里夫斯・蘭斯頓公司。

後來他們兩人都成為億萬富豪，還創下全球獨一無二的紀錄，締造了在沒有借貸或購併的情況下，成為倫敦金融時報一〇〇指數（FTSE 100 Index）百大公司之一。

要有自信做自己擅長的事。在本書寫作期間，哈格里夫斯・蘭斯頓公司管理的資金約達一千二百億美元。像許多億萬富豪一樣，哈格里夫斯對自己的商業技能深感自豪：「老實說，我不認為世上有那麼多傑出的商人。我不覺得自己有很多競爭對手。這正是經商的樂趣。每當事業不順時，我習慣觀察其他商人，然後我會想，『嗯，我們做得比其他業者更好，我們沒什麼好擔心的。』」

絕對要相信自己的抉擇，並為此奮鬥不懈。矽谷傳奇創投家德雷鉑吃過苦頭才學會了這點：「我曾想投資谷歌，但合夥人問說，『我們已投資谷歌的所有競爭對手，為何還需要注資另一個搜尋引擎呢？』我說，『這群人很出色。』他們說，『沒錯，但我們投資谷歌的競爭對手擁有更好的技術，為何我們還需要谷歌？』結果我被他們說服而犯了大錯。」

「我應該更努力去促成那件事，我應當告訴他們，『我們也需要谷歌』。」

眾所周知，谷歌最後在搜尋引擎賽局中勝出，為早期投資者帶來了豐厚的獲利，而且其他所有競爭對手全軍覆沒。

億萬富豪具有積極心態，相信自己能做到想做的事。二〇〇四年「安永世界企業家大獎」得主陳覺中指出，人們常會說「哎，沒辦法，這辦不到。」但他是正向思考的人，從不會有這種想法。

富豪們對自己有無限的信心。如果中意某件事，他們會相信自己是做這件事的最佳人選。這並不意味億萬富豪擅長所有的事，總有其他人在某方面比他們更優秀。

這裡強調，不要貶低自己。要從內心深處相信自己最夠格迎接挑戰。歐茲耶金說：「我班上總有些人比我更聰明。即使是現在，我也絕不認為自己是教室裡最聰明的那個人，……我試著把自信與勇氣灌輸給學生。我告訴他們，只要有自信並像我那樣竭盡所能，他們就能像我一樣成功。我要他們銘記這點。」

這樣的心態，促使他以外籍生身分在美國念大學，參與了大學學生會會長選舉。雖然他自知，在全校一萬四千名學生裡，自己不是最頂尖的，然而他還是選上了。

史托達倫二十四歲時的經歷讓人瞠目結舌。當年他在奧斯陸的挪威行銷學院深造，某天在相當於挪威《富比士》的《資本》雜誌上看到一則徵才廣告，是一家獵人頭公司為特隆赫姆

（Trondheim）地區即將建造的購物中心徵求經營者。該中心落成後將是挪威最大、也最符合當代潮流的購物中心。他們要找一位經驗豐富、四十到四十五歲經營者，至少具備二十年相關年資。應徵者還要附上自傳和文憑，並通過資歷查核。對於一個沒有管理經驗、還沒完成學業的學生來說，這無疑是一大挑戰。史托達倫的同學都不鼓勵他應徵：「你認為自己能得到那份工作嗎？難道你不識字嗎？條件是四十到四十五歲！而你只有二十四歲啊。」但他回答說：「我可以辦到，這份工作非常適合我。」

雖然自尊受到挑戰，但他的雄心壯志益發昂揚。畢竟那是當時挪威最搶手的工作，也是所有商學院學生夢寐以求的職位。

「雖然寄出了應徵函，但我只有父親的推薦信，上面寫著『佩特是個好孩子，也是個好員工。』我甚至沒有學校文憑。結果當然石沉大海。我沒有得到任何回音。」

他並沒有因此心灰意冷，反而日復一日前往應徵函收件地址，直到看見四樓燈光亮起。他按了門鈴，樓上的人開門讓他上去。「你好，我是佩特．史托達倫。」他解釋說自己沒獲得面試機會，想要知道原因。

「但你完全不符合條件！」

「是嗎？我可是完美的人選。」他在那裡堅持了九十分鐘。雖然獵人頭公司已有兩個符合條件的候選人，但最後仍讓步，同意讓他以第三名候選人身分，前往特隆赫姆會見董事會成員。

當時年輕而天真的史托達倫滿懷自信赴會，還出人意料地讓董事會相信他才是最適合人選。

董事們喜愛這位厚臉皮的年輕人，著迷於他對這份工作的熱衷、他的勇氣，以及他愈挫愈勇的意志力。他們也認為，與精明老練的人相比，他們更能影響這個沒經驗的新手。於是史托達倫成為歷來最年輕的購物中心經營者，負責主管挪威最大規模的零售專案。該購物中心名為City Syd，是挪威第一家大型的郊區購物中心。

他就這樣展開了購物中心職涯，後來還憑藉一項只有他相信做得成的專案，獲得一大筆紅利，賺到人生第一桶金。那項開發專案，就是其他人都認為「不可能把三家購物中心整合到同一屋簷下」的事。但他辦到了。他達成別人認為不可能而不去做的事，因而財運亨通。

從這個故事你能明白，為何阿利塔德會說，要養成「我能做任何我想做的事」的心態，而且要有能力實現它。

學會應對質疑者

唯有相信自己的想法與信念才能有所做為，也才不至於因為有人唱反調而寸步難行。當別人說你的夢想不可能實現，切勿聽信，別讓他們偷走你的夢想。別相信反對者與愛抱怨者的話，他們只會阻撓你的無畏行動。別讓他們潑你冷水。

帕里索托的夢想是成為醫生。在巴西，念醫學院必須先通過醫學院入學考試他說，「有時錄取名額只有五十人，卻有五千人報考，競爭非常激烈。」

他老闆有個兒子是醫學院學生，因此老闆對他總是沒好話，還想讓他放棄學醫的念頭：「你妄想！我兒子念了很多書，很辛苦的！這對你來說是不可能的事。」

他花了一年時間準備考試。「我在早晨、下午與晚上苦讀。之前念神學院時沒有學習數學、物理和化學等等，因此我必須努力提升這方面的能力。結果我的分數在所有應試者中排名第二。從報紙上公布的榜單看到自己的名字後，我把報紙夾在腋下，跑去向老闆說『你看，我考上了。我將會成為醫生。』結果老闆依然如故，就像是說『不可能，你辦不到的。』」

然而，他辦到了，在多年後順利地從醫學院畢業。所以，努力去做你相信的事吧。帕里索托就是因此在若干年後遇上了人生最好的機會：

「在一九八六年時，索尼公司邀請我，前往東京參與一項年度會議。那時我是巴西地區最出色的索尼錄音帶、錄影帶和相關設備經銷商。到日本後我發現，他們有一間錄製影帶的實驗室。我注意到那裡有許多大捲的磁帶。當他們接到訂單時，會裝好所需時間長度的磁帶開始錄影。七十分鐘的影片，會裝載七十一分鐘長度的磁帶來錄，只留一分鐘的空白，不浪費磁帶。」

「當時的巴西還沒有人這麼做。當然，那時影帶業剛起步。我了解到影帶業成本最高的就是磁帶。那時巴西只有六十分鐘、一百二十分鐘和一百六十分鐘的磁帶，要錄十分鐘的紀錄片，必須用一卷六十分鐘的磁帶，造成許多浪費。」

「索尼提供影帶業需要的所有服務，包括錄影、上字幕、迴帶、盒裝與貼標籤。他們也協助包裝和配銷。可以說做到了垂直整合。」

「想在這行賺錢，那是最好的點子。因為巴西當時有六家錄影帶工廠，還有許多公司從事錄影，也有不少公司專做字幕，有一家公司專門生產影帶盒，另有一家公司製作標籤，但沒有人整合這一切。索尼公司甚至有自己的製片廠，他們擁有影片以及錄影帶封面的版權，也開立商業發票及從事配銷。」

「我明白改變做生意方式的時機到了，因為這行競爭競烈，如果沒有自己的產品，只是銷售其他店也都有的商品，很難大發利市。」

「我決定把零售店賣掉，籌資購買專業機器以統整錄影帶業一切流程。」

帕里索托想把店賣給最大競爭對手阿諾商鋪（Lojas Arno）。

「第一次向阿諾洽談時，他難以置信。『不會吧，你要離開這行？那你打算幹什麼？』『我要錄製影帶。』『錄製影帶？我都在家裡錄帶子、錄電視節目，或是用攝影機錄影。』『不，我說的是專業的系統……』」

「他並不了解這有多重要。但我了解。我擁有錄影帶俱樂部和錄影帶出租店，我知道這個市場成長極快。很多人喜愛看錄影帶，因為不需要進電影院，在家裡就能看電影。」

「最初他不相信我要賣掉零售店。後來他明白，最積極的競爭對手要離開市場了，才鄭重看待此事。」

「於是，我輕易以二百萬美元的售價脫手零售店，然後把這筆錢和開店時賺的一些錢，全拿來投資另一個產業，轉型成製造商。」

「因為提供全面服務，Videolar 生意興隆。「最終我們為索尼影業、福斯、華納、派拉蒙、環球和迪士尼六大公司，生產他們在巴西市場發行的錄影帶。這是全球唯一的案例，六大公司通常不願這麼做。但我非常有競爭力，能力很強。基本上，是我們的服務和品質使這件事成為可能。」

Videolar 最終掌控了九成的錄影帶市場，使帕里索托晉身為億萬富豪。

即使常**被人看輕，也不要因而懷憂喪志**。

斯特羅納克記得，成為通用汽車公司主要供應商時，「我旗下已擁有一百家工廠，但到通用汽車公司演講竟遭一名經理取笑：『如果你的公司成長速度這麼快，有天將會超越通用汽車公司。』我回說，『沒錯，我接管你們公司只是時間早晚的問題。』」

當時在場的通用汽車多名經理聽後拍手大笑，覺得他的想法很荒謬。然而，幾年後，斯特羅納克真的有了機會與能力取得通用汽車大量股權。「我們參與了歐寶（Adam Opel AG）競購案，也就是通用汽車公司的歐洲子公司。如果那時沒有政治力介入的話，我們應當已經得手。」斯特羅納克如今被稱為「麥格納風雲人物」。他締造的麥格納國際公司，現為全球最大汽車零組件製造商之一，年營收近四百億美元，旗下員工超過十六萬人。他已是這業界最有權勢的人物之一。

所以，**永遠不要讓意圖貶低你的人稱心如意**。

莫因他人冷嘲熱諷而灰心喪志。德雷鉑指出：「**想要有不凡的成就，難免會遭人諷刺挖苦**。以伊隆・馬斯克（Elon Musk）為例，他曾矢言要登上火星，我確信有人會奚落他：『你瘋了嗎？你絕對上不了火星。』但或許有五%的人會問：『如何才能登上火星？』他必須長期忍受別人的冷言冷語，但他每天照常生活，持續追夢。不讓人生受其影響，照樣睡覺、吃飯，一切作息如常。」

不要自命不凡

成功之「船」也有不利的一面，切忌過度自信。德國俗諺說：「驕兵必敗。（Arrogance comes before you fall）」過於自信會讓人鬆懈怠惰，甚至讓人走向毀滅。對已有成就的人尤其是個危險陷阱。若過度自信或太過樂觀，你可能翻船而有滅頂之虞。千萬別讓它發生！

別自認所向無敵。這種人難以善終。切莫被成功沖昏頭。歐茲耶金指出：「人生最困難的，是獲得成功又不會自命不凡。夜郎自大會使人不斷犯錯，不再移樽就教，不再孜孜不倦地評估風險，並開始自認無可匹敵。」

史托達倫表示，最危險的想法是「自認為功成名就足以萬世流芳，而且自以為無懈可擊。因為這可能導致身敗名裂。我在斯汀與斯托羅姆（Steen & Strøm）百貨公司就經歷過這種事，那時我自認無人可以取代，結果這成了我倒台的部分原因。」

再看蔡東青的人生故事和他早期的冒險事蹟，你會更明白為何不要過度自信。蔡東青十五歲時就想創業，但父親不信他能成功，還要他去找工作為人效力。無論如何，他的創業渴望並未稍減。而且母親支持他的夢想，向人借了八百元人民幣（約一百美元），讓他開創自己的事業。

他和兩個兄弟成立了工作坊，首款產品是塑膠喇叭。他們那時無電可用，只好燒柴油提供機器動力，還必須手動操作機器來壓模，但他們成功了。這激勵蔡東青放手一搏。

「因為我們第一個專案很成功，有位親戚想與我合作，把事業做大。我們開始生產鑰匙圈配件，還用明星照片來裝飾。在親戚主導下，著眼於量販，開始擴充產能。」然而，過度自信導致他們過度擴張，買了太多生產設備。蔡東青不但賠光了第一個專案賺的錢，還負債累累。

親愛的讀者，打造成功之「船」的時候到了。你相信自己並對日後的成就感到樂觀嗎？你會因別人唱反調而躊躇不前嗎？你能自信以對嗎？你相信自己的能力足以成就一番大事業嗎？

與億萬富翁的差距

- 游移不定的人不信任自己，且容易因遭受質疑而垂頭喪氣。
- 百萬富翁的自信有限，追求的夢想格局不大。
- 億萬富豪相信任何事都有可能，並自信能成就任何事情。

關於本章的更多故事，請上：http://TheBillionDollarSecret.com/resources

第5章

拜金者的陷阱

「我的身價在二十三歲時已逾百萬美元，二十四歲時超越千萬美元，二十五歲時更突破一億美元，但這不重要，因為我從來不是為了錢而奮鬥。」

——史蒂芬・賈伯斯

金錢在商業上扮演著重要角色，但不要誤以為經商就是為了錢。金錢只是衡量商業成就的普世基準。如果把商業比擬為運動賽事，金錢就好比是比賽的得分。得分愈高意味表現愈好，有助於參與更高層次的賽事，與更出色的對手一較高下。

當然，在成為商業賽局贏家時，成就感會隨之而來。波蘭首富索羅把商場競爭比喻為奧運盛會，奪得金牌是勝利的象徵，但參賽者渴望的並不是獎牌內含的黃金。索羅說：「商業賽局與體育賽事並無二致。奧運賽跑選手為獎牌而衝刺，獎牌只會掛在贏家胸前。金牌贏家將獲得利潤豐厚的廣告合約，在各種場合露臉也有利可圖。然而，站在頒獎台上聽著大會演奏祖國國歌時，他會滿心感動，因為激勵了國民的自豪和民族情感而笑逐顏開。」

金錢並不是商業的第一要素。美國航太企業家簡恩指出：「**金錢只是做事的副產品。**」阿利塔德審慎地不在金錢與成功之間畫上等號：「**別把賺錢當成目標，要視為成功的跡象。賺錢是成功的標誌。**組織的成功在於永續經營，人們因在組織中找到人的本質而怡然自得。這就是成功。請想一想，口袋裡有十億歐元或二十億歐元會有什麼差別？我真的覺得沒什麼不一樣。」

如果經商的唯一目標是金錢或個人富貴，難免全盤皆輸

阿利塔德的故事是最好證明：「我遇過許多大約與我同時創業的人。他們的目標是創建將來可以高價出售的企業。有些人很快一敗塗地。有些人獲得了某種程度的成功，於是有人喊價百萬歐元求購他們的事業時，他們表示，『出價太低了。我們想繼續經營，使事業更加壯大。』數年後，有人開價一億歐元，但他們說『不夠。我們要十億歐元。』然後，他們努力提升公司市值，但很不幸的是，最終功敗垂成，陷入破產，到最後一無所有。也就是說，**假如金錢是你公司唯一的目標，那你可能希望落空。**」

億萬富豪與百萬富翁之間的主要差異，在於動機。**假如為了錢、為了奢華生活而從商，將在達標後喪失動機，而停留在百萬富翁的層次。一旦事業衰敗，甚至可能全盤皆輸。**若是出於贏得競爭的動機，只要對商場賽局依舊鬥志高昂，公司會持續成長，唯有如此，你才有機會成為億萬富豪。

斯堪地那維亞飯店業大亨史托達倫指出：「**億萬富豪圖的不是錢**。**驅動他們的是賽局的樂趣，而不是金錢**。商業賽局首重永不妥協、絕不貪圖安逸、永不想望退休。**如果只想致富，將永難如願以償**。若竭盡全力去做自己愛做的事，就有機會得償所願。金錢可以做為動機嗎？我認為賽局和競爭才是動機。**假如創業者只知精打細算，將會一事無成**。許多人與我有相同的動機。有些人在學術界，錢賺得不多，有些人投入科學，錢也不多，但有人贏得了諾貝爾和平獎，也有人榮獲諾貝爾醫學獎，或物理學獎、化學獎。」

哈格里夫斯旗下金融服務公司管理逾一千二百億美元資金，他剖析自己成功的原因指出：「我獲得成功有兩個主因，一個是我熱愛這個事業，另一個是**我從事這行從來不是為了錢**。**雖然我記帳，但我做這個事業純粹是追求成就**。我認識的一位業界人士總認為他比我更成功，然而事實證明正好相反。他是為錢賣命，而我則樂在其中，這是我們最大的差別。我始終熱愛這個事業。即使回到當初，我還是會做這行。」

簡恩在美國時領悟到，**再多的錢也無法達成人生目標**。他出生於印度貧困家庭，到美國的第一年在新澤西州生活，那時依然一貧如洗。當他得知有位印度朋友在加州賣掉公司得手十萬美元後，決定移居加州並渴望能在那裡致富。

「我想，天啊，如果有十萬美元，我一輩子永遠不再為生活而工作。我的夢想將會成真，擁有人生中想要的一切事物。我會做到的。」

「隨著時間流逝，我離開了矽谷，加入早期規模還很小、股票剛上市的微軟公司。不久後，微軟推出視窗作業系統三．〇版，股價一飛沖天。半年內，我的股票選擇權價值已超過十萬美元。」

「我應當高興才對，但我突然想到要繳稅。除非稅後仍有十萬美元，否則根本是空談。此後一個月，我的股票選擇權價值增加到十五萬美元，稅後我還有十萬美元。」

「此時我心想，我真正期望的不只是這樣，我還要擁有房子。有了房子和十萬美元才真的能讓我開心。接著我有了足夠的錢買一間小房子。然後我想擁有一個大家庭，於是需要足夠舒適的房屋。買了體面的房子後，我又想，時代變了，要過舒適的生活，至少要有百萬美元。」

「你猜發生了什麼事？我如願以償了。這個故事的重點，是人永遠不會感到滿足，不會說『天啊，我已經有了足夠的錢。』不論你有多少錢，總是會有下一個想要的東西。我要強調的，是來自印度的人不會有幸福感。剛開始，他只想要十萬美元，然後十萬美元會變得微不足道。除非心靈有所改變，否則人永遠不會知足。對我來說，這是人生如何變化的故事。」

億萬富豪的十個動機

別只圖賺錢。億萬富豪能走得如此長遠，是出於種種不同的動機。他們喜好創造，這讓他們堅持不懈。他們熱愛打造與精進事業、完善商業模式或業務流程，最重要的是，他們樂見事業成長。

一、脫貧

許多白手起家的億萬富豪，最初的從商動機是脫離貧窮。我問生於印度鄉下的簡恩年輕時想要成為什麼樣的人？「噢，天啊，我只是想要擺脫貧窮，在人生中做一些有益的事情。」他鮮明地記得：「我母親完全不識字。但在我的記憶裡，她對我的教育很嚴格。即使無法閱讀，她仍悉心監督我的課業。母親會說：『拿出作業，把習題指給我看，然後告訴我答案。』我勤快地把答案寫下來，並說：『媽，這就是答案。』母親會凜然說：『再做一次。』於是我再做一次，然後母親說：『接著做下一題。』母親期望我們能脫離貧窮的惡性循環，她就是這樣嚴肅地表達對我們的愛。她深知教育是脫貧的唯一方式。」

帕里索托出生於沒有自來水的巴西農家，年幼時他並沒有特殊的夢想，一心只想要離開農場、脫離貧困。「農場的勞務很艱辛。犁田尤其辛苦。我們沒有牽引機，只能用牛犁田。我痛恨在大熱天幹這種辛勞的活。如果有機器輔助，多數的農務會較輕鬆一些。但我們沒電可用，也沒牽引機，一無所有。事實上，我不知道自己想要什麼。但我確定不想留在農場。所以，基本上我的動機是改變自己的人生。」

二、自由

自由是億萬富豪另一項主要動機。某些富豪在人生早期就認清，脫貧將使他們得以自由。斯特羅納克成長於戰後的奧地利，年輕時曾挨餓過。他表示：「我那時只想工作以免於飢餓和獲得自由，這樣我就不必趴在地上說『遵命』。我的動機是永遠不想再挨餓了，我想當自由的人。」

這個想法後來演變成經濟自由：「如果沒有經濟上的自由，就不是一個自由的人。我想要當個自由人，這樣才能說任何想說的話，做各種想做的事。然後我才能拯救窮人，讓他們獲得自由。最初我只是不想再挨餓了，如今我也為其他人奮鬥，因為我不想見到任何人挨餓。」

自由與主控自己的人生休戚相關。柯溫指出：「起初驅動我的，主要是想擁有某種能被自己影響和控制的事物，也想要當個自由人，做自己想做的事情。」

三、生存

在成為自由人之前，必須先確保自身與事業能夠存活。

「當你開始一項事業，首要之務在於生存，這是至高無上的動機。雖然不見得大家都會承認，但就我所知，多數企業家在現實生活中都曾有過對失敗的恐懼。創業之初要做的一切就是存活，日後你將為此感到自豪。只要沒搞砸事業，沒毀了他人的人生，也就不會有人對你懷恨在心。」

當然，你的動機也會隨著事業成長而進一步發展。

四、解決問題

億萬富豪專注於解決問題，而不是埋首於賺錢。桑格維說：「如果你想在事業上獲致真正的成就，首先要找出問題加以解決。若你能解決當前的難題，將創造出有意思的商機。**創業不要以**

賺錢為目標，金錢只是商業的一項結果。」

索羅也抱持相同的看法：「驅動我的是各式各樣的問題。我每天都想讓事情運作得更好。日常生活中林林總總的問題，引導我去設想解決方法。也就是說，這是個自動推進的機制。我的動機不是當億萬富豪，那無法激勵我採取行動。」

五、日益精進

促使索羅努力不懈的，是把事情做好的想法：「我認為**驅策自己前進的，是做好事情的渴望。要做到好，但不必做到完美**。我很清楚自己在說什麼。如果事情順利執行而且愈來愈好，我肯定會滿意。若事情如我預期，而且產生一定程度的影響，終究還能以金錢來衡量，那我當然會得到更多樂趣。」

史托達倫想要「今天把事情做得比昨天更好，而明天要比今天做得更好。」陳覺中表示：「完成了真正優質的產品，我會深感高興。我們的食品很出色，而且我們很享受這些成果。」

六、推陳出新

許多億萬富豪指出，冒險也是他們的一項動機。嘗試新事物、帶來新突破、獲取新知，都能驅使他們勇往直前。對桑格維來說，機會是最大的動機來源。

史托達倫表示：「要樂意捨棄舊事物、尋求新冒險、向前躍進、不畫地自限，即使不知道得走多深、多遠，做就對了。要有能力看到別人看不見的種種機會。」

澳洲玩具製造商斯圖爾的動機是：「帶來新突破，做不同凡響的事情，以及獲得新知識。不要故步自封，這是很重要的事情。我會找出公司未來發展的新方向，以及讓大家興致勃勃的新途徑，全新且截然不同的事物。如果一成不變，我會感到厭煩。」

德雷珀明確地指出：「世界等待著我們去探索。大家都應當發現新事物。」

七、熱中商業賽局

所有億萬富豪的一項共同特性，是對商業充滿了熱情。他們認為從商樂趣無窮。如果有天生的商人的話，哈格里夫斯當之無愧：「我熱愛商業。你知道嗎？商業之外沒有任何事物能激發我如此濃厚的熱情。我偶爾釣魚，有時打高爾夫球，但打球時我簡直是個廢物。我上健身房，為了保持健康。我也喜愛旅遊。但我對商業情有獨鍾。商業是我畢生的活計。當然，由於商業上特別成功，我因而更加熱情。」

八、競爭與獲勝

億萬富豪另一項動機，是贏得勝利。為了勝出，必須具備競爭力，必須出類拔萃。哈格里夫斯記得創立公司時，如何與夥伴蘭斯頓一同設定營運目標：「我們都想在業界獨占鼇頭。我確實有料到公司會非常成功，但唯獨沒想到公司市值竟能達到七十億英鎊，管理的客戶資金高達四百億英鎊。我沒想到自己能擁有如此龐大的財富，雖然確實有料到我們會成為英國最大的金融服務業者。」

對於加利茨基，最初的動機是存活，因為他必須養家。隨後動機轉變成為競爭與取勝：「初次面對競爭時，我就對賽局全盤改觀。當感覺對手有智力優勢時，你會疲憊不堪、招架不住，然而以不同定位來解讀會截然不同。當你不認為對手有智力優勢時，會意識到自己可以拔得頭籌。在俄羅斯這種規模的國家成為首屈一指企業，實在讓人振奮不已。我從此癡迷於這種無可匹敵的感覺。」

斯圖爾的主要動機是獲得成功、贏得勝利。沈財福是受成就驅動。曹德旺的動機是在商場叱吒風雲：「我規畫的一切都大功告成。」

九、締造與創造

億萬富豪都是創造者，他們以實現願景為樂，他們善用自己的力量使夢想成真。陳覺中指出：「我就是想要做事，想要建造更宏大的事物，打造更遠大的夢想。」

哈森弗拉茨表示：「我擁有了世上的財富，但我仍然每天工作。」他的動機是締造可以永續經營的企業。「為何要經商？是為了錢嗎？當然，錢是驅動人的一項要素。但最能使我歡欣鼓舞的是建造歷久不衰的事物。我們已年過五十，第二代和第三代都在此打拼，這真的讓人滿心喜悅。」

威爾遜則想使自己受後人緬懷：「我夢想自己離世時能留下可延續數個世代的印記。我期望自己足以比擬世上那些讓人永久享受的公園和城市。」

十、社會影響力

社會影響力使威爾遜無比興奮：「錢不必然能使我奮起做事。改變人們的生活、專注於人與環境等等，則能驅使我奮鬥。我是非常自私的人，因此想要每天與自己喜歡的人相處。如果我發現身邊的人非常出色，生活就會不可思議地樂趣無窮，然後傑出的事業就會應運而生。」

德雷珀的人生哲學是：「**對社會發揮影響力。人一生約有八十年時光可以做到這點，加油！**」這是他在世界各地傳播企業家精神、拓展創投事業的原因。

穆爾蒂早年是位左派人士，後來因認清企業的社會影響力而轉向經商：「我童年成長期間，印度是由非凡的社會主義政治家尼赫魯領導，因此我對搭反殖民順風車的社會主義與共產主義領導人極易產生認同。但我後來了解，唯有透過創造收入不錯的就業機會，才能解決社會的貧窮問題，而企業家精神就是最好的解決工具。**在貧困中追求分享並無法創造財富**，沒人有辦法達成這種奇蹟，即使是共產主義的魔法師們也辦不到。」

社會影響力於是成為他從商的主要動機。「創造更多優薪工作來解決世上貧窮問題的想法，驅策我每天早上六點進辦公室，上天給了我機會，成為我的主要動機。」

我採訪的所有億萬富豪，都對世界有重大且正面的影響力。他們經由產品、員工或慈善活動觸及全球數百萬人的生活。

動機會變換

當然，動機會隨著人生成長而變化。蔡東青的動機從照顧家人演變為透過公司做對社會有價值的事：「最初的動機是想要改變家人的命運，我對照顧家人與弟弟們有強烈的責任感。後來，奧飛娛樂（Alpha）公司幾次策略性轉型很成功，逐漸在中國娛樂業界取得領先地位。鑒於我們向來把夢想、歡樂與智慧帶給全世界，所以我期待公司未來能為大家的生活帶來深遠的影響。這是我一直以來的動機源頭。」

金範洙的 Kakao 公司主宰南韓當代手機通訊服務市場。他最初的動機是追求成功，後來則轉變為尋求社會影響力：

「這個過程有兩個主要階段。首階段是我創立 Hangame 遊戲社群網站時期，當時志在取得成就，想要賺很多錢，讓公司成長等等。如今，Kakao 從事具有社會影響力的投資。我當前的主要動機是運用我們的影響力，為社會帶來有意義的變革。Kakao 獨特之處在於能影響整個南韓，而且影響力甚至超越政府。這使我有一種使命感。」

阿利塔德謙遜指出：「動機是極為個人的問題。在法國我是個外國人，雖然持有法國護照，但仍舊被當成外國人。我甚至強烈覺得，必須比普通法國人努力十倍，才能證明是憑自己的實力贏得在法國的地位。」

如果大家都這麼努力，世界應能變得更好吧。

人生的意義何在？

沈財福指出：「人生要有崇高的目標。人是為了某種目的而活。找到它並活出最精彩的人生。」

簡恩這樣看待人生：「我沒有宗教信仰，對人生的看法是，『生命必定有其目的。』因此必須全力以赴，竭盡所能做個有用的人。為自己、家人、朋友與國人，從無到有，創造一些事物，並留下一些可供後人學習的東西。」

有時人生的目標會自然地顯現，這常見於像柯溫這樣，遠赴異邦尋求發展的移民。「移民到新國家，就是想要有所成就。你的目標是出人頭地，而且沒有家鄉的親朋幫襯，所以千萬不能鬆懈，跑去海邊享樂。我常想，如果當年我留在加拿大沒來澳洲，現今人生將會如何？」

找出人生的目標並不難，只需弄清楚自己想要什麼並堅持不懈。二〇一六年「安永世界企業家大獎」得主斯圖爾，在人生某個階段明白了自己想要縱橫商場。

「從在銀行和稽核部門工作的經驗，我了解自己不想為別人效力。要是繼續替別人賣力，自己是不可能贏得成功的。」

自己創業需要資本。「所以我在澳洲西北部一處建築工地工作了九個月。這是最快速的籌錢方式，因為工資很高，而且除了酒錢之外，少有其他花費。我們就住在臨時搭建的簡單工寮，裡面非常悶熱，到處都是紅土塵埃。有風時，淋完浴回到工寮又是滿身紅塵。我那時是為丹皮爾鹽業公司建造裝船設施，在工地擔任辦公室經理。存了大約一萬或一萬二千美元後，我回到伯斯創設了禮品公司。」

有什麼方法能找出自己想做的事業嗎？

威爾遜指出，「確實有，稱為『刺蝟原則』（Hedgehog Principle）。做法是畫出三個重疊的圓圈，在第一個圓圈裡，填入自己熱衷的所有事物，在第二個圓圈裡，寫下自己非常拿手的所有事物，在第三個圓圈裡，放進一切有利可圖的事物。在三個圓圈的交集之中，將發現一些可行的、可永續經營的事業。從中選擇一個想做的事業全力以赴吧！」

親愛的讀者們，你的動機是什麼呢？從商的誘因是錢或其他東西嗎？如果你想成為億萬富豪，務必找出你的人生目標，為此堅持不懈，並要避開拜金者陷阱。

與億萬富翁的差距

- 游移不定的人只想有收入，無法累積個人財富。
- 百萬富翁想擁有個人財富，一旦達成所願，他們就喪失了動機。
- 億萬富豪的動機是個人財富以外的其他事物，他們有強烈的使命感，從未喪失成長的動機。

關於本章的更多故事，請上：http://TheBillionDollarSecret.com/resources

第6章

商業大師六項必備技能

「需要技巧之處，武力派不上用場。」

——希羅多德（Herodotus），古希臘作家

億萬富豪絕不是完美的人，他們也像我們一樣有種種弱點與缺陷。他們只是擁有一套合用的技能、正確的習慣與心態，而得以在事業上獲得極致的成功。

以帕里索托為例，他總是苦於無法持之以恆節食減重。請別誤會，他並沒有過度肥胖，只是難以減到自己想要的體重。他開玩笑說：「賺很多錢並不困難。困難的是發財而不發福。」

「中國的迪士尼」蔡東青說：「百萬富翁能否贏得下一階段的成功，很大的關鍵在於他們的心態、知識、人格與各項技能。」

因此，若想事業有更好的表現，一定要發展以下六項商業大師通用技能：

第一項技能：邏輯思考能力

經商的人很顯然需要常識，尤其不能缺少邏輯思考能力。你絕對需要邏輯思維。大腦是你最珍貴的資產，愈能善用大腦，也就愈能大有斬獲。

當我詢問富豪們有何過人之處，他們幾乎異口同聲說是常識或邏輯思維，或是二者兼而有之。加利茨基指出，成功商人有四大特質，第一項就是邏輯思維，其他三項為懷抱夢想、勇於冒險，以及勤勉不懈。當然，思考愈敏捷愈管用。他年輕時得益於西洋棋，因而發展出熟練又敏捷的邏輯思考能力。

斯圖爾表示：「我認為常識是一大要素。但這與正規教育無關。常識是課堂上無法教的。你必須自己去發展常識。」

經商必須處理數字，因此最好具備不錯的計算能力。

波蘭首富索羅指出：「擁有科學頭腦絕對有幫助。在許多領域，計算能力都是最基本和最通用的技能之一。數字是這個世界運作的基礎。商業成功繫於數字。如你所知，從人本主義的觀點來看，數學大體而言也是一種形式邏輯。懂數學函數的人必然具備邏輯論理能力，能據以得出結論。」

第二項技能：善解人意

你和「人」做生意，因此**除非洞察人心，否則事業難以成功**。要去了解人們的動機，以及什麼會影響他們的情緒。**事業能否成功，他人既可能是最大阻礙，也可能是最佳的助力**。要學會與人合作。

柯溫認為成功的關鍵或許在於：「擁有了解他人需求、讓他達成目標同時幫自己達成目標的能力。所以，要有能力讓人說，『好的，我準備以五到十年努力實現計畫』，因為這也將幫自己達成所願，也有助你明白如何看待此事和怎麼獎勵對方，並了解自己往後何去何從。如果我有所成就，很可能這就是關鍵。」

對於索羅，「**理想的商人應當精打細算，還要略具人文或社會心理學相關學識**。商人自然要與人互動，因此必須認知人的行為，以及會引發人們回應的信號。假以時日，商人也能成為心理學家。」

某些富豪甚至在大學深入研習人類的思維。帕里索托就是一個例證：「了解人，事業才可能獲致成功。我念醫學院時最喜愛的學科就是精神醫學。人們常問我，『你懂會計嗎？懂財務嗎？』我會答說，『我不懂。但我可以雇用會計師、律師等專業人士。』**商業完全與人息息相關**。應當想清楚要如何讓別人做你想讓他們做的事？要怎麼回報他們？要如何讓他們接受你的指示？」

然而，光是了解人還不夠。你必須要有換位思考的能力，秉持同理心，設身處地從他人的觀點看事情。據加利茨基的事業夥伴弗拉基米爾・戈迪丘克（Vladimir Gordeychuk）指出：「加利茨基能站在他人的立場，將心比心去感受、觀察並了解對方，所以能善用他人的能量，並給予他們正確的指引。他以別人的眼睛看世界。」

斯圖爾從商之前擅長玩牌，從而學會了如何解讀人心。他過去常與人玩梭哈賭錢：「我贏了不少錢。但不是因為我很會算牌。只要投入時間夠久，就會了解賭客的行為。有個關於狗與主人玩牌的笑話。狗拿到五張牌後會丟出三張，並要求另發三張。看到牠坐著與飼主玩牌，旁觀的人都難以置信。有個觀客看了二、三回後向飼主說，『這是我見過最聰明的狗。』飼主招他到身旁附耳細語道，『牠沒那麼聰明。只要拿到一手好牌，牠就會搖尾巴。』」

「大多數人，幾乎是所有人，每當拿到一手好牌，或穩贏時，或是虛張聲勢時，也會有類似狗搖尾巴那樣的動作。」

「只要觀察得夠久，當然這需要長時間觀察，你將發現賭客會做特定的事情。他們可能會玩弄眼前的賭資，或是拿起點燃的菸，或是直視你的眼睛，或是開始聒噪不休，或是變得非常沉默。這就是行為研究。只要研究得夠久，你就會明白，當賭客穩贏或虛張聲勢時，都會做特定的事情。當然，我說的是那些尋常的賭客。」

「專業賭徒都戴眼鏡、戴帽子，而且不動聲色。你無法看穿他們。他們都不露痕跡。毫無疑問，要了解人才能與人應對。」

「當然，我不可能總是看對人，但多半能進入狀況。我能了解正在發生的事情。我憑直覺可以知道對方有沒有說真話。這非常重要。讀懂人心是很重要的事。我不與不喜歡或不信任的人做生意。我絕對不會與他們聯手投資。」

第三項技能：人脈

做生意就要與人建立關係。我訪談的富豪們一再強調，建立人脈是商人成功的基本技能。簡恩指出：「對我來說，一切歸功於人。如果我與國際商業機器（IBM）公司做生意，商談對象絕不是公司，而是人，一位代表這家公司的人。多數企業家搞錯了，因為他們認為是『與IBM公司做生意』。他們不明白公司只是空洞的實體。你真正需要了解並與之建立互信的，是撐起公司的人。建立信任有時需要長久的時間，有時則不然，但沒有捷徑。我只見過約會配對服務公司「火種」（Tinder）創辦人尚恩・拉德（Sean Rad）三、四次，但我們建立了令人驚奇的信任關係，我們已能分享彼此的祕密與弱點。」

人脈是建立可永續經營的事業之基礎。

澳洲速食業大亨柯溫是公認的人脈王。他建立人脈的技能讓人歎為觀止，他的友善更是讓人津津樂道。對於商界人脈的重要性，他表示：「對我來說，人脈與商業休戚相關。商業的一切都是關於人以及人際關係，比如要如何讓人相互合作，彼此協力而不相互對抗。所以，對於我，人際關係格外重要。」

如何學習人際關係技能

我們必須從人生早期就開始學習培養人際關係技能。一旦學會了這些技能，在事業生涯各階段都受用無窮。

歐茲耶金從高中就開始發展這方面的技能，當年他住校舍，也充分利用籃球、排球和戲劇社等各種課外活動，學習建立人際關係。這使他後來念大學時當上學生會會長。但他學到最重要的事情是：「我就讀哈佛大學商學院時，必須學習會計、行銷、金融管理、投資管理、借貸管理。我覺得這些課業相對容易，最讓我感到棘手的是組織行為學。但在從商後，我發覺組織行為學是最重要的課程。因為那是很難以傳授的技能。在管理階層升遷的過程中，人們會學到更多技術層面的事情，但請相信我，他們的人際關係技能並不會有太大的改變。」

與對的人為伍

與對的人為伍很重要。

歐茲耶金強調：「我在學時，父親總是說，『我知道你成績好，但你一定要結交好的朋友』。在商界，你結交的朋友也至關緊要。絕對不要與某些人扯上關係。」

你的未來會受身邊的人影響，必須慎重選擇朋友。

良好的人際關係

重要的不是人脈有多廣，而是人際關係有多深厚。你必須投注時間努力維繫人際關係。桑格維的人脈不算廣大，但他指出，「凡有來往的人，我都會深度經營彼此的關係。很明確的是，應當注重品質而非數量。我會費盡心思幫他們，而他們也會竭盡全力幫我。如果人脈很龐大，這是辦不到的。**人生苦短，不要與人爭鬥，要好好經營並滋長你既有的人際關係。**」

簡恩從東方哲學學習到如何建立良好的人際關係。

「能接受他人影響，才可建立真正的關係。因為接納影響，與他人在情感層次上的互動，會讓人分泌催產素（oxytocin），這也是彼此真正契合的跡象。當人們有了感性聯繫而非只有理性聯繫時，真正的契合才會發生。彼此親近契合就會創造互信，雙方就能深度對話。當彼此互信了，生意就能做成。因此，雖然所有商業書籍都會告訴你，『別讓人看到你正在冒汗，不要展露情緒』，但我體認到，人必須要坦誠，要展現真實的自己。我可以從容地談論自己的人生。我發現，因為我能與人建立實質且深刻的關係，有愈來愈多的人與我生意往來。」

將人際關係建立在互信上。簡恩對此再三強調：

「對我來說，做生意最重要的方式，是透過互信成交生意，這意味必須了解對方。與人建立互信需要時間，我很樂意花時間了解做生意的對象。」

「接下來，我要告訴你成功的祕訣。**人是跟人做生意**，比如說我與你做生意，而不是我的公司與你的公司做生意。據我了解，如果你違背自己對於信任的直覺，生意就難以長久。如果我不喜歡或不信任對方，遲早我會找出與對方結束生意往來的理由。」

「只要信任對方，即使是有些小問題，你也會說，『我信任你，但有些小問題，你能幫我解決嗎？』對方自然會去解決。他們會因你的信任而想盡辦法做到。」

第四項技能：溝通能力

溝通技巧建立在人際關係之上，能使你在事業方面的種種努力更有成效。溝通與說故事的能力在公關、行銷與銷售上都不可或缺。

卓越的溝通技能對事業每個階段都有助益。史托達倫可能是我寫書期間，訪談過最擅長溝通的人。我曾問他如果一無所有、必須從零開始將會怎麼做？

「我會去找挪威歷來最傑出的飯店經理，說服他與我一起創設公司。」只要你善用語言，這真的會是輕而易舉的事。

史托達倫的故事行銷能力極優秀。當然，多數白手起家的億萬富豪都具備這項特質。史托達倫的「盜賊飯店」（The Thief）在故事行銷上堪稱完美示範。

「當我們推出盜賊飯店時，大家都說『光這名稱就讓人聯想到荷包被扒了一層皮。因為這家飯店宣稱是奧斯陸最高檔的飯店。』在飯店創下最高住房率時，人們會說，『我住過盜賊飯店，在那裡被搜刮了錢財。』」

「一切繫於如何說故事。這裡曾是竊賊、盜匪與娼妓橫行的島嶼。挪威最後被處決的罪犯就是在此被絞死伏法。所以，我們善用了這個故事。我們還採用世界頂尖的攝影師理查德．普林斯（Richard Prince）原創作品〈盜馬賊〉（*The Horse Thief*），使接待大廳更加有聲有色。」

「有人問我，『為何沒在那作品前安排保全人員？如果被偷了怎麼辦？』請想像一下『〈盜馬賊〉在奧斯陸盜賊飯店被偷走』，這將登上美國有線電視新聞網、《華爾街日報》，大家都會談論它。這是最完美的行銷。唯一會哭喪著臉的是保險公司。」

當我們坐在飯店餐廳談話時，我問史托達倫牆上那幅有趣的畫作值多少錢？

「這幅畫？值二百萬美元。安迪．沃荷的原作。保全人員呢？沒有。」

「最知名的旅遊雜誌《旅行家》（*Condé Nast*）曾把這家飯店列入全球五十頂尖新旅館名單，也被《華爾街日報》和《衛報》報導過。因為飯店開張之前就開始發動故事行銷。我們請來了彼得．布雷克爵士（Sir Peter Blake）。我們談了一本書，是關於所有出身不好但最終獲致成功者的故事。然後我們宣布『飯店開張了，這是數百年來最盛大的事件，昔日的盜賊島嶼如今發展出了奧斯陸唯一的新五星級飯店。』」

「這使得所有明星都想來住這裡。我們於開幕前就創造了奇蹟。」

這就是故事行銷力。

你可能會問，假如是天生就不擅長交際的人呢？能學會有效溝通嗎？

我訪談的某些生性內向的億萬富豪，無論如何，他們在事業生涯中都會設法磨練溝通技能。具有科技背景的金範洙，在三星公司任職時做了許多專案，也在各大學附近做過街頭行銷，「我認為，經由這些事，我克服了很多溝通上的問題。」

第五項技能：銷售

沒有銷售就不會有生意。若想事業有成，就必須成為優秀的推銷員。本書中受訪的富豪們都是卓越的銷售人才。

柯溫認為，銷售是他揚名立萬的一項重大、決定性技能。他在童年時期就開始學習賣東西。「我記得小時候賣過個人化的耶誕卡片，上面會寫上寄送者的名字。」

當他上大學時，銷售技能已堪稱完美。「我於暑假期間到農村挨家挨戶銷售樹苗，賺的錢約相當於大學教授一年的薪資，這讓我的一位教授覺得很不公平。」

即使在共產國家中國，銷售技能也是一項關鍵能力。有趣的是，曹德旺學習銷售技能的第一個工作也是賣樹苗。

威爾遜是從他富企業家精神的祖母學到銷售技巧。「她告訴我，銷售員與人約時間時，永遠要問兩次。如果只問一次，對方會說『不行，我很忙』，但如果你再問一次，沒人會再藉詞推托。」

祖母的經驗談讓他在童年就獲益良多。

「家裡手頭緊，若需要錢，必須出去工作。我非常有創意，會自己做個馬戲表演，或擺個簡單賣檸檬汽水的攤位，或向社區裡的小孩銷售各式各樣的東西。我記得賣過童子軍活動門票、游泳俱樂部的雜物與肥皂架等等。我的銷售成績總是名列前茅。」

對於自己的銷售天賦，威爾遜表示：「推銷與完美的銷售簡報讓我格外興奮，深感樂趣無窮。我的個性就愛與人打交道，或許我也具有祖母的一些特質。」

良好的銷售技能對所有事業都有所助益。即使一無所有，只要擅長推銷，仍然可以賺到錢。哈格里夫斯說，假如必須從零開始，他會這麼做：「我會設計一個網站來銷售東西。是的，我絕對會這麼做。」

關於銷售的成功祕訣，哈格里夫斯指出：「必須讓人輕鬆自在地買單。人們把賺的錢存在銀行帳戶是輕而易舉的事，所以，必須讓他們覺得，把錢轉移到我們提供的投資項目同樣是件易如反掌的事。」

斯圖爾在早年草創事業時學到一個銷售上非常重要的教訓。

「在第一天，我試著打電話四處推銷。因為聯繫了很多人，不可能完全記得說過的話，所以，我研發了一套卡片系統。」

「現今這已電腦化，但當年我是自己整理檔案。比如說，在電話聯繫你之後，我會在卡片上記錄日期與時間，並寫下我們對話的相關內容。我用的是類似客戶關係管理（CRM）的系統。我會記下你最近一次參與馬拉松的日期，以及你是否曾經受傷等等。我做了數千張這種卡片。除非能過目不忘，否則不可能記住所有的人與事，我沒有那種能力，所以必須記錄一切與商務及客戶相關資料。例如，我試著向誰推銷過什麼、沒推銷什麼、客戶的接受程度、賣掉了什麼、什麼賣不出去等等。

「這樣我下次再聯繫某人時，眼前就會有一切相關資料。剛開始創業二、三個月後我又立刻學到絕不能說謊。因為我不想在下次與人對話時被揭穿謊言，讓我無法售出任何東西。這對我來說是很大的教訓，此後我永遠牢記在心。但也使我的人生輕鬆許多，不再那麼複雜。」

第六項技能：領導統御

沒有他人相助，不可能創造億萬財富。市值逾十億的公司有數千家，有的員工甚至多達數十萬人。你要有能力吸引人才，並使他們的行動聚焦於正確方向。你要有領導他們的能力。

領導統御意味帶著其他人把事情做好。這屬於商業大師課程，涵蓋了一切要素，從吸引人才、啟發他們、給予他們動機，到管理和帶領人才，不一而足。領導統御是通用商業技能裡最先端的項目，也是億萬富豪們的強項。

眾所周知，商業講求團隊精神。在團隊賽局中，最佳團隊穩操勝算。如果在商業團隊中只求個人表現，下場會像在世足賽中獨自一人對抗一個最佳球隊一樣。領導統御的關鍵在於建構並發展一個勝券在握的團隊。

柯溫與我在雪梨進行訪談時說：「**商業講求團隊合作**。不單涉及錢，更與參與這過程的所有人休戚相關。有些人非常成功，因為他們個人表現極為突出。一百公尺賽跑選手只要全力衝刺就好。但團隊競賽與此大相逕庭。如果教練指示『跑向那一邊』，你卻跑到另一邊，就會被踢出團隊。在競賽場上，不可能長此以往。」

柯溫曾在肯德基加盟培訓期間燙傷手指，幸運的是，他因而在事業初期就了解自己的團隊需要人才。

「當時在學習炸雞，我們必須把雞腿放進滾燙的油鍋，讓雞皮酥脆。不管怎樣，我手裡一塊雞肉突然掉進熱油中，濺油導致我的手被燙傷。然後，這一刻我恍然大悟。我了解到，如果成功取決於烹調能力，我注定失敗，因為我在料理方面無法得心應手，當不了營運經理。」

「因此，我想，『我必須雇用精通此道的人，讓他來營運。』於是，我找了一位曾在加拿大西部薩斯喀徹溫省（Saskatchewan）特許經營集團任職的人。我跟他說，『你來幫我，我讓你當營運經理。』他接受了。而我的工作則變成『如何建立事業』。我四十六年來未曾親自營運旗下的店。我沒這方面的才能，我就是做不了。」

所以，不要單打獨鬥。你需要能夠相輔相成的人才。

「你需要其他有才能的人幫忙把事業發揚光大。**當事業蒸蒸日上，你會更倚重其他人。**我了解到自己擅長哪些事，對哪些事則不拿手。所以，要建立有一定實質規模的事業，必須組建一個水乳交融的管理團隊，而且要能增益或補足你具備或不具備的技能。你需要相得益彰的管理團隊來壯大事業。如果我不是很精通財務，我真的需要找一位優秀的、能力很強的財務長，但若我很精通財務，就不必多此一舉。」

在領導統御方面，億萬富豪會運用他們關於人性的知識、人際關係以及溝通技能。這需要經年累月的鍛鍊。你在本書中可發現一些有效的領導統御的要領。但若要詳述造就一個偉大領導人的所有細節，以及億萬富豪的領導統御方法，就需要另外寫一本書來說明。

親愛的讀者們，你們學會了商業大師必備的六項技能了嗎？你還需要發展那些技能來得到非凡的事業成就呢？

與億萬富翁的差距

- 游移不定的人發展的技能無法產生財富。
- 百萬富翁只具有某些商業大師技能。
- 億萬富豪的六大技能都已出神入化。

關於本章的更多故事，請上：http://TheBillionDollarSecret.com/resources

—第7章—
六大致富習慣

「習慣的枷鎖如此輕盈而難察覺，當你感到枷鎖過於沉重時，已無法掙脫桎梏。」

——**華倫．巴菲特**（Warren Buffett）

長遠來看，個人習慣會影響未來。想要事業有成，首要的基礎在於養成下列的習慣。國際社會最敬重的俄羅斯企業家加利茨基指出：「打好基礎是至關緊要的事。最應注重的不是結果，**結果總是跟隨你建立的基礎而來。**」

第一項習慣：早起

多數成功企業家最常見的習慣就是早起。本書中所有受訪者都表明，早起是他們成功的一項重要因素。白手起家的億萬富豪平均都在清晨五時三十分左右起床。

為何早起很重要？

早起有許多好處。在日出時刻，你可感受到萬物甦醒的早晨時光瀰漫著原初能量。早晨可以不受打擾地獨自安靜思考與做事。加上這時身心處於清新狀態，你能極度發揮生產力。當他人還沉睡時，就開始獲取進展地工作，會有興高采烈的心情。早起甚至能額外提升身體能量，驅使你的幹勁終日不衰。

但請牢記在心：能助你事業成功的並不是減少睡眠，而是早起。雖然某些億萬富豪只睡三個小時，但有人仍需要睡足八小時，而且他們全都有早起的習慣。需要較長睡眠時間的富豪也都習慣早睡。

如何養成早起習慣？

斯圖爾提供的方法是我至今所知最妙的高招：「大約四十年前，我可以睡上半天，你知道我如何擺脫這個惡習？有位朋友要我早上一起參加循環訓練健身，清晨五點來接我，六點抵達健身房。我推說『不必，不必，你去就好。』但他也是將「與我一起上課」當成動機，於是我設了鬧鐘，時間一到就掙扎著起床。二、三個星期後，只要時間一到我就會自動醒來，不再需要鬧鐘。後來我一直維持這個習慣，不論幾點就寢，都會很早起床，並運動一個小時。堅持晨間運動真的是養成早起習慣的最佳方式。」

第二項習慣：保持健康

不論是事業或人生，健康都無比重要。不健康的人生很悲慘，再怎麼成功也無濟於事。不健康的話，經營事業是沒有意義的。

柯溫曾以「千金難買早知道」為題發表十三點演說：「第一點，**若失去健康，一切都枉然**。健康彌足珍貴，不論你多麼富有、多麼位高權重，一旦失去健康，一切都將毫無意義。所以，務必要顧好健康。人生要學習冥想、勤於訓練體能，這樣才能維持身心健康。」

要時常運動

保持健康的最好方式就是持之以恆的運動。我訪談的所有富豪，不論是四十歲或是八十歲，他們都經常運動，多數有晨間運動習慣。史托達倫指出，與妻子和愛犬晨跑是開始一天的最佳方式。

「多年前，我決定每天早晨鍛鍊身體，但不是為了參與運動競賽。我與妻子通常在早上五到六點之間起床，然後於五點半到六點半之間慢跑十公里。我一向早起，從不曾睡懶覺。我善用自體的能量來為自己充電。」

「我始終很享受此事，在結識妻子後，這更成為我們生活的一項共同基礎。運動成了我們在忙碌的生活中了解彼此現況的最佳方式，許多出色的想法與美好的見解都是源自這個習慣。」

「慢跑之外，我還在冬季騎自行車，在夏季滑直排輪。因為住的離海邊很近，我也常划船或是獨木舟。我還從事高山滑雪和越野滑雪，也玩滑板。當年過五十後，更做了一些重量訓練，因為從三十歲起，人就會開始掉肌肉。」

「不論天氣好壞或身處何方，我們每天鍛鍊身體。如果必須搭早上六點的飛機，我們會在凌晨三點起床運動。我們熱愛積極的生活，從不降低標準。」

即使是年逾六十五歲甚至八十歲的年長富豪，也會每天上健身房或至少每週健身二到三次。重要的是要鍥而不捨。

帕里索托慣用跑步機。「我每週跑三次，每次一個半小時，平均消耗一千卡路里。只要時間允許，我就會使用跑步機。但有時在旅途上就沒辦法，所以回去後要補進度，這時得要每天跑。」

從運動員到億萬富豪

有極高比例的富豪年輕時在運動方面表現極佳，有些迄今依然寶刀未老。

威爾遜從童年成為游泳比賽選手起，就與運動結下不解之緣。「當時每週要練習七到八次，每個週末還有一次競賽。我十歲時曾創下一項加拿大紀錄，十二歲就在當時全球同齡選手裡名列前茅。所以，游泳占據我人生中的重要地位。」他更於十二年級時開始踢足球，並在大學時熱中摔角運動。

「然後我下定決心挑戰鐵人三項，這在當時是全球最瘋狂的運動。我總想知道，究竟是我的意志還是我的身體哪個強大。我想了解，我的意志能驅使身體走多遠。」

「在鐵人三項之後，我開始挑戰十公里跑步，跑到筋疲力竭。然後我迷上壁球，因為側身擊球動作不錯，我成了C級的壁球玩家。後來我罹患肌肉萎縮症，對抗此症成為生活的重心。於是我開始堅持不懈地做瑜珈。然後，心靈逐漸專注於「正念」，接著我對爬山產生極大的興趣。」

哈森弗拉茨十六歲到二十一歲時是賽艇運動選手，如果不是後來參與匈牙利抗暴運動被迫逃離祖國，他或許會代表匈牙利參加奧運競賽。

斯圖爾也喜愛運動，對競賽與獲勝甚為熱中。他提起年輕時最愛好的運動指出：「我喜好自己擅長的任何運動，尤其是那些需要手眼協調的項目，例如桌球、網球、足球、羽球和板球。我也很精通西洋棋，是父親教我的，我還曾代表學校參賽。年紀較大後，壁球成為熱門運動，我曾多次參與州層級的比賽，拿過不少獎盃。」

柯溫高中時曾被選入全安大略美式足球隊。到了大學時代，他更成為最頂尖選手之一，在加拿大全國大學球員選秀排名第三。他曾進入職業足球隊溫尼伯藍色轟炸機隊（Winnipeg Blue Bombers），後來因想從商才退出。他也曾是強健的摔角選手，還有過參加奧運的機會。可惜的是，這條路行不通。

索羅在拉力賽車界仍很活躍。他熱中此道已有十多年，還曾兩度在歐洲的世界拉力冠軍賽贏得亞軍。

哈格里夫斯則在越野跑步方面深具競爭力。

運動對事業大有裨益

勤於運動在許多層面有助於你的事業成功。最明顯的是，運動有助維持身材，並供給你日常包括商業等活動所需的重要能量。當然。運動還有更多益處。

運動能使頭腦煥然一新，有益你維持清晰的思路，使你能從全新的角度看事情。

哈格里夫斯指出跑步有許多好處：「如果你有很多心煩的事情，有成堆的問題要解決，不要糾結不休，放下它們先去跑步。當心中大惑不解時，我會跑上約八、九公里，回來後一切難題就能迎刃而解。我的理論是，白天時大腦負擔過重，但身體則沒什麼負擔以致失衡。所以必須做一些運動，讓身體也有負擔，這樣大腦與身體就會獲得平衡。運動後，你會更加清醒，也會有更好的感覺。」

運動教導我們如何面對輸贏，它是我們的人生與事業必備的技能。斯特羅納克提醒說：「**經由運動，你能學到運動精神與公平競爭。**」

所有運動都能使你更有紀律且更加堅忍不拔。運動對於你的體力與智力都大有助益，團隊運動更能讓你學會與人合作無間。新加坡億萬富豪沈財福熱愛馬拉松也挑戰鐵人三項，也強烈支持體育活動。

「教育若忽視運動便毫無意義，因為**體育基本上能培養運動精神、團隊合作、紀律、體力、耐力，以及取勝和認輸的能力**。我認為這些都是人生基本功課，我們的一生都需要學習。這些在理論課只能學到一些皮毛。理論課最多就是傳授知識與應用方法，無法提供難以言喻的現實生活要領。」

「人生必須勤勤懇懇，在真正面臨考驗之前必須學好人生基本功課，而運動可能是幫助我們了解這些的唯一方式。所以，我總是強調，拿到學校文憑只是得到練習的許可證。」

柯溫從當年職業美式足球員生涯學習到，運動能增進信心與韌性，這二者都是事業成功的基本要素。

「我想，**運動的益處之一在於提振自信，能激勵人鍥而不捨**。不只是身體方面。不是要你去修理誰，這樣太粗暴了。應當與人發展和諧關係。」

「如果你是個始終鍥而不捨的對手，那麼我能擊垮你嗎？運動與商業之間有許多令人驚奇的相似之處。訓練是運動員成功之道，同樣也能造就成功的企業家。要時時自我鍛鍊，這樣你才能有好表現。」

運動也教人要全力以赴。威爾遜的父親指導他，游泳時必須竭盡所能。

「我從運動學到的人生教訓是，**除非你全力以赴，否則人生做任何事都不會有意義**。若對一件事無法竭盡全力，不如去做其他事情。」

儘管可能遭遇許多挫敗，運動能淬鍊你贏得勝利的意志，讓你明瞭自己可以日益精進。

我問斯圖爾從運動學到哪些事或人生教訓。他指出：「就是全力求勝、精益求精和堅持不懈的精神。有時你會在運動中受傷，但你必須堅持到底。當然，事業也可能面臨挫折，但你必須始終保持積極心態去克服逆境、持續勇往直前。」

「企業家若想馬到成功，就必須具備運動家精神。」

不要忘了，運動還有許多益處。運動教導我們要謙遜並真誠對待自己。在運動中，人是騙不了自己的。訓練的結果（尤其比賽成績）會真實顯示你達到的程度。團隊運動則能教導我們，如何評估同隊成員，以及如何領導一個團隊。

健康的人生

運動並不是擁有健康人生的唯一要領。富豪們經常提及的其他健康人生要項包括冥想、不抽菸，以及均衡的飲食習慣。我訪談的二十一位億萬富豪只有一人抽菸。其他堅絕不抽菸，有的則已戒菸多年。

第三項習慣：閱讀

書籍是世界知識寶庫。曹德旺向全球視聽大眾呼籲：「我要請年輕人多讀書，大量閱讀那些教人怎麼把事情做好、如何做個好人的書。」

請別忘記，曹德旺曾在小學時被退學，到了十四歲仍不識字。他沒有任何學校畢業證書，全憑自學學會讀寫。他從閱讀的書籍與人生經驗汲取所有知識，從而榮獲二〇〇九年「安永世界企業家大獎」，受肯定為全球最佳企業家。

富豪們時常投注時間在閱讀和運動。我採訪的對象幾乎全都有每天讀書的習慣。他們通常在早上去辦公室前閱讀，有些人則在睡前也讀書。

斯圖爾以父親為榜樣，從童年就開始大量閱讀。「讀書永遠不嫌多。我從十二歲起每週閱讀五本書。讀出趣味時，我會手不釋卷。我常等雙親熄燈後，躲到毯子下用手電筒看書，直到凌晨二、三點。」

威爾遜從十八歲開始博覽群籍。他竭盡所能讀書，就像做其他熱愛的事情一樣。「我在阿拉斯加負責監看一處輸油管設施，這工作很乏味。因此我在近一年半期間每天讀一本小說。大約十九歲時，我大致已讀完世界最頂尖的二百部小說，我想這方面很少人能與我匹敵。」他也影響妻兒愛上讀書。「我們晚間都很早就上床閱讀。」

億萬富豪都閱讀哪些書刊？

基於刻版印象，一般人會先入為主地認為，成功的商人早餐時應會閱讀日報或雜誌上的財經版文章。這的確與事實相去不遠。有些億萬富豪會讀全國性報紙，有的會看《經濟學人》、《金融評論》、《財星》、《泰晤士報》或《新聞週刊》等。

但億萬富豪們的閱讀習慣實則更複雜一些。他們泰半嗜讀商界或非商界頂尖人士的傳記，有時也會閱讀史上傑出領導人相關著作。

這類書籍在帕里索托的事業生涯中扮演舉足輕重的角色。「我開始從商時，曾閱讀大量書籍。

我讀過手邊所有商界人士傳記。我不是管理學或法學或電子工程相關科系畢業，但**我在這些領域手不釋卷，自學有成。**」

「我對不同時代的人如何賺到人生第一桶金深感興趣。試想，一個一無所有的人，沒有家庭做為後盾，沒有富裕的朋友，如何憑著僅有的種種想法，放手一搏而賺得生平第一筆百萬美元。當然，這在過去的時代是更加了不起的事情（笑）。當年的百萬美元換算成當今的幣值或許有千萬美元吧。」

富豪們愛讀的第二熱門書刊是業界雜誌與特定領域的書籍。

最後，我們要來談談商業類書籍。對於多數億萬富豪，商業書籍是他們在事業生涯中嘗試錯誤的指南。阿利塔德就是這樣學習如何做生意：「我一邊試錯一邊實做。我很早就開始閱讀商業書籍。不論是哪方面的商業書都讀，也不管是否暢銷。我就是買來讀並跟著學習。」

不過，你可能會感到驚訝的，是並非所有億萬富豪都嗜讀商業書刊。史托達倫在事業生涯中只讀過一本商業書籍，他更愛的是偵探小說。少數億萬富豪則喜讀純文學作品。

系統性閱讀

閱讀首重按部就班，這點相當重要。不要隨機閱讀，要讀那些能給予你價值的書。理想的方式是依據你的興趣和良師益友的推薦，列出一份優先閱讀清單，然後靈活地運用這份清單，以你當前面臨的挑戰為基礎去挑選應讀的書。

其次要養成每天在固定時間閱讀的習慣，例如在清晨、午休時間或睡前。最好每天都撥出時間來閱讀。第三點則是要有一套閱讀處理系統：標示有趣的段落、做筆記、寫下你的想法和點子，或是根據所讀材料列出待辦事項。

億萬富豪的推薦書單：http://TheBillionDollarSecret.com/resources

第四項習慣：深思熟慮

富豪們每天會撥出時間獨處思考，有些人喜好靜坐以沉思冥想，有些則在運動或其他活動時思慮問題。我們將這些方法綜合一下，在下一段落舉例仔細探討。

第五項習慣：慣例與日常儀式

持之以恆的習慣會成為慣例與日常儀式，長期以往，將會產生影響深遠的結果。儀式化的習慣更易於保持，從而更能堅持，始終如一將帶來複合的效果。然而，例如休息時間抽菸這樣的不良習慣，會造成深重的負面後果，因此必須避免。基本上應養成有助於實現目標的慣例與日常儀式。

晨間慣例

若想要事業長期成功，最重要的例行事項，是養成晨間慣例。幾乎所有富豪每天早晨都有宛如宗教儀式一般的例行公事。

以金範洙為例，他每天早晨都會深度思考及閱讀。

「我通常早上五、六點之間醒來，晚上大約十一點三十分就寢，睡眠時間約六小時。基本上就像打高爾夫球一樣，有一定的例行事項，做一些安排，像是列清單，不必耗用太多精力。閱讀是例行事項之一，我的閱讀量很大。晨間淋浴也是慣例之一，在這時我會想很多事情。」

「我起床後會戴上帽子拿著手機出去散步，回家後就淋浴。我通常散步三十到四十分鐘，然後淋浴三十到四十分鐘，這時會想不少事情。然後，我會到聆聽室聽音樂三十到四十分鐘，接著與家人一起吃早餐，之後才出門工作。」

「我最主要的習慣是深度思考。當淋浴或散步時，我會深思一些事情，這之所以格外重要是因此時我會組織許多想法，然後諸事會變得條理分明，新想法會萌生出來。」

威爾遜的晨間慣例是運動和吸收資訊。「我幾乎總是在早晨五點三十分起床。我是老派的人，每天早上五點四十五分到六點三十分讀報紙。然後我會在樓梯間跑上跑下，或者上溫哥華三座山之一健行，或是去找私人教練。我通常在八點三十分回到家，然後陪小孩上學、吃早餐。我一向喝兩杯卡布奇諾，這就足以讓我撐到午餐時間。」

有些富豪的例行事項較簡單，有些則較複雜。如前所述，億萬富豪典型的晨間慣例是早起、運動、閱讀、獨處思考。至於要在什麼時間做哪些活動，其實並不重要，要緊的是確實做到。你務必要堅持不懈，要利用早上頭腦清醒、活力旺盛時來做這些事情。有些富豪另外也會在早上靜坐冥想，或做其他事情。

「啟動工作日」的例行公事

億萬富豪通常在踏進辦公室後，自動開始工作。

他們著手的第一件事因所從事行業和事業規模不同而有差異。斯特羅納克以製造業為例指出：「在事業規模還小時，會先進工廠。當事業愈做愈大後，則會先問秘書：『有新的事情嗎？有任何緊急的事情要處理嗎？』然後可能會與執行委員會開個會。如何展開一天的工作，取決於你事業的發展階段。我個人已經歷過所有階段。」

有些富豪首先會想全盤掌握所有事情，以了解是否有任何事需要他們立即關注。其他富豪則更專注於人。他們首先會巡視一下辦公室，並與核心幹部交談。有些富豪則把查核數據擺在第一位。

威爾遜以按部就班的方式推展每日的工作。他進辦公室後會做的第一件事是：「先坐下來想一想，這一天要優先處理什麼事情，有什麼要達成的目標？我會看看行事曆，想一下『這樣安排對嗎？』有件事好像昨晚已經做好了，那就重新安排行程。然後我會自問，『昨晚到今晨事情有沒有任何變化，還有什麼必須做的事？』若有的話，我必須在行事曆中安插時間去處理。」

第六項習慣：紀律

本書受訪的億萬富豪是我畢生所見最有紀律的一群人。他們要求自己的標準極高，對身邊的人也持相同的高標準。

在運動場上，唯有持之以恆、有紀律地訓練自己，才能贏得好成績。在商場上也是相同道理，唯有始終如一、有紀律地專注於需要做的事情，你方能事業有成。你必須夜以繼日，數十年如一日，才能使美夢成真。

然而，億萬富豪絕非超人或完美的工作機器人。他們也像我們一樣會有倦勤的時候。唯一的差異是：他們對此有自知之明，不會放任自己鬆懈怠惰。他們會奮鬥不懈以克服自己的弱點。

索羅指出：「我每天起床後都要做自己不喜歡做的事。我強迫自己天天去做那些事。因為我不是勤勞的人，所以逼著自己埋頭苦幹。我也不是有條不紊的人，因此我迫使自己變得條理分明。」

「我喜愛足球，卻不喜歡鍛鍊身體，但為了足球，我強迫自己每天做伏地挺身、仰臥起坐，以及游泳健身。我每天早上花四十分鐘做這些運動，且時常傍晚時再花四十分鐘重複這些運動。」

「基本上我不喜歡這些運動，但我還是逼著自己去做。運動後的感覺通常很好，但我實在不喜歡運動的過程。如果不運動也能得到相同的效果，我就不會運動，但根本不可能。我每天都必須說服身上的『懶骨頭』，而它們總是說『今天睡晚了』，或是『太趕了，沒時間』，或是『我覺得不舒服』。然後我會說『別自欺欺人了，你只是想偷懶』。於是我還是做了運動。以這樣的方式，我學會了要有決心才能享有成果。」

親愛的讀者們，你有哪些習慣呢？都是你自覺地養成的習慣嗎？能支持並促使你達成長程的目標嗎？你具備使人生與事業成功的習慣嗎？你有養成致富的六大習慣嗎？現在去做為時不晚！

與億萬富翁的差距

- 游移不定的人不會自覺地養成好習慣。
- 百萬富翁會自覺地養成好習慣，但無法始終如一地保持致富六大習慣。
- 億萬富豪孜孜不倦地維持致富六大習慣，不論如何都不會折衷妥協。

關於本章的更多故事，請上：http://TheBillionDollarSecret.com/resources

第8章
擴展視野

徵人啟事：「旅程艱險，薪資微薄，天候嚴寒，長達數月不見天日，險象環生，不擔保能全身而退，一旦成功將得享榮耀與賞識。」

——**歐內斯特・薛克頓**（Ernest Shackleton），歷來最偉大的探險家。其探險隊曾困在南極洲冰層，歷險十八個月後生還。

億萬富豪事業成功的關鍵之一在於視野宏大。曹德旺成功之道有三要項，分別是信仰、視野與執行力。威爾遜等多數富豪認為，高瞻遠矚是他們獲致非凡成就的決定性強項之一。

立定願景與使命

立定願景之前，首先必須了解自己。

加利茨基年少時曾想當職業足球員，但在了解自己這方面天資不足後，他設定了截然不同的願景。阿利塔德指出：「我的優勢在於，有能力為自己與他人擘畫未來發展願景。」你的願景必須足以啟發自己與其他人，如此才能驅策你勇往直前、克服困難與逆境，並助你贏得他人共襄盛舉、移除成功道路上的重重險阻。

所有億萬富豪都是以激勵人心的願景啟動事業。以斯特羅納克為例，他最初嚮往的是包括經濟自由等個人自由。

簡恩的願景是登月，並藉此啟發其他人的登月計畫。「我衷心認為，立定這樣的願景與我卑微的出身背景有所關聯。對我來說，登月遠比踏上月球更有意義。我想啟發印度和全球人類的靈感，讓大家明白，即使出身低微也無礙於擘畫宏大的願景。如果你的出身背景比我好，相對於懷抱登月夢想並積極圓夢的我，你會追尋什麼樣的夢想呢？我真心想啟發所有人全心全意去實現自己的登月計畫。當然，每個人各有抱負，會有各自不同的登月計畫。」

簡恩當前正在規畫機器人登月任務，此外，他預計未來二十年內將會有載人登月任務。「我的終極目標，是把蜜月的定義變成：帶著親密伴侶上月球。蜜月這個名詞只提到月，並沒有提到夏威夷，那麼為何人們要帶著親密伴侶去夏威夷度蜜月呢？」

我訪談的億萬富豪中，史托達倫最常運用願景，做為經營事業的工具，而且方法最讓人印象深刻。身為飯店業大亨，他一直藉由創造及傳達激勵人心的願景，推動每一個飯店專案。拜神奇的願景所賜，史托達倫在勝算不大的狀況下，擊敗眾多競標者，贏得了斯德哥爾摩龐大飯店計畫的合約。

「他們說我有一〇%的得標機會。我說，『不錯啊。有多少公司獲邀參與競標？』他們邀請了三、四十家飯店業者，那麼如果我有一〇%的勝出機會，算是相當好了。『有任何人出線機會達二〇%嗎？沒有。』因此我認為，『這意味我們超前其他業者八成』，他們問說，『為什麼？』我回說，『因為對手多數只有二%或三%的得標機會，而我們有一〇%，因此我們已經超越大家。』他們說，『很好，做簡報就需要像這樣。』於是我告訴團隊，『忘掉預先寫好的東西，把你們認為最好的展現出來』。我們在簡報前把一切重新規畫，為新飯店增添了空中酒吧、游泳池、三溫暖等一切設施。」

「當我們簡報時，他們的表情就像是說，『這計畫讓人耳目一新』。我指出，『如果你們想要吸引紐約人、日本人來光顧，請採用我們的規畫案吧。』他們啞口無言。我們公司推出了三位最優秀的簡報人才，原本我不須置喙，但他們問我說，『你有什麼想法？』由於我們已說明了所有構想，因此我向他們表示，『我不是為錢而來，而是心念所至。我們的計畫將形塑飯店業的未來。不論代價多高，我們將創造奇蹟。』我以強而有力的語言說了五分鐘，極力讓他們明白，這是個非凡且獨一無二的計畫。」

「在此之前，我已經說過五十次類似的話。」

「他們之中有個人在簡報結束後問我，『你說的都是真心話嗎？』我說，『是的，每句都是肺腑之言。』『你說得鏗鏘有力。』我答道，『確實如此。但當你說不在乎錢時……你其實是在意的。』我說，『沒錯，然而我是想讓大家了解，我不是那種只會盤算的人，我們首重創造奇蹟，需要投資多少錢是其次的問題。或許之後計畫需要做些變更，但我們不會拿著計算機來啟動這項目。我們是心懷熱忱、激情與宏大的抱負來啟動這個神奇的計畫。』」

「假如有人告訴你，『我會創造奇蹟，我會打造出與眾不同的事物。』你勢必會因此而深感與有榮焉。」

當然，史托達倫最後贏得標案，並且實現承諾，創造了奇蹟。

重要的願景與使命

要堅守至關緊要的事物，立定必不可缺的願景與使命，聚焦於為人們創造巨大的價值，並專注於改善世界和人們的生活。對於威爾遜來說，願景比自己更加重要。願景極難達成，而且會一直存在著。「我的願景始終是將世界從平庸提升到偉大的層次。」

波蘭首富索羅自豪地將第一家上市公司取名為：「改善波蘭生活」，這同時也是該公司的目標。「我當時相信，迄今也仍堅信，不論財務成果如何，公司的宗旨在於提升國人生活品質與水平。事實上，不論建造新住宅、辦公大樓、購物中心或製造某種產品，我們都持續在改善周遭的現實條件。我們增進了國人整體的生活品質。就某種程度來說，這不只發生在我們直接影響的地區，實際上也擴及整個社會。」

號稱土耳其最大方的慈善家歐茲耶金，獲益於良好的教育，促使他投身為弱勢族群爭取受教機會。除了推行多個慈善專案，他還在伊斯坦堡創辦了一所大學。他的願景是「使這所大學榮登土耳其最傑出的研究與教育大學之列，讓這裡的學生與教授為土耳其創造出各種附加價值。」

「這就是我今後的目標，這目標絕不是一蹴可幾。我一直思考還能再多締造些什麼成果，近日我開始想像，這所大學的畢業生未來進入社會會有何等成就。我也想像學校年輕教職人員從事的創新研究，會對生活帶來什麼樣的突破，以及學校畢業生來日成為企業家，能為我們的經濟帶來什麼附加價值。」

歐茲耶金的人生願景甚至更加宏大。「如果我能在未來十年再多影響一百萬土耳其人，我會歡欣鼓舞。」

史托達倫的總體事業願景，兼具環境與社會面向。「我每天努力的目標，在於建造真正持守經濟、環境與社會三重底線（triple-bottom-line）的企業，也就是要兼顧盈利、永續發展和社會責任。這三者同等重要，我們會時時發布三者相關的數據與指標。但這並非數年內就能達成的目標。我們要成為堅守三重底線的企業仍有很漫長的路要走。」

斯特羅納克締造了公平企業（Fair Enterprise）觀念，並在麥格納國際公司加以貫徹實行。這是一個為所有貢獻者創造價值的體系，不論他們是管理階層、投資人或員工，都能公平分享公司包括財務等方面的成果。公平企業的長程願景在於根除貧窮。

「人們早起的主要理由是什麼？是因為他們想讓自己和家人過更好的生活。」

「我認為人生最重要的兩件事情是自身的生存自由，以及他人的生存自由，對吧？世上有許多窮人。對於年輕人或底特律內城的小孩來說，自由的意義很微渺。他們有的可能只是飢餓與空閒。自由是最重要的事，但如果沒有經濟上的自由，就稱不上是自由的人。只有非常、非常、非常少數的人享有經濟上的自由，這是很糟糕的事情。」

「你聽說過黃金法則嗎？擁有黃金的人就能制定規則。主宰這個世界的始終是黃金法則。現在仍舊是。我不想要被人支配。如果我對此的感受如此強烈，那我也不應支配其他人。所以，關鍵問題是，我們要如何拆除支配鏈？這不能訴諸暴力革命，而要推動心靈革命。這是一個道德問題，不是嗎？所以，公平企業的哲學認為，道德上，員工有權利分享他們協助創造的利潤。」

二〇〇四年「安永世界企業家大獎」得主陳覺中的使命較為實際，也更易於實現，但對於所有人的生活同樣重要。「我發現許多餐廳的速食實在不好吃。真的很難找到美味的速食餐廳。」因此，他的事業使命是「推出許多供應優良食物的餐廳，讓人們能真正享受飲食。」

中國億萬富翁蔡東青想要竭盡所能讓世界更加美好，讓人們過得更快樂一些。他藉由旗下娛樂事業來實現這個使命。「我們看到過去數十年來中國民眾生活水平持續改善。隨著生活改善，人們內心渴望獲得更多的滿足。我期望經由提供漫畫、動畫、電影、遊戲或其他時興的娛樂產品，為大家的生活帶來更多歡樂。這是我喜愛做的事情。或許這就是我的使命。」

韓國破壞式創新家金範洙力圖突破科技的極限，他創造了多種商業模式並為網際網路和行動通訊引進新典範。我們可以說，他正在打造未來世界。金範洙想要後人記得他「研究未來、打造未來，是感知與挑戰未來的開路先鋒。」對他來說，成功是「使世界比我出生時更美好，並至少讓一個人感到幸福。」

風險大師德雷珀的使命在於，「將企業家精神與創業投資擴及全世界。」他想讓人們記得自己曾幫這個世界加速進步。

鷹架業領先者阿利塔德想要改善他所觸及所有人的生活，更想把善良散播到世界各個角落。「我真的對填滿荷包不感興趣。我有幾百萬美元現金，但不會有數十億，因為我真的不需要那麼多錢。」

他為公司撰寫了厚厚的價值準則，期望在他辭世後公司仍持續秉持這些價值，而未來的世世代代也能永久沿用。「我想要拯救世界。我知道，我說的話對於人類猶如杯水車薪。但我試圖有所貢獻。嗯，事實上不是試圖，而是過去三十年來我都一直在做。鑒於公司持續成長，我至少有過十三次賣掉它的機會，如果我這麼做，就能擁有大筆現金。但我從來不想做這種事。」

他想推廣的核心價值是信念與希望。

「我們應當以信念做為行動的基礎。而希望則能把我們輸送到未來。我們就是要創造核心價值，要確保它生生不息，而且適用於整個集團。我也期望其他人能受到啟發。若能如願以償，那麼我們的價值準則將直接影響二萬三千個家庭。如果一個家庭有四個人，受我們影響的就有約十萬人。他們將擁有信念與希望，而且幸福美滿。」

有效傳達你的願景與價值觀

擁有願景是一回事，而能否傳達它則是另一回事。為了使你的願景能夠影響其他人，你必須學習如何有效地溝通。你必須有能力將價值觀傳達給追隨者。為此，你必須具備本書第六章描述的溝通技能，這是不可或缺的。不過，你還必須做得更多。

首先，你必須明白自己的願景是什麼，以及你想要有什麼成就。如果連自己想要什麼都搞不清楚，這樣還能有所成就嗎？

沈財福指出，思路清晰是他成功的原因之一。「成功的決定性因素是什麼？我始終認為，成功是信念與作為這二者交互作用的結果。我一向相信自己，只要下定了決心，我會很清楚自己要做什麼。」

其次，你必須廓清所要傳達的訊息，確保別人能夠了解。簡單就是王道。

桑格維認為他在這方面占盡優勢。「將複雜議題簡化的能力，是我的一個核心強項。我始終具有這種能耐。這項基本技能一旦養成之後，它還會隨著知識增長而有所增進。」

最後，必須適切地陳述你的願景。有時，光是清楚表達你需要什麼就已經足夠了。

索羅在波蘭體制變革後不久創立了一家建設公司。當時波蘭經濟仍百廢待舉，連水泥這種建築業基本要件都很難取得。「我去一家水泥廠買貨。要搞定這種事，我自有一套辦法，當然這要對祕書下功夫，要送花、巧克力，更要微笑……」

「當我在走廊坐著等待時，有個人至少來回走過我身邊十趟，我壓根沒想到他會是個重要人物。最後那個年齡與我相仿的人問說，『先生，你為何在這裡待這麼久？』我說，『我在等水泥廠的老闆。』他說，『我就是，』並要我進他的辦公室。」

「我們聊起我的事業，以及我要買水泥的原因。我告訴他，我剛畢業一年，創設的公司還在發展中，我們沒有水泥，因而陷入了困境。」

「他說，『好，你想買多少水泥都行，但有個條件，你必須在這裡為我水泥廠的員工與家屬建造住宅。』這些都寫進了我們的合約之中。當我試圖達成目標時，這個人對我說，『條件是你必須為我做一些事。』這就是我公司的發展故事。」

順便一提，你聽過這句諺語嗎？「只要你幫別人達成所願，你就能得到人生中任何想要的東西。」索羅的故事就是這句話的最佳例證。

願景的一個重要組成，是使其歷久不衰。你可以形諸文字、像阿利塔德那樣寫成一本書、效法多數富豪把它放進公司的網頁或文宣品、比照沈財福粉刷在公司入口的牆上，或是追隨史托達倫把公司的價值觀銘刻於石上。

旅店大亨史托達倫旗下公司，全體員工每年都會在哥德堡聚會，一同慶祝公司的成果。在這盛大的歡慶會上，史托達倫會拿著鐵鎚與鑿子，親自在「哥德堡法則銘石」（Stone Rules of Gothenburg）上頭增刻另一項價值主張。

當願景實現時，必然喜不自勝。史托達倫秉持的信念是「要盛大慶賀勝利。我熱愛慶祝活動！

例如，飯店開張時不但要辦派對，更要祝賀長時間辛勤投入的所有人員，要隆重向全體員工、事業夥伴及在地社區致謝。要像努力工作那樣努力慶祝。我們北歐精品酒店（Nordic Choice）集團全員都非常努力。」

說故事行銷的能力可在傳達願景方面起重要作用。要廓清你想讓世人知道的事情，並把故事說好。講一個精彩的故事可以更有效地傳達你的願景。史托達倫就是一位故事行銷大師。我們在第六章談論的各項故事行銷工具值得你善加利用。

吸引大眾

如果你有引人注目的願景，且已學會如何有效闡明，那麼你**用願景來吸引大眾以攜手朝目標出發**的時機已到。願景不只是公司延攬人才的根本要項，同時也是吸納事業夥伴與投資者的基本利器。

帕里索托的公關經理塞爾莫・萊斯戈爾德（Selmo Leisgold）指出，清晰的願景深具引人魅力。萊斯戈爾德與帕里索托相識甚早，當時萊斯戈爾德在里約一家報社任職，帕里索托則剛開始在巴西南部南卡希亞斯市經營錄影帶出租店。

與帕里索托相遇，全盤改變了萊斯戈爾德的人生與世界觀。萊斯戈爾德在二十六歲生日收到帕里索托的賀言：「你是很有趣的人，然而機運不佳。」這真是最佳生日賀禮。萊斯戈爾德於是與帕里索托面談，之後他就再也不想回里約了。這次會面使他想要幫偉大的帕里索托實現願景。我全然能夠了解他的理由。即使年屆六十一歲，帕里索托仍然散發著無比的魅力，你會專注傾聽他說話，並心悅誠服地想為他效力。

所以，**有說服力的願景不但能吸引人，還能讓人死心塌地的追隨你。**公司不能沒有人才。正如柯溫所說：「**你必須具備吸引人才的能力**，這是你務必要努力增進、且不可或缺的能力。」

他認為，這項能力是事業成功的關鍵之一。「我吸引了一大群年輕人才，他們全都支持我的願景。這並不是我的天賦使然，而是借力使力，使他們為我所用。所以我能延攬到各領域比我更聰明、更能幹的人才，讓他們與我一起努力實現願景。」

你的團隊愈有才華與上進心，就愈有機會實現願景。**一家具有宏大願景的成長中的公司能吸引頂尖且積極上進的人才。**柯溫手下有不少傑出的企業人才，而且他還延攬到一些過去曾有成功事業的幹才。對於如何做到這點，他指出：

「以我們的案例來說，最大因素在於我們的願景是從零起步，打造市值數十億美元的公司。我使那些人才成為這個願景的一部分，讓他們融入一個比單打獨鬥更能成就大事的願景。每個人都需要錢來付清帳單，也都想有尊嚴過生活。但如果是以賺錢為優先要項，那麼你應另謀發展。我麾下的人才心之所屬是更遠大的夢想。我們目前致力的達美樂披薩已發展成國際性事業，最終我們還會更加壯大。比起『我賺了幾百萬美元，接下來要如何繼續維持賺錢的樂趣？』身為我們事業的一分子是更加令人興奮的事。」

我請教金範洙如何找到他的核心員工。他的回答顯示，在組建事業團隊時，願景扮演了極重要的角色。

「剛開始創業時真的很困難。幸運的是，儘管最初我沒有延攬到第一人選，但後來有位相當知名的朋友主動與我洽談。那時尋覓人才真的非常困難，因為人才通常不會輕易離開大企業去加入新創公司，所以我很難說服人投靠我。即使只是徵求一個中階主管，面試應徵者時，我總是要回答所有關於我們公司的疑問，這真的讓我相當苦惱。」

「之後，隨著公司開始展現一些未來願景，加上一些有利的資料為後盾，我已能讓人明白公司有多大的成長潛力，以及多麼美好的未來，這樣也比先前更容易說服我中意的人才。」

「我向他們傳達的願景是，我們將成為未來新世界的大型企業，如果他們不能有所了解的話，那麼這個願景就難以實現。」

願景能為你指引方向

員工不需要管理，他們需要的是共同的願景。願景將給予你的團隊明確的目標與方向。你必須設定一項使命以激勵員工朝此方向邁進。

蔡東青立定的使命相當明確，他鼓勵員工締造中國的迪士尼。「我認為，一家公司最重要的，就是定下正確的策略方向，以引導員工朝目標前進。公司將因此進一步成長，但也可能遭逢挫敗。

錯誤的決策將會使公司面臨重大挑戰。」

願景有助於團隊做出正確的決定，能使人調適處境，並運用大腦來實現使命。當然，先決條件是要讓團隊為了使命而同心協力。這就是德雷珀說的「優良事業」。

願景要與時俱進

願景與夢想同樣必須與時俱進。

柯溫表示：「願景會進化，會隨著時間改變。一年前的我與現今的我，對於未來有不同的願景。從一開始，我就有相當明確的想法，力圖建立自己的一番事業。我曾說服三十個投資人，告訴他們，『信任我，不論資金是投注於養雞業、速食業或是飛機製造業，我都會不遺餘力使你的投資一本萬利。我不惜賣掉房子，與妻兒一起到半個地球外去發展這項核心事業。』」如今，他努力撐起跨國連鎖披薩帝國。

陳覺中是當今全球最大餐飲業者之一，在他的事業生涯裡，公司的願景曾數度變換。在最初快樂蜂只有幾家連鎖店時，他的願景是讓公司成為菲律賓第一的餐飲業者。他說，後來「公司在菲律賓拔得頭籌，於是我們必須有更大的夢想，得改造自己才行。」這促使他立志締造亞洲首屈一指的餐飲公司。然後，快樂蜂果真在亞洲稱霸。於是，他再度聚集團隊並告訴他們，在目標達成後必須要追尋更大的夢想。他說：「夢想一旦達成之後，就不再是夢想了。」所以，他設定了新願景，要在二〇二〇年使快樂蜂晉身全球前五大餐飲業者之列。

分析訪談過的多數富豪，擺脫貧困是他們人生最初的願景，然後按部就班地逐步演進。

蔡東青的第一個願景是使自己的家庭壯大、不再受鄰居霸凌。然後他想要開創成功的事業。如今他的願景是打造中國的迪士尼。

另一位中國億萬富豪曹德旺的人生使命也屢有更迭。「我們的家庭實在很窮，但我從未此而灰心喪志。艱困的生活難不倒我。我必須堅強，一步一腳印地踏實工作，朝著成功的方向前進。我從未想要放棄，從沒想說『我會被擊垮』。我的使命很明確，首先我想要脫離貧窮處境，然後我想要過更好的生活。這就是我努力的方向。」現今曹德旺的願景是供應最好的汽車玻璃給中國與全世界用戶。

親愛的讀者們，你的使命是什麼呢？你對未來有何願景？你有設定奮鬥目標嗎？有形諸文字嗎？引人注目嗎？你能清晰地向人傳達公司的願景嗎？能為你吸引最佳人才嗎？

與億萬富翁的差距

- 游移不定的人追隨他人亦步亦趨。
- 百萬富翁無法創造與傳達引人入勝的願景，因而只能找到有限的人才來實現他們隱約的使命。
- 億萬富豪能有效地傳達具說服力的願景並吸引眾多追隨者。

關於本章的更多故事，請上：http://TheBillionDollarSecret.com/resources

第9章
別隨波逐流，要引領風潮

「尼歐，我試著解放你的心靈。但我只能為你指引門路。你必須自己穿越它。」

——莫菲斯（Morpheus），《駭客任務》（*The Matrix*）

你可能擁有最好的知識、最佳的技能、最棒的條件，但**若不付諸行動，終將一事無成**。

採取行動吧！

要身體力行！**唯有付諸行動，才賺得到錢**。當機會層出不窮時，光是行動就夠了。

波蘭在一九九〇年代時機會俯拾皆是，那時索羅當機立斷、相時而動。「當時各種機會湧現，自由市場幾乎成形，許多人明白機不可失。當時最要緊的是乘機出手。只要有所行動，只要夠積極，就有獲利的機會。」

行動就是這麼單純的事，真的不需要高深的哲學。

德雷珀建議想要成功的人：「**選定一個目標，然後勇往直前。**」身為全球最傑出創投業者之一，德雷珀深諳成功之道。即使如此，他有時也會錯失行動時機。

「我參與過臉書的投標。臉書首任總裁西恩．帕克（Sean Parker）非常精明，他對我說，『可以估到二千萬美元嗎？』我回說，『沒問題。』然而一週後他們說，『你必須估到四千萬美元。』我答道，『很好。』」

「然後又過一週，他們說，『得要八千萬美元。』我應了一聲『啐……』然後我問父母親，『你們有何想法？』他們認為可以。我說，『好吧，就八千萬美元。』但臉書又改口說『不行，必須估到一億一千五百萬美元。』於是我想，『算了吧。』就這樣，我錯失了一千倍的投資報酬率。**我多數的失誤出自於沒有採取行動**，或是沒有投資某些公司。對雅虎的出價也是一次敗筆。我第一次出價後就應開支票成交的，很遺憾當時錯失臨門一腳。」

多數人都害怕行動會失敗，於是就沒有任何作為，以致錯失時機。千萬別讓這種事發生在你身上。二〇一五年「安永世界企業家大獎」得主阿利塔德建議，**與其去找觀望的藉口，不如斷然行動。**

認清並把握各種機會

機會來臨時猶豫不決，就無法成為億萬富豪。

哈森弗拉茨講了一個引人深思的故事，明確闡釋了這個道理。他剛開始創業時曾錯失一個事業夥伴。「剛到加拿大五年英語還不太流利，勉強過得去時，我曾想邀一位好友當事業夥伴。我問說，『伯特，你想當我的事業夥伴嗎？』『好啊，我要出多少錢？』我說，『買機器要花二千美元，所以你必須出資一千美元，我也出一千美元，我們當合資夥伴，五五平分。』」

但他們只是口頭說說而已。伯特是位化學家，擁有很好的工作，所以不想辭職。此外，伯特的支票跳票了，因此他們沒能締結夥伴關係。「如果他當年出資一千美元的話，如今這筆錢將有二億美元的價值。」

錯失良機的代價可能極為高昂。你可能會認為自己一生都不會有這樣的機會。但請再想一想！你的人生錯失了多少機會？有多少機會與你擦身而過而未曾察覺？當前又有多少你沒察覺的機會？你確定這裡頭沒有可讓你賺取十億美元的機會？

帕里索托常說「機不可失」。他還指出，「機會有時會出現二次、三次、四次，但可能不會每年都有。你必須知道何時該抓準時機。**請勿錯失了良機，因為你可能不會有另一個機會。**」

有時會像索羅的經歷一樣，在國家變更體制時，大批土地被廉價拋售，出現「一生僅有一次的機會」。

當然，你必須具備洞察時機的能力，才有可能適時出手。在事業發展的多個階段，簡恩適切掌握時機而獲益良多，締造了多家市值十億美元的公司。針對筆者提問要具備什麼樣的素質，才能有這樣的成就，簡恩指出：「我想，**實際需要敏銳的觀察能力，而不是先見之明或事後諸葛。**

每個人都有後見之明。能正確地說出你可能做了什麼。有些人則宣稱自己是事前諸葛，對未來能未卜先知。然而，身為傑出的企業家，我可以告訴你，你需要的是觀察能力。要能審時度勢並洞悉當中的機會。」

白手起家的億萬富豪，出身移民家庭的比例高得驚人。雖然有點違反直覺，但**移民成為富豪的機率比在地人高出許多**。哈森弗拉茨相信，這是因為初來乍到的人更容易發現機會。「相對於凡事習以為常的在地人，新移民能看到許多有用的東西，也知道對什麼事情必須讓步，以及自己能有什麼成就。在地人則不易看見機會。」

當你發現一個大好機會，不要猶豫，別浪費時間，要打鐵趁熱！

德雷珀從創業投資經驗學習到，如何洞察良機並伺機明快出手。如今，看到機會時他絕不會躊躇不前。在點對點檔案共享程式 Kazaa 遇上法律問題，必須停止數位音樂分享服務並另起爐灶時，德雷珀覺得事有蹊蹺。

「我想，『哇，這技術能運用於任何事物，檔案分享將成為真正重要的技術。能分享的不只是音樂，而是一切。』

「所以，我請一位為我父親做事的人去找研發團隊，查看一下他們正在做什麼。然後他通知我說，『你得親自來倫敦一趟才能一探究竟。』於是我搭機去倫敦與他們會面，並當場出了價，交易標的是無線網路分享。然後我把此案提交給了事業夥伴。」

他的提案再次遭到夥伴們反對。不過，這次德雷珀對遲疑不決的夥伴置之不理，斷然完成了這筆交易。此後，研發團隊多次變更商業模式，最終創建了市值數十億美元的 Skype 公司。德雷珀毫不遲疑地把賭注壓在這個團隊上並賭贏了。他更是 Skype 的首位投資者。

多年後，當比特幣（Bitcoin）的商機來臨時，德雷珀再次適時行動。自從二〇〇五年韓國友人告訴德雷珀，他花了四十美元為兒子買了線上遊戲《英雄聯盟》的一把虛擬寶劍後，德雷珀就對虛擬貨幣深感興趣。

「這是一件非比尋常的事情的開端。」

然後二〇〇八年爆發了金融危機。「二〇〇九年大家紛紛逃命，這時我們需要更多的英雄。我想，『天啊，法定貨幣必須有替代品，而比特幣是個有趣的替代方案。』鑑於通訊協定雖不勝枚舉，但超文本傳輸協定（HTTP）仍在網際網路脫穎而出，所以我盤算比特幣應能在眾多虛擬貨幣中拔得頭籌。因此我決定支持比特幣。」

他投資了貨幣實驗室（Coin Lab），屬於第一批比特幣公司，從事比特幣挖礦。不幸的是，在日本比特幣交易所 Mt. Gox 破產後，這家公司失去了所有比特幣。然後，美國司法部法警局於二〇一四年查扣絲路（Silk Road）購物網站的比特幣並公開拍賣。他又毫不遲疑地以約二千萬美元買進所有法拍的三萬比特幣。

「當時一比特幣約值六百美元，但後來因相關技術一團糟，比特幣值大跌到一百八十美元。接著又發生了許多其他事情。這些使得我一連幾年都被視為非常愚蠢的人。」

但二〇一七年出現了戲劇性的變化，比特幣值開始暴漲。即使二〇一八年比特幣值走跌，他持有的比特幣在本書寫作期間仍有約二億美元的價值。

金範洙認為他做得最成功的事就是善於利用時機。在網際網路時代來臨時，他抓緊這次模式轉移而獲利豐厚。當時他創造了大眾喜愛的網際網路遊戲，並引進免費增值（freemium）的商業模式，因而大發利市。然後，當智慧型手機的時代開始時，他再次善用可乘之機，創造出Kakao Talk即時通訊服務，幾乎壟斷了南韓的私人通訊市場。

「我跳進那個世界，並在脈絡裡研究關鍵環節。然後我與極具天賦的朋友們組成團隊趁熱打鐵。這個方法，屢試不爽。我想這是我最大的成就。」

眼明手快勝過力求完美

在商場上，眼明手快勝過力求完美。力求完美會阻礙你採取行動。不要等待所有條件都合適了才出手。因為你永難等到一個開創事業的最佳時機。如果你不能適時行動將會一事無成。所以不必等待最好時機，愈明快地行動愈好。

沈財福的看法與我不謀而合：「三十五年前，我初次創業時，朋友們一再說，『最好的創業時機已經過了。現在不適合創業了。』如今，大家還是會說同樣的話。在一九九七年的危機發生時，人們說了那樣的話，當二〇〇八年的危機爆發後，人們又老調重彈。對我來說，『時機好壞只是看事情的觀點不同而已。』」

沈財福現今已是億萬富豪，而他的朋友們依然在重彈舊調。

要能洞燭機先，這樣才會有競爭優勢。

桑格維指出：「我們成功的一個原因是，在所有業務上，我們都比競爭對手更早搶得先機。而且我們從事的，都是較難經營的業務。當我們著手製造精神科藥物時，市場規模仍極小。心血管疾病藥物的情形也類似。所以我們從未遇到強大的競爭對手。一直到我們獲致成功、開始極速成長時，才陸續有人涉入這些製藥領域。因此，在大家爭相搶進之前先發制人，會讓你受用無窮。」桑格維以此策略締造了印度最傑出的製藥公司，並成為全球製藥業界首富。

在金範洙的事業初期有兩項決定性的成功要素。「首先，在事業領域領先群倫，其次在此領域占盡先機。你必須慎重考量這兩件事情，要在該領域還沒有人嘗試之前捷足先登，而且要持續努力到所向披靡。」

掌握先機的能力是多數富豪的特質之一。他們都信奉這句座右銘：「先行動再深思。」務必要養成事不宜遲的心態。

威爾遜不想人生錯失任何事物。「不論明天你是否墜機身亡，或是在八十年後壽終正寢，這些都不重要。要緊的是，**你必須像只有一天可活那樣珍惜每一時刻**。人生苦短。我們沒有可以浪費的時間。尤其不要浪費時間與無聊的人、只會抱怨的人和平庸的人閒扯。」

我請教威爾遜想傳達給全球讀者的訊息，他表示：「**四萬個日子後你就歸於塵土了。**」你應該從正確的觀點看待人生，從而產生時不可失的急迫感。威爾遜的人生哲學有兩大要點：「**我們**

沒有可浪費的時間。人生不是功成名就，就是一事無成。」

要明快做出決定。寧可搶快而失誤，也不要太遲做出正確的決斷。但要留意負面效應，要審慎評量你的決定會不會造成無法彌補的後果。桑格維指出：「有些決定可以事後挽救，有些則無法彌補。我不會搶快做出難以挽救的決定，因為覆水難收，事後做什麼都無濟於事。舉例來說，只要能接受，我可以決定四十億美元的投資案，這並不難。然而像是開除某個人或與人斷絕關係這類決定，我會三思而後行。」

有什麼就賣什麼

史托達倫的「草莓哲學」（Strawberry Philosophy）是我寫作本書學到的最珍貴課程之一。這位斯堪地那維亞半島飯店業大亨十二歲時，喜愛在他父親的雜貨店逗留。但他更愛做的事是在當地市場賣草莓。

「當時市場有四、五個人賣草莓，因此競爭非常激烈。對手擁有大型遮蔭的攤位，而我只有母親給的一張小圓桌。雖然站在一把小傘下幾乎沒有蔭涼處，但我活力十足且熱情不減地賣草莓。」

「我必須把所有草莓賣掉，因為放到隔天就沒人要了。只有新鮮的草莓有銷路。有時，我會羨慕擁有大攤位的競爭對手，有些對手還擁有推車，有些還兼賣花、蘋果等等。而我只有草莓可賣。」

「由於在烈日下長時間賣草莓，有時我會向父親抱怨說，『我好羨慕其他人，我的攤位和草莓都比別人小，還缺這個缺那個。』有天晚上，父親對我說，『讓我教你一件事：**有什麼就賣什麼，因為那是你唯一能賣的。**』」

「那晚睡著前，我最後想的一件事是，『父親是位天才，終有一天我會接下他的棒子。』」父親的建議改變了他的人生。

「十二歲時，地方報紙封我為『挪威最佳草莓賣家』。雖然不是正式的頭銜，但他們報導了這可能因為當時我賣出的草莓，是競爭對手銷量的三倍到五倍。」

遇上好日子，史托達倫一天可以賣掉二千四百盒草莓，收入比他父親的兩家雜貨店還多。

「我會向顧客說，『如果你想要做成果醬，那就買兩盒，我額外再送你一盒。』當顧客再度光臨，我會說，『這裡有些真正的好貨，超級新鮮，這是最大顆也最好的草莓。』」

「草莓哲學是我成功的最大原因。人們常會說，『如果我擁有那家飯店，如果我擁有那家購物中心，如果我擁有那輛車，如果我有那麼多錢，如果我……』我的意思是，人心永遠不會滿足。我們總是會羨慕競爭對手。請記得，有什麼就賣什麼。」

「我對成功的想法是，永遠從你手上現有的著手，不要在那些你沒有的事物上糾結。**專注於你所擁有的，物盡其用。**以你現有的一切去創造最好的成果。」

史托達倫這項「草莓哲學」引領他獲得了非凡的商業成就。他以草莓來命名自己的事業集團，並以此為人生座右銘：「有什麼就賣什麼，因為這是你唯一能賣的。」史托達倫還喜愛自稱「草莓賣家」。他的「哥德堡法則銘石」上也銘刻著「草莓哲學」。

讀者們要師法史托達倫，有什麼就賣什麼。不要藉口「如果我擁有……」而坐失良機。

其他億萬富豪另外指出，足智多謀是成功的一項要素。沈財福認為，足智多謀使他在沒有資源的情況下也能做出成績。

不要隨波逐流，要引領風潮

多數人認為世事難料，而且形勢比人強。但億萬富豪把自己視為驅動世事的力量，是創造形勢而非受制於形勢的人。

哈森弗拉茨極有自信。他最愛說：「**沒人能使我頭痛，但我能讓人頭痛。**」這很生動地道出他的人生態度。

億萬富豪總是主動出擊，不被動回應。柯溫的座右銘是「**別坐享其成，要自食其力。**」他在事業生涯多數境況中做到了。即使是面對負面的事情，主動出擊不被動回應的原則也同樣適用。柯溫談及人生教訓指出：「**不要等到逼不得已了才去做。**」

先發制人可減少時間成本。只要你盤算一下被動回應的時間代價就能明白這道理。你將會了解，主動出擊確實比被動回應容易多了。

億萬富豪也秉持主動出擊的精神迎向未來。德雷珀期望比特幣大發利市，因此投資逾五十家比特幣公司，助其美夢成真。「事實上，只要你有足夠強大的後盾，就能推動某些事情。」在他創辦的德雷珀大學入口處，我們可以看到馬斯克這句話：「**與其見證未來，不如創造未來。**」

祝你好運

常有人問我，億萬富豪能夠成功，有多大程度與運氣有關？天時地利人和對億萬富豪有多重要？在步調快速的科技產業界，這些當然扮演了相對重要的角色。但請謹記在心，我訪談的億萬富豪，絕大多數是傳統產業界的贏家，而且他們都面臨許多強大的同業競爭對手。

無論如何，對於「成功需要運氣嗎？」這樣的問題，我的答案是肯定的，雖然我對這答案並不滿意。要像富豪們那樣贏得非凡的成就，你的確需要一些運氣。但沒人能擔保好運一定會帶來成功。有些富豪自己也承認自己是幸運的，雖然他們對運氣的認知與我們有所不同。

關於成功的祕訣，歐茲耶金指出：「我相信成功不是取決於單一的祕訣或因素，而是許多事物綜合的結果。對我來說，最主要的成功因素包括辛勤工作以及好運氣。」

斯特羅納克認為百萬富翁與億萬富豪的主要差異在於，二者的運氣與知識迥然有別。

斯圖爾所見略同，他還強調，我們可以為自己營造好運。「百萬富翁與億萬富豪的差異何在？二者的差別在於運氣、天時地利。但藉由勤奮工作、毅力與熱情，你還是能為自己締造好運。」

如果你勇於冒險，就有機會碰上運氣。愈常冒險，碰上好運的機率也就愈高。所以，行動能帶來好運。歐茲耶金說：「我極其相信電影《雙面情人》（*Sliding Doors*）的劇情。打開一扇門，通往一個平行時空的另一扇門，人生因而可以截然不同。我也很相信運氣。好運是很重要的。正如美國人常講的，不論誰對你說，要逢低買進逢高賣出，那全都是胡說八道。驅動人邁向成功的是運氣。好運使我在二十九歲時當上了銀行董事。」

「我從美國回國後，我寫了三封求職信分別寄給三家知名企業，其中一家給了我一份工作。在我去簽約途中，我看見了庫庫羅瓦控股集團（Cukurova Holding）的大樓。我記得，這是高中之後就未再見面的同學卡拉梅邁特的企業。由於簽約前還有時間，我決定去拜訪卡拉梅邁特，向他打個招呼。很巧，他人在辦公室，而且熱切地歡迎我。當我告訴他，我要去簽工作約時，他說『你乾脆來我這裡，我需要你這樣聰明的人才，你可以當棉花銀行（Pamukbank）的董事，我們可以一起學習。』他的熱忱打動了我的心，使我當場就決定接受他的提議。」

「試想，我對銀行業務一無所知，而且我與卡拉梅邁特已十二年未曾見面，但我接受了他的提議。這就是我說的運氣。有些人可能會說這是緣分或命中注定的事。如果不是那天經過那條街且順道拜訪了卡拉梅邁特，我的人生可能會非常不一樣。誰知道呢？」

但歐茲耶金把握機會採取了行動。那麼這次冒險的結果如何呢？在擔任董事三年後，他於三十二歲時成為銀行的董事總經理，年薪達數百萬美元。再過四年，他乘機要求成為股東但遭拒絕，於是他果斷採取行動，賣掉房子並借了一筆錢，自己創辦了一家銀行。

拉斐爾·巴齊亞
「採取行動能帶給你好運。」

在創立金融銀行（Finansbank）十九年後，他於二〇〇六年再度走運，以五十五億美元賣掉了這家銀行。「這個時機相當微妙。銀行業，尤其是新興市場的銀行業，時而會大起大落。二〇〇〇年九月時，金融銀行的市值為七億一千一百萬美元，九個月後，土耳其爆發金融危機，金融銀行市值在二〇〇一年六月驟減為八千四百萬美元。但到了二〇〇四年底，市值又大增為三十五億美元。從八千四百萬美元驟增到三十五億美元。於是我決定賣掉它。八個月後，轉手生意成交，拍板價是五十五億美元。」

這是土耳其史上金額最高的公司出售案，使歐茲耶金成了億萬富豪。

即使成功的機率不高，你仍應碰碰運氣。只要你去嘗試，就有可能行得通。億萬富豪總是相信自己運氣好，且認為一切都會有好結果。二〇〇四年「安永世界企業家大獎」得主陳覺中表示：「我覺得自己天生幸運，所以我做的每件事情都沒問題。船到橋頭自然直。如果有什麼事情不順利，我們只需要在過程中做一些微調。」

億萬富豪有時也會走霉運，例如斯圖爾的第一次股市經驗。斯圖爾年輕時好賭，因此股市對他具有神奇的吸引力。

「當年鎳期貨價格在數個月間從二十美分飆升到二百八十美元，於是大家爭相買進。在市場飆漲時，我賺了不少錢，不覺得會出什麼錯。」

「接著我決定直接進軍股市。第一步是成為股市交易行情板記錄員。那時股市交易還沒電子化，必須由記錄員把交易行情寫到大型看板上。我當時住在伯斯，但在墨爾本找到了一份股市交易行情記錄工作。於是我把期貨都賣掉，轉往墨爾本發展。」

「賣期貨得手的錢並不多，大約是五、六千美元。但那是四十五年前的事，所以對當時的我來說，那是一筆財富。」

「就在我從伯斯搬到墨爾本之際，股市崩盤了。我那時想，『哇，我真是機靈，我在市場最高點時脫手，逃過了股市崩盤。我真是個聰明的投資人。』這全然是荒謬的想法。我只是剛好在途中。我只是剛好賣掉了期貨，還沒開始玩股票。如果股市崩盤晚幾週發生，我可能已進場了。而我竟然認為自己很聰明。」

「我抵達墨爾本時，股市交易行情記錄員的工作沒了，因為股市崩盤，工作機會隨著消失了。我不能回伯斯，不然就意味我失敗了。人們會說『這人在墨爾本混不下去又回來了。』」

股市崩盤使斯圖爾所有的美夢破碎，他的錢也在八個月後用完。但這並未阻礙他繼續前進。他振作起來，白天做稽核工作，晚上到酒吧當酒保。他努力賺錢，存到足夠的錢來創業。四十五年後，他不但成為億萬富豪，還榮獲安永世界企業家大獎。

親愛的讀者，你會讓厄運阻礙成功之路嗎？你會主動出擊還是坐等人生轉運？你要隨波逐流，還是引領風潮？你看得到自己周遭的種種機會嗎？你有善用良機嗎？還是仍在等待適宜的條件出現？你能做到物盡其用嗎？你有幫自己創造機運嗎？

與億萬富翁的差距

- 游移不定的人視自己為環境的產物，他們過著消極的人生，不積極行動。
- 百萬富翁會等待條件適當再行動。
- 億萬富豪從不等待更好的條件，他們會善用現有的一切。

關於本章的更多故事，請上：http://TheBillionDollarSecret.com/resources

第10章 不入虎穴，焉得虎子

「沒有勇氣一搏，人生如何精彩？」

——文生・梵谷（Vincent van Gogh）

想創業成功，就必須放手一搏。

在柯溫家進行訪談時，他告訴我：「**為了成就有價值的事物，你必須冒險。**如果不敢冒險，那麼即使有成就，也終將平淡無奇。」當然，「一切要適可而止。但人必須冒險，同時也要做好承擔風險的準備。**凡是不用冒風險的事，也就不會是機會。**」

二〇一五年「安永世界企業家大獎」得主阿利塔德將風險視為成功必不可缺的條件。「直到現在，我每年都在冒險，因為沒有風險就不會成功。」

新加坡傲勝國際創辦人沈財福稱得上是一名鬥士。他在受訪時表示：「**如果你想贏，就要有輸的心理準備。**」對他而言，人生就是一個不斷學習的過程。「**如果你不敢冒險，就永遠學不到**

東西。」

對土耳其富豪歐茲耶金來說，**創業精神貴在甘冒風險**。

沒錯，每家公司初創時都必須冒極大的風險。簡恩認為：「每創辦一家公司都會對你的聲譽、財富，和那群相信你而辭職前來投靠的員工帶來風險，因為他們的人生完全取決於你能否成功。對我來說，這是極大的負擔，一旦我失敗了，將改變他們的人生。所以每當我看著員工眷屬的雙眼時，他們的眼神彷彿在跟我說，請千萬不要搞砸了。」

金範洙清楚地指出，因為社會變遷，現代人注定要冒更多的險。「在我年輕的年代，能到一家好公司上班，宛如捧著鐵飯碗。但我認為那樣的時代已經過去了。如今再好的公司也無法保證你能做到退休，或提供你長期的保障。因此，在**這個年代，敢於冒險和嘗試挑戰不同的事物變得非常重要**，並且要從中找到你真正喜歡和擅長的事情來做。」

有趣的是，富豪們不認為聰明才智是非凡成就的先決條件。他們總是強調，事業成就取決於冒險精神，而不是聰明才智。

加利茨基創業前在一家銀行上班，他指出：「與銀行客戶溝通時，我發現這些企業主往往不是最聰明的人，但他們的想法卻耐人尋味。這些人頭腦或許不是最靈光的，但他們往往具有冒險精神，直到現在，這仍讓我印象深刻。」

穆哈德．阿利塔德
「富貴險中求。」

莫因恐懼而不敢行動

勇氣是多數企業家具備最重要的人格特質之一。恐懼失敗是一股巨大的力量，所以要善用恐懼，不要讓恐懼限制了你。

柯溫的父親一再訓誡他，只要不畏懼艱難的挑戰，而且勇於追求自己的夢想，最終必能如願以償。

威爾遜草創露露檸檬運動服裝公司時，也冒著畢生最大的風險。他說：「我有兩個孩子，當你以小孩的將來做為賭注時，那是種艱難的抉擇。」

那時他正好賣掉一家公司，手上有些閒錢。「我有間房子，生活穩固無虞，我本可隨便再找一份工作，例如到星巴克當咖啡師，也能過上安穩的生活。」與此相反，他不但把所有積蓄投入公司，連房子也拿去抵押，並到處借錢，籌到的款項全用於公司營運。「我真的很冒險。我付得起前妻的贍養費嗎？我的孩子能否生活無虞？這是一個棘手的問題。」

儘管害怕被拒絕，還是得採取行動。你不能取悅所有人，無論你做什麼總會有人不喜歡。簡恩在我們於愛爾蘭都柏林的謝爾本酒店會談時表示：

「凡人在社交時總是害怕被拒絕。身為外國移民，最初我的英語顯然不那麼流利，有時會害怕旁人看我的眼光，似乎覺得我瘋了，只因他們聽不懂我在說什麼。從某種意義上來看，人總是擔心不被別人喜歡。但是我已經克服了這個障礙，我意識到自己無法取悅每個人。如果你想討好每個人，終將因動輒得咎而綁手綁腳，也不會挺身捍衛任何價值，當然最後也就一無所成。但你若有所為，即使遭人嫉妒，大可一笑置之。」

你害怕外界嘲笑嗎？千萬別怕，因為即使是億萬富豪也常會做些看來愚蠢或可能出錯的事。對德雷珀來說，不怕失敗正是他成功的祕訣。

「如果我勇於嘗試新事物，不怕虧錢、尷尬丟臉或遇上麻煩，而且第二天醒來仍然照常上班，我想這正是促進成功的力量。所以我認為不用怕做些外人看來似乎愚蠢或可能失敗的事。」

拉斐爾．巴齊亞
「每家公司草創時都存在很高的風險。」

德雷珀之所以能成為矽谷傳奇創投家，這就是關鍵所在。

「創投業有一大特色，那就是投資經常失利。事實上，創投案可能有一半以上會失敗，但至今我依然屹立不搖。」

富豪們也是人，他們不是天生無畏無懼，更不是最敢冒險的人。我問柯溫如果能重新回到二十歲，他最大的改變會是什麼。

「我可能會更大膽一些，更勇於冒險。害怕失敗和負債會讓人更加自覺，所以我會更有自信可以走出迷宮。」

「請注意，因為你不想走上破產一途。經營事業第一守則是：不要孤注一擲。一個閃失會讓你做出錯誤的判斷，這是屢見不鮮的事。但我們禁不起破產重來，因為市場利率很高。以餐飲業來說，如果有人在需要很謹慎的流程上犯了嚴重錯誤，客人將面臨食物中毒致死的風險。這樣的風險一直存在，因此需要經營者無時無刻小心翼翼的控管。」

經營事業原則1：不要孤注一擲

在柯溫家中前院，我繼續聆聽他闡述這個話題。他提醒大家不要孤注一擲，並舉自己的人生經驗為例：

「你不必每次都破釜沉舟。不要賭上全部家當。即使最完善的計畫都有可能出差錯，所以務必分散風險。用棒球術語來說，你不必每次都擊出全壘打，擊出一壘或二壘安打一樣能讓你得分。美國棒球傳奇人物貝比．魯斯（Babe Ruth）雖然擊出許多全壘打，但被三振的機率也很高。因此，你不必事事都冒極大風險，凡事必須適可而止。切勿低估複利的威力。」

「身為總裁的首要任務，是確保公司在業界存活，要清楚知道：哪些威脅會使公司遭到淘汰？一旦下錯什麼樣的決定有可能導致公司關門大吉？你可承受的犯錯底線何在？」

「但如果不敢冒任何風險，又怕失敗，當然成就也就有限。」

風險可能扼殺你的事業，因此切莫把所有雞蛋都放在同一個籃子裡，要為最壞的狀況做好準備。二〇一六年「安永世界企業家大獎」得主斯圖爾喜歡冒險，無人能比，但即使投資計畫無懈可擊，他也不會甘冒一切風險。

「喜歡冒險是我的本性，但**不論投資計畫有多好，或看起來多麼簡單，或是多麼有保障，我都不會把所有雞蛋都放在同一個籃子裡！**」

我問他在事業剛起步、實際上一無所有時就抱持相同的看法嗎？

拉斐爾．巴齊亞
「你無法取悅所有人。不論做什麼，總會有人不喜歡。」

納文・簡恩
「你無法討好所有的人，如果寄望獲得所有人的青睞，導致自己不敢放手一搏，最終將會一事無成，當然也就一無所有。」

拉斐爾・巴齊亞
「企業家多數是冒險家，而不僅僅是有點小聰明。」

斯圖爾說：「當你一無所有時會有什麼損失呢？如果我當初一起步就失敗，並不會有太多損失。那時我承擔的風險不至於會毀掉我的人生，如果你了解我的意思的話。」

斯圖爾首度創業就把希望全投注在別具特色的日本製手搖琴（hurdy-gurdy）。

「我買了一批手搖琴，銷路很好。四月底左右再次下訂單時，廠商說：『這產品的市場需求量很大。我們可以供給你所有需求，但前提是必須趕快下訂。現在你可訂到耶誕節所需庫存，不會太多也不會太少。』」

「這席話讓我連續三個晚上睡不著覺，因為我直覺這將是樁好買賣，很可能大賺一筆。於是我把手頭的資金都放進去了，包括所有流動資產。可惜那時我手頭不充裕，如果有房子的話，我可能也拿去質押，但事與願違。」

斯圖爾這項投資獲得豐厚的回報，但隨著公司擴展，他也注意到不能過度冒險，以免毀掉辛苦開創的事業。

自始至終你都要做一定程度的安全管控，其中最關鍵的一項是絕不能耗盡現金。歐茲耶金是典型的銀行家，他十分重視風險管控，做法也相當謹慎。對他來說，「風險評估是非常重要的事」。

當我向哈森弗拉茨請教經營企業應避免的事，他僅用一個字回答：

提姆・德雷珀
「你必須敢於嘗試做些看來愚蠢和可能會失敗的事。」

「過度擴張」。經營企業固然不畏風險，但也要避免在財務上過度擴張，以免不勝負荷而倒閉。「好運只會有二、三次，總有一天你會超出負荷。儘管我每天冒險，但都是自己能承擔的風險。把債務維持在可控制的範圍是非常重要的事。」

經營事業原則2：注意風險報酬比

企業家最重要的特質之一，是具備風險評估能力。柯溫認為：「風險足以致人於死，所以如何判斷在何時、何地承受何種程度的風險，是非常微妙的事情。然而，**沒有風險，也就不會有太大的成長空間。經營事業總要冒點風險，冒險是不可或缺的。如果投資沒有風險，那你就是在浪費時間。**」

正如帕里索托所說：「我需要冒險。**凡人活著，就有死亡的風險。風險無所不在。但就企業決策而言，所有風險都應控制在能承受的範圍內。**」

二〇〇九年「安永世界企業家大獎」得主曹德旺建議：「投資前應先做好分析工作，並估算特定項目中可能存在的風險」，不要超出自己可承受的風險範圍。

為達成目標而冒不必要的風險，不但沒用，更是一件愚蠢的事。我問柯溫，經營企業要避免什麼？他的回答是：「不必要的風險。**風險有時難免，但不要做那些對大局結果毫無影響且多餘的事。**」

傑克・柯溫
「如果投資沒有風險或失敗的可能性，成功的幅度將會受到限制。」

億萬富豪不只考量事物的負面風險，也評估其發展潛能。包括金範洙在內的許多富豪始終「把機會看得比規避風險重要」。

柯溫警告說，有一種危險叫做過度教育：「這是受過商業管理碩士教育的人常見的通病，他們講起不應做什麼事時總是頭頭是道，始終過於謹慎。他們總是指出一切可能出錯的事，永遠從負面來衡量事情，沒看到其中的發展潛能。」

那麼，什麼才是風險管控上贏的策略？其實十分簡單：以最佳的風險／報酬比率來估算風險，而不是「孤注一擲」。換句話說：掌握風險最小化及報酬最高化原則，將可能的風險限制在你能承受的範圍內。

胡斯努．歐茲耶金
「確實做好負面評估真的很重要。」

拉斐爾．巴齊亞
「企業家應具備最重要的人格特質，在於有能力進行風險評估。」

風險評估通常是主觀的，未必與投注的資金多寡相對應。桑格維每天有數十億美元的投資風險，但他卻一點也不擔心。「外界總認為我冒著很大的投資風險，老實說我並沒有，這要歸因於我能有效管控風險。我仰賴自己一手建立的內部機制來合理分配所有風險，我總是以收益做為衡量風險的依據。」

這話聽起來或許有些矯情，但所言不虛。隨著事業規模不斷擴大，因應風險的方式也會隨之變化。沈財福清楚地解釋說：「隨著年齡增長，我變得更加小心謹慎。年輕時我總是先做了再說，現在我會多考慮一些，因為可能的損失變大了。於是我對高風險投資的準備工作也就更充足了。」

經營企業是一種持續冒險的事業。

身為一名經驗老道的創投業者，德雷珀發展了一套風險管控策略，並將其內化到企業經營精髓中。他甚至寫了一首題為〈冒險大王〉的歌為此下註解。在馬斯克成為特斯拉（Tesla）汽車執行長之前，德雷珀已是特斯拉早期投資人之一。那時，他就採用了自己那套風險管控策略：

「我試乘了伊恩．賴特（Ian Wright）用聚氯乙烯（PVC）管組裝的電動車，當時簡直不敢相信這台車加速及剎車會那麼敏捷。這趟試車使我對電動車的研發產生高度興趣。當時我的反應是，我的天啊，這部車也太能跑了。我發現電動車比傳統內燃機汽車更好，因為加速更快，剎車與性能表現都比傳統汽車優越。」

特斯拉解決了扼殺早期電動車業者菲斯克汽車（Fisker）的電池爆炸問題。因此當特斯拉的創辦人馬丁．艾伯哈德（Martin Eberhard）邀請注資時，德雷珀投注了小額資金。

「一開始，我想投資一大筆錢，但精明的事業夥伴說：『還是先少量投資吧，畢竟這很燒錢。』」

「後來，特斯拉果真出現資金短缺，這時馬斯克捧了一千萬美元進來，並宣布『我要接管了』，而大家齊聲回應說，『耶！太棒了！』」

經營事業原則 3：直言不諱，無畏無懼

富豪們從不畏懼開出「不得體的」價碼。

一九八六年時二十八歲的德雷珀剛從商學院畢業。「我向薩特山創投（Sutter Hill Ventures）

旗下的動視（Activision）公司董事會自薦出任執行長，並表示上任後將收購微軟和蓮花（Lotus）等低價的民營軟體公司。現在回想起來，當時董事真該照我話去做，但那時他們只是抬起頭瞄了我一下，用眼角餘光看著門，示意我走開。」

曹德旺

「將風險控制在自己所能承受的範圍。」

二〇一六年「安永世界企業家大獎」得主斯圖爾也採取相同的策略：「直到現在，談判時，我仍然抱持『大膽開價，再來討價還價』的態度。我對價碼高低從未設限，因為在討價還價之前，絕對無法猜到其他人會如何反應。」

土耳其白手起家首富歐茲耶金，曾是美國俄勒岡州立大學學生會會長，當時他大膽邀請美國總統約翰・甘迺迪的胞弟羅伯特・甘迺迪（Robert Kennedy）參議員，於訪問西部各州時順道參訪俄勒岡州立大學。歐茲耶金將邀請函寄給甘迺迪參議員，令人驚訝的是，他居然接受了這項邀請。這個大無畏的舉動使歐茲耶金風光一時，因為他親自接待了這位當時耀眼的政治明星。

歐茲耶金自豪地向我展示他與甘迺迪參議員在台上的合照。這場活動對他申請哈佛商學院產生了極大的助益。

「實際上，我對自己能獲哈佛商學院錄取感到非常驚訝，因為我才勉強從俄勒岡州立大學畢業，學業成績平均點數二・一七，僅高出學校規定的最低點數〇・一七。但當時俄勒岡州立大學校長為我寫了推薦函。他告訴我，當年約三千名畢業生裡，我是唯一獲得校長推薦函的人（笑）。我把所有與甘迺迪參議員的合照，和競選學生會長時的海報全塞進學校申請函寄出。」

「哈佛大學商學院規定，申請者至少需要四年工作經驗。儘管我大學畢業成績不高，也沒有任何工作經驗，但哈佛最後還是接受了我。」

顯然，他與甘迺迪參議員的合照讓哈佛大學招生委員會印象深刻。

為實現重大目標，必須放手一搏。你應該試著走出舒適圈，做點不一樣的事。富豪們常需要以無比的勇氣來面對挑戰，甚至做些看似不可能的事情。

簡恩在智慧型手機還沒誕生的時代創設資訊空間（Infospace）公司，目標在提供行動網路服務。「人們覺得這太瘋狂了，永遠也不會成功。當初創立網路資訊服務公司時，多數人認為我的想法很不切實際。如今提出登月計畫，外界也認為我異想天開。所以重點是，**如果人們不認為你想做的事很瘋狂，那就表示你的夢想不夠遠大。**」

不要畏懼大數目。只要成就了大事，機會就會源源不絕。

對於德雷珀而言，決定投資 Hotmail 是人生的重要轉捩點。Hotmail 屬於最早網路電子郵件服務公司之一，而德雷珀是 Hotmail 的第一位投資者。Hotmail 在一九九〇年代飛快成長，並迅速在全球電郵業者中名列前茅。德雷珀於一年半後將 Hotmai 賣給微軟公司，成交金額達四億美元。「那筆成交金額很龐大，使我們一舉登上美國企業版圖，受到媒體極大的關注與報導，也成為我們事業發展的重要推力，有助我們籌措下一筆網路研發的資金。從那時起約五、六年後，我已接近事業發展巔峰，實在非常令人振奮。」

拉斐爾・巴齊亞
「看事情要看它的潛能，不要老是往負面想。」

金範洙
「富貴險中求。」

經營事業原則４：別怕與眾不同

拉斐爾・巴齊亞
「以最佳的風險／報酬比率來估算風險，不要把所有雞蛋都放在同一籃子裡。」

尼・斯圖爾
「目標遠大，行穩致遠。」

挪威富豪史托達倫建議，想要事業成功就必須走人少的路，同時不要畏懼與眾不同。

當會議桌上唯獨你的異見而無人贊同時，該怎麼辦？多數富豪通常不會因此退縮，例如簡恩就會堅持自己的信念到底。當我們在愛爾蘭都柏林會談時，簡恩告訴我一則自己親身的經歷：

「在微軟工作的頭幾個月，我有機會與比爾・蓋茲一起開會，討論新技術視窗作業系統（Windows NT）軟體的研發。那時我僅是一名沉默寡言的年輕中階經理，有幸與一群最頂尖的人同場開會。蓋茲是非常直截了當的人，當這套視窗作業系統相關簡報還在進行時，他轉頭問我：『對這套作業系統有什麼樣的看法？』我回答說：『我認為這系統會變得龐大臃腫而緩慢。』此話一出，會場立刻鴉雀無聲。蓋茲安靜地看著我約十秒鐘，然後說：『的確如此！』」

「會議結束後，我當時的主管走過來警告說：『你知道嗎？你是為我工作的，而你剛剛做的事絕對會讓你付出代價。』我看著他說：『馬丁，我可能嚇到你了，但奴隸制早已不復存在，我不是為你工作，我是為公司也是為自己工作，所以不要再說我是為你工作這種話。』他揚言：「我會把你冰起來，讓你永不得翻身。」」

「大家猜猜接下來發生了什麼？他們徹底修改了作業系統，不但變得更輕巧，運作起來也更順暢了，這都得利於我敢跟蓋茲講真話，對原先的不當設計提出警告。代價是我差點被解雇了。不過，企業家就是這樣，他們不在乎外界眼光，敢公開說出自己的想法，然後放手一搏。這就是我的企業家作風。」

培養勇氣、免於憂心的六大策略

億萬富豪通常認為自己無所不能，他們有時甚至無所畏懼。他們永不停止冒險。說「大膽」很容易，但是勇氣要從哪裡來？

你必須做好接受失敗的心裡準備。在接下來的章節中，我將進一步說明，成功之前難免一再遭逢挫敗。只要看清自己猶如渺小的浮塵般無足輕重，而且生命是十分有限的，那為什麼要擔心呢？

二〇〇九年「安永世界企業家大獎」得主曹德旺指出：「每個人的生命都很短暫，而且無論你多麼努力，個人的力量終究非常有限。與世界和歷史相比，個人是非常、非常微不足道的。」

要了解經商的風險通常來自無知，也就是對「未知」的恐懼。豐富的經驗可幫助你擺脫它。簡恩指出：

「**凡人皆有風險意識。風險源自無知，是一種對未知的恐懼**。如果能事前偵知風險，那就沒什麼好怕的。比如在暗巷中走路，我們會害怕轉彎，但只要有手電筒，就不會感到害怕。」

「因此，如果你是一位企業家，並且創辦了三家公司，那麼開第四家公司時，風險也就沒那

奇普・威爾遜
「富貴險中求。」

麼高了。因為你已知道一切可能經歷的事，包括瀕死經驗、各種障礙，或是即將談成的生意瀕臨不了了之。從不認為能做成的生意最終也可能成交。重點是你已成為歷盡滄桑的老手了。」

阿利塔德告訴我，他「創業之初也常感到焦慮，但**勇氣來自經驗**。承擔的風險愈大，愈能更好的處理它。要虛心若愚！」

威爾遜承襲了賣家具起家的企業家祖父母的冒險精神。他的祖父母甚至曾因陷入首樁涉及共同基金的電腦詐騙案，而被迫住進露營拖車。

「但這永遠是我熱愛美國夢的一部分，也就是高風險、高報酬，失敗了就尋求東山再起，不被挫敗擊垮。」

祖父母的遭遇讓威爾遜在十多歲就見識到大風大浪，膽子也因而變大了。十四歲那年，他獨自坐上飛機，口袋裡只有四十七美元，去了加勒比海安提瓜島，試圖以每天三美元的花費過活。然後，在十七歲時，他決定到阿拉斯加從事輸油管相關工作，並放棄了大學教育，到二十歲之前他已相當富有。表面看來，他似乎以人生為賭注換取眼前利益，但他日後的發展相當令人稱羨。

將人生視為冒險和挑戰，將風險視為樂趣。

風險是史托達倫人生哲學必不可缺的要素：「過你想過的人生，要勇於冒險，不懼怕失敗或艱難，因為不經一事，不長一智，他日再回首，你會不禁莞爾一笑。」

柯溫總結他的人生經驗指出：「要隨時做好承擔風險的準備。人生是一場冒險，也是一場挑戰。年輕時，你可以承受失敗，因為還可以捲土重來。年紀大的人需要激勵才會有動力。」

威爾遜表示：**「創造力和風險很有趣，可能是人類存在的緣由之一。」**

天有不測風雲，建立安全網，做好雨天備案，將有助於你展翅翱翔；要少點擔心，多些膽量。對簡恩來說，家庭就是最好的靠山：「擁有一個家庭是快樂的泉源，無論發生什麼事情，總會有人圍繞在你身邊，給你愛與信任，並隨時無怨無悔地當你的後盾。這使你有充足的內在力量做那些始終不敢嘗試的事。」

對於哈格里夫斯，具有特許會計師資格就是他的安全網。

「這是一項非常好、非常可靠的資格，對我非常管用，給了我安全保障。因為留有後路，就比較不會擔心失敗，隨時都可以安全下樁。」

奇普．威爾遜
「人生但求心之所向。」

親愛的讀者，你願意冒險嗎？你有足夠的勇氣去追求意圖實現的目標嗎？會不會因恐懼而怯於採取大無畏的行動？你是否害怕與眾不同，而不敢做出「不合適」的開價或大膽的舉動？你是否有意識地應對風險？採取了那些措施？

與億萬富翁的差距

- 游移不定的人但求安穩。
- 百萬富翁並不精通處理風險。他們若不是孤注一擲，就是只做有限度的冒險。
- 億萬富豪擅長避險，他們將報酬極大化，風險最小化。

關於本章的更多故事，請上：http://TheBillionDollarSecret.com/resources

第11章 愈挫愈勇

「失誤是發現之門。」

——詹姆斯．喬伊斯（James Joyce）

億萬富豪把生命視為一趟探險之旅。

對於柯溫來說，**「任何旅程必然都會遭遇各種阻礙。人生就是克服各式障礙的過程。」**

索羅把人生比擬為乘坐雲霄飛車：

「我的人生如同一趟在阿爾卑斯山區的高速雲霄飛車之旅。我宛如雲霄飛車的駕駛，不斷地解決進退兩難的局面：如果不是列車出軌，就是我來不及交班。途中各站間距離非常短，只要眨一下眼睛就可能錯過一站。上了雲霄飛車之後只能在山區下車，但也有換成下一班的機會。當我第一次上車時，並不了解那些山有多高，也不清楚旅程中有那麼多轉彎與站點……。」

機會經常偽裝成種種阻礙

假如有壞事發生，要往好的方面思考。說不定壞事也有好處，有時我們真的會因禍得福。創辦麥格納國際的汽車工業巨擘斯特羅納克，從人生經歷了解，有時失敗焉知非福。他二十二歲時曾應徵福特汽車公司工具與模具鉗工職缺失利。

「福特的新廠徵人，面試時他們認為我經驗不足。日後我遇見福特汽車總裁時對他說，『我沒去貴公司，對你來說是幸運的事，否則擔任福特汽車總裁的人會是我。』」

假如斯特羅納克當年去福特汽車任職，雖有可能成為極成功的經理甚或執行長，卻也可能因而無法創辦麥格納國際、成為億萬富豪。

阿利塔德認為榮獲二〇一五年「安永世界企業家大獎」是他最大的成就。若不是當年發生意料之外的事，或許他就與這項殊榮擦身而過。大獎得主選拔每年在摩納哥舉行。擁有蒙彼利埃橄欖球隊（Montpellier Hérault Rugby Club）並擔任球隊經理的阿利塔德，當年因球隊要參加決賽而無法前往摩納哥。

「在摩納哥的大獎評選前一天，我的球隊不幸被淘汰出局，但這對我個人或許反而是幸運的事。我告知大會，『我將出席。』於是去了摩納哥。」

「**即使一時境遇不佳，還是有可能碰上驚喜的事。**」

「大獎評審委員會宣布我入圍，然後我走進摩納哥的蒙地卡羅冬宮飯店一個富麗堂皇的房間，裡面的評審委員有加拿大鐵路和三菱等公司的領導階層。評審時間共計二十分鐘，首先由我講十分鐘想說的話，評審團只靜靜聆聽，然後他們開始十分鐘的密集提問，而我必須非常簡要地回答各項問題。」

「這時要把一個故事說好並不容易，因為只能用極少的言詞來表達。」

其實，阿利塔德說故事的能力很強。身為得過獎的作家，他深諳如何扼要地講出一個好故事。

「我算是有備而來。因為我明白說什麼能使他們覺得我經營的是『最佳的公司』。」

於是，他最終獲選為當年「安永世界企業家大獎」得主。

多數人只看到問題，億萬富豪則看見解決問題的機會。他們設法克服難題，以從中獲利。例如，桑格維發現精神科醫師普遍得不到藥商的優質服務，從而找到了商機。

「精神科醫師看一個病患要花半小時到一小時，因此藥商的業務代表要見精神科醫師得要等上一、二個小時。二個小時足夠讓業務代表拜訪五位全科醫生。」

「儘管競爭對手無動於衷，但我們對此採取了應對策略，著手研製精神科藥物。我們的業務代表因此必須在這方面做出成果。」

「觀察所有成功的公司，你會發現它們都有解決問題的能力。臉書、領英（LinkedIn）和谷歌都解決了某項、甚至不為人知的問題。**解決一個問題就能開創一項商機。**」

秉持這樣的心態是桑格維成為製藥業界首富的原因之一。

億萬富豪甚至把危機視為轉機。

阿利塔德常在**危機中發現購併的良機**。每當有危機發生時，他總是藉由收購其他鷹架業者來擴展公司。「這輕而易舉，因為全歐洲多數鷹架業者都在危機時期陷入了營運困境，所以收購它們並不難。」起初因資金不是很雄厚，他只購併虧損且收購價格不高的業者。但三十年來他的實力逐漸壯大，集團陸續收購了二百三十家鷹架業者，從而成為業界的領導者。

哈格里夫斯相信，不景氣對經濟具有淨化作用，能把壞公司綁住的好人才釋放出來，「其中某些人才因而在事業上得以大放異彩。」

在危機與逆境之中我們能學到最多。

哈格里夫斯提出了一個很好的建議：「人必須從所有事情中學到教訓。我認為，在逆境中能學到更多。不好的經歷能教人更多事情，在糟糕的公司做事會比在好公司任職更有收穫，這是很弔詭的事。」你會學到什麼事情要做或不要做。

勇於嘗試別怕失敗，但要從錯誤記取教訓

不要期望初次嘗試就能成功。你必須一試再試，且要愈挫愈勇。你只需要做對一次，一旦終獲成功，你將「一夕成名」。

斯圖爾就人生的挫敗指出：「我一路走來經歷過許多挫敗，這是成功的必經過程。**人不可能毫無失敗就獲得成功**。那是不可能的。**只有什麼事都不做的人，才有可能毫無失誤**。如果你想遠

離失敗，大可去當公務員。」

在上進的途中，人總會屢遭挫敗。唯有接受這些失敗，你最終才能超越自己並獲致成功。這是筆者從史托達倫學到的智慧。

傳奇創投家德雷珀對此的想法更為徹底。他認為，「**想成功就要常保接受失敗的意願。**」加利茨基對挫敗泰然自若。他表示，即使人生可以從頭開始，也不會做不一樣的事情，「**毫無失誤的人生索然無味**。不去嘗試錯誤的話，人生會索然無味。人不能只有正面的情緒，但無論如何，必須保持較多的正面情緒以控制負面情緒。**我們不可能一天二十四小時吃冰淇淋與蛋糕，有時也必須吃些洋蔥。**」

要做好心理準備承受接二連三的挫敗。尤其是在剛起步時，人往往會犯很多錯誤，要確保經得起逆境的考驗。

沈財福建議說：「經商的人必須親力親為去解決問題。要準備好面對一切可能發生的狀況。**要告訴自己，即使一再失利、挫敗、折損也難不倒我**，這只是必須克服的考驗。只要有正確的心態，這將輕而易舉。」

失誤無可厚非，但要從錯誤中學到教訓，並避免一再重蹈覆轍。

斯圖爾首次創業的第一年，以「試錯法」處理一切事情，自然犯了不少錯誤，但也學到了所有商業本領。「此後我對商業無所不知。」他犯過的錯誤多到甚至記不清，「然而，同樣的錯，我不會再犯。」

對於斯圖爾，犯錯在所難免，但失敗並不是必然的事。「最重要的是從經驗學習教訓，不要復蹈前轍。」

多數富豪樂於做商業實驗，頻頻在事業上測試他們的想法，甚至願意嘗試可能行不通的事。

金範洙
「商業就是做出假設然後去加以證明。」

德雷珀創辦了德雷珀大學，提供學生安全的環境，讓他們可以進行商業實驗並體驗挫敗，藉此教導學生企業家精神。

「我們鼓勵學生多冒險，不要害怕失敗。學生也明白在本校嘗試實作安全無虞。在其他學校，學生不能犯任何錯誤，否則就得不到 A 等成績，這是不對的做法。我們的做法豈止略勝一籌。我們讓學生學會接受失敗、願意嘗試可能行不通的事。他們會說，『我要嘗試這個，即使行不通也無傷大雅。』他們不會擔心沒面子或與眾不同。我們使學生擁有獨立人格，並具備團隊精神，這是真正強大的教育。」

對於金範洙，商業是做出假設然後加以證明。「我通常會嘗試各種想到的事情，所以很多假設最後證明行不通。」他採用成長率做為主要衡量標準，以決定是否繼續推行實驗中的專案。「在嘗試六到十二個月後，所掌握的資料就足以了解大眾的反應，那時就可以決定是否要繼續做。」

有些富豪遵循簡單的經驗法則：「只要不至於害死自己，就放手一搏吧！」阿利塔德集團購併海外公司甚為積極，筆者詢問阿利塔德，剛開始時收購風險是否很高，他回答說：「這不是難事。

在西班牙和義大利的收購目標都是小公司，價格大約為一百萬歐元，風險不會太高。我就是想要往海外擴張，即使那些小公司破產了也無關痛癢。就像是頭上被打了一下，終究會沒事的。就是這樣。」

要勇於嘗試，即使行不通，還能尋求改進。

陳覺中很早就往海外發展。「快樂蜂最初在新加坡失利後，我們轉而進軍台灣，結果鎩羽而歸。雖然我們夢想成為全球性企業，但可能沒做好相關準備就採取了大膽的行動。於是我們事後不斷思考，怎麼做會更好？」

德雷珀的行動計畫很簡要：「**我去體驗、做出調整，然後再次行動。**」

解決問題

企業家必須擅長解決問題。

簡恩對於企業家精神有個耐人尋味的理論：「首先要探討的最基本問題，是何謂企業家？我們可以把世上所有的人分為三類。第一種人會思考問題、指出問題所在。這是我們大家都很擅長的事，因此可以把這類人稱為人類。所有人類都能指出問題所在。第二種人則能想出解決問題的方法，並把方法告訴大家。我們可以把這些高瞻遠矚的人稱為教授。然而，只有第三種人會挺身而出，著手去解決問題。他們會說，『該死，我就是要去做。』這些人就是所謂的企業家。他們可能經營某家公司，或是精於人際關係，或是正要創業。但企業家精神不必然是關於創業，關鍵在於解決問題。」

多數企業家把解決問題視為自己的強項之一。索羅並認為自己是危機管理者。他表示：「我在應對艱難的處境方面相當派得上用場。」

問題可以說是商業模式的寶庫。若你想要像桑格維那樣成功，「最重要的是找出問題並設法加以解決。」

他是從父親身上學到永遠要面對問題、不可以逃避。

「與父親一起做藥品批發業務時，我對不想應付的來電會不予理睬。父親問我，『為什麼不回應對方？』我回答說，『我們得付錢了，但今天付不出來，打算明天再給，所以先不理會。』

「父親說，『不行，即使無法履行承諾，也必須主動打電話告知對方，明天才能付錢。**遇到困難不可逃避。你必須去面對，因為如果逃避了，你學不會如何解決問題，而且你將不再受人信任。**』」

所有的逆境總是有化解之道。不要盡是埋怨，而應去找出解決方法。

阿利塔德的人生始終履險如夷。

他指出：「回顧我的人生，逆境總是接二連三。人生剛開始時，母親去世了，父親不想跟我一起生活，於是拋棄我。然後我去了法國，又遇上語言不通的問題，無法與人溝通，而且還面臨文化上的差異。後來的難題則是，如何在大學學業上取得成果。念大學初期，我的生活相當拮据，通常一個月只有約二十歐元支應食衣住行各項需求。」

「日後，當我開始創業時，沒有銀行願意讓開公司戶，理由在於『你是移民、你是敘利亞人、你是阿拉伯人、你是貝都因人。你學的是電腦科學卻想做鷹架和混凝土生意。』對銀行來說，我是災難的綜合體。」

「不論在人生哪一個階段遭遇何種逆境，總是會有脫困的方法。在陷於逆境時，能否過上好生活並不重要，首重的是救亡圖存，所以即使解決方法不完美也無可厚非。就是這樣，擺脫逆境是攸關生死的事情。」

「這就是我的人生經歷。現在境況改善了，但請相信我，這一切仍流淌在我的血液與心中，我時刻也不會忘記。」

失敗者面臨問題時總是先找罪魁禍首，億萬富豪不會這麼做，而是找出解決問題的方法。索羅更把解決問題列入公司守則：「我們應努力解決問題，而不是去追究起因。」

對於富豪來說，解決問題是動機的一個來源。

斯圖爾熱中於化解難題。「**愈複雜的問題愈能讓我享受其中樂趣。我整個事業生涯就像是一盤棋局，只是一場賽局而已，不必看得太過嚴肅**。當事業愈做愈大時，雖然各種數值隨之變大，但仍舊是相同的賽局。」

索羅的心態不謀而合：「**問題能驅動我去做事**。日常生活遇到的各式問題，引導我去設想各種解決方法。換句話說，這是個自動推進的機制。我喜愛我的工作與所做的事情。我每天都在想，如何讓一切運行得更好。」

失敗後重新振作，痛改前非，絕不眷顧

失敗在所難免。但要盡快重新振作，捲土重來。別讓挫敗或閃失阻撓你繼續前進。索羅暢談面對失敗的心態指出：「我們需要毅力和東山再起的能力。人難免遭逢挫敗，因此必須有承受能力。挫折可能無日無之。每天總會有某種我們不喜歡的事發生，必須虛心接受，並竭盡全力去改善。此外，從失敗汲取教訓的能力也至關緊要。我們要活到老學到老，更要精益求精。」

史托達倫以一個完美的案例說明，歷經挫敗後如何東山再起。他的職涯一度達到巔峰，那時他目空一切，自認天下無敵，結果慘遭購物中心開發公司開除，並喪失了一切。

「接下來我該怎麼辦？絕對不再搞購物中心了，我已經受夠了。」

「我著手檢視其他可行選項，然後想說，好吧，挪威的民間醫療照護事業方興未艾，我在這行可能有發展空間。接著，我又看到飯店業的商機。過去二十年間，挪威飯店業幾乎一成不變。經營者仍舊是那些穿黑西裝的五十多歲老先生。我當時約三十歲，年輕有為，所以我最後決定進軍飯店業。」

「我舉辦了記者會並宣布，『我要告訴大家……』每個人都認為我將高談闊論購物中心。『我的新事業是飯店業。』這引起哄堂大笑。『我知道各位為什麼笑，因為我的抱負是創建挪威最大的飯店企業。』在場眾人笑得更大聲了。然後我說，『我知道大家為何笑個不停，因為我的飯店

企業將在斯堪地那維亞半島傲視群倫。』結果我們不得不把某些人趕離現場。有個人問我說，『那麼，你擁有多少家飯店？』我回說，『一家，我昨天買了一家破產的飯店。』」

「從那天起，我的集團平均每十四天增加一家飯店和五十名工作人員。在三年之內，我旗下飯店從一家增為一百家，員工從寥寥無幾暴增到五千人。大家也就不再嘲笑我了。」

在本書寫作期間，史托達倫的北歐精品酒店集團旗下飯店已接近二〇〇家，其中包括克拉麗奧酒店（Clarion Hotel）、康福特酒店（Comfort Hotel）以及品質酒店（Quality Hotel）等品牌。史托達倫已成為北歐最大的連鎖飯店集團。不但再也沒有人嘲笑他，人們更把他稱為「飯店業之王。」

柯溫面對失敗的心態是：「**如果沒遭逢過一些挫敗，表示你嘗試得不夠、太過鬆懈怠惰。**」千萬不要回首前塵。不要在挫敗上糾結不已。要專注於現在能做什麼以改善未來。

柯溫指出，「我基本的心態是正向的，總是正面看待人生。如果能回到二十一歲，我會做的事大致上不會有太大變化。可能有些事會更努力一些，但我認為，**真正重要的，不是去想那些行不通的事。要著手去做接下來的事。**把精力放在其他行得通的事情上。我一路走來犯過不少錯誤，不去糾結並不表示我對過往的努力不屑一顧。」

歐茲耶金建議大家要從錯誤中記取教訓，不要只是一直回想。

「我錯失的機會比我把握住的機會更多。但我從不感到遺憾，因為我對自己的努力感到滿意，而以我的性格也不會多想那些事情。**我寧可從錯誤記取教訓，了解自己做錯了什麼，而不去想錯**

過的機會。」

斯特羅納克的看法更加徹底，他表示：「**在我眼裡沒有失敗這回事。如果某件事行不通，就從其中學習教訓。不要回顧，不要生氣，只需向前看。**」

哈森弗拉茨總是說：「**如果太常回頭看，走路會時常絆倒。**」

接受並擁抱改變

改變是受訪的富豪們最常提及的概念之一。多數人難以適應當今急遽變化的世界，他們不易調適變化，只想要保持事物的舊貌、以過去的方式做事。億萬富豪面對變化的心態全然不同。他們不但接受改變、為改變做好準備，更擁抱改變，並從中獲益。他們甚至經常扮演中介者為世界帶來變革。

柯溫正是因此而喜愛商業：「商業最美好的面向之一，在於它日新月異，這真的是一項挑戰。」

哈森弗拉茨認為，「**每天都要有所改變。如果不改變，就會被淘汰。**」他密切觀察變動的世界，深知必須調適瞬息萬變的種種條件。

「可以確定的是，事物永遠會變。商業當然也是千變萬化，若不思改變就會被淘汰。讓我透露一件最近得知的事情：商務部出版了一套年鑑。我對助理說，『看看能否找到一九六四年的年鑑。』我在那一年創辦自己的事業。結果助理在圖書館找到了當年的年鑑。當時本地大約有一百家製造商，你猜其中有幾家存活到現在？」

「只有三家。其他全都被淘汰了，因為它們不懂革新之道。我從商六十年了。如果不是一路兢兢業業，不斷思索『明天要做得更好，要有與眾不同或更先進的產品』，也就無法走這麼長遠。」

斯圖爾指出，人必須不斷地調適變動不居的世事。他認為創新勢在必行，是成功的祕訣之一。

帕里索托可說是蛻變大師。在事業生涯中，他數度成功轉變商業模式，從營收少於百萬美元的小企業主，成長為市值數十億美元的業界巨擘。他最初是電子產品零售商，後來轉戰錄影帶出租業。創辦 Videolar 之初，他側重錄影業務，之後歷經了一波又一波的破壞式創新。隨著載體推陳出新，從家用影片系統（VHS）、影音光碟（VCD）、數位多功能影音光碟（DVD）一路發展到藍光光碟（BD），Videolar 也相應變化多端。每當帕里索托適時看到一項科技沒落了，就會抓緊時機改變商業模式。他同時也把事業焦點從錄影轉移到媒體產業。當影音儲存媒體最終日暮途窮後，Videolar 面臨了破產危機。帕里索托被迫調動投資在股市的龐大資金，並採取重大措施，把事業核心轉向石化業，專注於大規模生產塑性材料與相關產品。結果他的創新之舉再造新猷。

最後我們以金範洙的強烈警語來結束本章：

「未來將出現人類史上從未經歷過的局面，我們必須準備好從舊世界進入未來的新世界，因為停滯不前可能會是非常危險的事。」

「先前人類經歷過渡時期、革命時期，而隨著第四次工業革命的發生，充滿不確定性、難以預料的未來正快速來臨，我們必須讓大家準備好適應，以找出工作機會，在安全的狀況下存活下來。我認為，我們這方面的能力還不夠強大，因此我努力探尋能幫助大家強化能力的方式。」

「數位與虛擬的世界變得愈來愈重要，事實上重要性與影響力甚至已超越政府各部會首長。此外，另一個全然不同的、人工智慧與機器人的世界方興未艾。我們必須更深入且多元地認真思考此事。」

「全新的未來與世界指日可待，但我們卻還沒準備好，對於如何迎接未來並沒有足夠的嚴肅且重要的討論。許多人對此甚至毫無所知。」

「能以安全的探索方式迎向未來的人將可很好地調適，而辦不到的人未來將面臨極大的收入或生活水平落差，且狀況可能會相當極端。這些人無法想像新世界，難以進行相關的學習，甚至對這個世界一無所悉……，或許他們曾聽人說過，但如果他們無法適應，則將面臨種種生存挑戰。」

親愛的讀者，你抱持什麼心態去面對難題與障礙？把它們當成機會嗎？你是否願意嘗試錯誤並從中記取教訓？你有解決問題的能力嗎？在每次遭逢挫敗後，你都能重新振作、頭也不回地繼續勇往直前嗎？你能接受並擁抱變革嗎？

與億萬富翁的差距

- 游移不定的人因害怕犯錯而不採取行動。
- 百萬富翁會採取行動並試圖避免犯錯，但他們會花很多時間回想過往的種種失誤。
- 億萬富豪認為失敗無可厚非，願意接受挫敗並從中學習，然後力求改善並持續前進，絕不耽溺於懊悔。他們不斷測試自己的想法，深知錯誤在所難免，因此能淘汰掉糟糕的想法，從而分辨出可行的方案。

關於本章的更多故事，請上：http://TheBillionDollarSecret.com/resources

第12章 奮鬥不懈

「我們最大的弱點在於輕易放棄。最穩當的成功之道永遠是再接再厲。」

——湯瑪斯・愛迪生（Thomas A. Edison）

創造任何非凡的事物絕非輕而易舉。在打造商業帝國時，你必須展現恆毅力（grit）、決心與韌性。你將遭遇許多必須克服的障礙。面對艱難險阻要堅持不懈。即使屢遭挫敗，你必須愈挫愈勇。你必須百折不撓，直到獲致成功。

全心全意求取成功

如果想在商界有傑出的成就，你必須全心投入，絕不可等閒視之，要認真以對。

斯圖爾建議世界各地夢想成為贏家的年輕人，要熱愛自己所做的事，而且要「全心投入並做出種種必要的犧牲。以運動為例，關鍵在於不斷的訓練，而商業同樣也需要長時間的投入，**不可半途而廢。你必須全力以赴**。所以，我建議年輕人，要找出自己喜愛做的事，要秉持熱情去做，且要全心全意投入。」

想要成功，你必須克服充滿挑戰的處境。柯溫早年的生活始終局限於加拿大安大略省住處方圓一百哩（約一六〇．九三公里）內，後來他搬到遙遠的澳洲開創自己的事業，在那裡他面臨了艱鉅的挑戰，因而更加不遺餘力。

蔡東青指出：「**一旦設定了目標，除了全力以赴之外別無選擇。**」

不畏競爭，奮力一搏！

世上沒有不勞而獲的事情。你必須為自己的目標與權利奮鬥不懈。因此，不但要勇於懷抱遠大夢想，更要為實現夢想披荊斬棘。

要有堅強的意志，還要知己知彼。哈森弗拉茨就是憑藉這些拿下了首份合約、開展自己的事業：「我曾在羊橋工程（Sheepbridge Engineering）公司任職，有天我向總經理說：『把我的上司開除吧，我實在無法與他共事。他很聰明，他做的許多事情讓人佩服，但他從不承認自己會犯錯。』」

「固執無可厚非，但他死不認錯已經危害到我的工作。我們當時為

拉斐爾．巴齊亞
「為求取成功，你必須把自己置於充滿挑戰的處境中。」

福特汽車公司生產零組件，製造方法不對，但我的上司堅持不改。」

「我對總經理說，『把我的上司開除吧，不然我就辭職。』而他回說，『你請辭吧。』」

工作中，斯特羅納克知道有更好且成本更低的製造方法。

「於是我說，『和我簽約，轉包給我製造吧。』總經理答說，『這個主意不錯。』因此，我拿下了第一個合約，開始了自己的事業。我買了機器，在家裡的地下室和車庫中設立工廠，並由他提供生產原料。」

要堅強才有勝算。

加利茨基談及成功的祕訣指出：**「最重要的是，要比競爭對手更堅強。商業可以說是心靈的賽局。」**

正如史托達倫所言，**能助你占上風的不是體力而是智力**。

所以，要強大到沒有人能打倒你。

曹德旺認為商戰是永無止境的戰爭。「有時對手會批評你，甚至占你便宜。這就是人生，人之常情，不足為奇。如果某個人比其他人更優越，那麼他就會試圖擊倒其他人，這是司空見慣的事。強者總會打擊弱者，他們會一再地出手，讓弱者難以立足。過去我們曾被強敵打敗，然後我們非常努力地東山再起，我們浴火重生，再也沒有人能把我們打倒。」

不要怯於與人競爭。

哈森弗拉茨非常熱中競爭：「我想贏得牌局、高爾夫球賽，我想要無所不贏。或許聽來很自私自利，但競爭是好事。我們不應怯於與人競爭。競爭會使我們更加強大，使我們思考『要如何把事情做得更好？』因此，我喜愛競爭。」

億萬富豪不只喜愛競爭，他們更把贏得競爭視為第一要務。

斯圖爾向來以競爭為樂：「我十五歲時曾因考試成績優異拿過獎學金。我在學校的表現不是很優秀，然而當時為了贏得獎學金而努力學習。我知道聽來很瘋狂，但我那時純粹在享受競爭的樂趣。我想要躋身少數贏得獎學金的學生之列，因為這是令人羨慕的事。感覺就像體育選手贏了比賽那樣受到眾人崇敬。我是因為想當贏家而去爭取那項獎學金。」

當時只有一％的學生拿到這項獎學金。後來念大學時，拿獎學金不再能滿足斯圖爾，他轉而從撞球和梭哈上尋求滿足競爭的樂趣。

百折不撓

史托達倫可能是我所認識最不屈不撓的人。我本身是超級馬拉松跑者，深知百折不撓並非輕而易舉的事。他一生從不接受拒絕並引以為傲。當我們在他絕妙的奧斯陸「盜賊」飯店享用午餐時，他說了自己如何追求到夫人貢希爾德的故事。

「我接連試了二年，但她始終不想與我約會，因為她在小報上看到太多關於我的八卦新聞。最後我對她說，『妳總得給我一次機會。』於是她說，『好吧，如果你跑得贏我，就可以約我吃晚餐。』我回說，『這很公平。』她心裡的盤算是，『史托達倫又矮又肥』，而她身材高大且每天跑步，像羚羊一樣敏捷。她心想，『跑步是我的看家本領，要贏實在易如反掌。何況他還比我大十六歲。』」

「於是我們就以跑步定輸贏。一開始，她跑得非常、非常快。我心想，『看來我會輸。』但豈能就這樣放棄。我又想，『我必須保持與她一致的步調。』於是我跟在她後面約五十公分，一直保持與她相同的步調。」

「然後我們遇到一段上坡，於是我想，『我應當測試一下自己的能耐，』便稍微加快了速度，然後我聽到她的呼吸變得急促，於是我想，『妳開始感到吃力了。』然後我告訴自己，『在最長的坡來臨時，要再跑得更快。』」

「那個坡不陡，但大約有四百公尺長。我開始拔腿飛奔，並聽到她的呼吸逐漸沉重。我跑到一半時又加快了速度，而她突然開始減慢了速度。於是我轉身往回跑，並問她說，『妳還好嗎？有沒有問題？』她回答說，『好吧，我輸了。』（大笑）我們原打算跑十公里決勝負，那時大約才跑了六公里。」

「我贏了，而且不只得到一次晚餐約會，因為我對她說，『妳沒贏卻得到一頓晚餐，而如果我輸了，是得不到晚餐約會的，所以妳必須付出輸的代價。於是她成了我祕而不宣的未婚妻，二週後還要陪我到芬蘭參加一場婚禮。』（大笑）」

「她曾多次問我，『老實說，你當時還能持續跑多久？』我總是回答說，『我不知道，我只知道自己必須贏，不論需要付出什麼代價。』」

「她的意志相當堅強，當時從呼吸可聽出她已臨近極限，卻仍在全力拚搏。最後二、三公里時，她其實已進入『紅色警戒區』，而我也接近那個狀態了，但我仍想著，『這是我想要的速度，我要維持這個速度。』我認為自己可以在進入『紅色警戒區』後持續再跑上二、三公里，如果真的到了極限，我還是可以撐住，即使那會像身陷地獄一樣痛苦。」

「在進入『紅色警戒區』後，我告訴自己，『這個速度很好，感覺很棒。』而她的鬥志實際上也激勵了我堅持下去。」

想知道史托達倫的故事，請上：http://TheBillionDollarSecret.com/resources

帕里索托幾乎做什麼都能獲得令人驚歎的成果。關於成功的祕訣，他指出：「**絕對不能接受拒絕。**」

「一旦接受拒絕，你就輸了。當你聽到『不』的時候，不要消極的接受。必須找出其他可行的方法。」

「你能想像嗎？我是從外省來到巴西最大城市創業，並試圖與來自好萊塢的製片廠做生意。這並不容易。因為我當時沒有人脈，而且對方態度有點傲慢，不想理我，所以很難跟他們約時間談生意。」

帕里索托並未因而退縮不前。

「我很想從華納公司著手，然而華納的業務代表是一個性格複雜又傲慢的巴西人，我接連多年都吃閉門羹。雖然開始時困難重重，但精誠所至，金石為開，最終我成功說服他與我合作。」帕里索托後來爭取到好萊塢六大電影公司錄影帶的獨家代理權，從而掌控了巴西九成的錄影帶市場。

他指出，這使他了解，要把「不」視為「可能」。

秉持恆毅力與韌性，堅持不懈

構想並非難事，困難的是把想法發展成一門好生意。這需要長年秉持恆毅力、決心與韌性才能做到。億萬富豪們常把這個過程比擬為跑馬拉松。

歐茲耶金指出：「你必須相信自己，然後全力以赴，並堅持不懈。我近來常以馬拉松跑者為例，向年輕人說明，**人生就像是一場馬拉松而不是一百公尺衝刺賽。即使跑馬拉松的半途跌倒了，你最終還是有可能贏得比賽。對年輕人說這些，是因為這是我的人生體驗。人生就像乘雲霄飛車，也宛如跑馬拉松。**」

要使財富從零增加到數十億美元是很漫長的過程。啟程後，你將看不到下一個轉彎之後的道路，而且全程會有許多轉折。你也不會知道旅程有多漫長。而且手上任務似乎難以達成，感覺像是必須吃掉一頭大象。

史托達倫問說：「你認為自己能吃掉一頭大象嗎？可以的，但是要一點一點地吃，不要去想那是一頭巨大的怪獸。要按部就班。」

主流媒體總是把億萬富豪的驚人成就，歸因於他們的輝煌事蹟與戲劇性轉折，但實際上，高度成就很少是由那些激動人心的突破促成，而是許多、許多的正確步驟帶來的最終結果。

要成為億萬富豪始終不是一蹴可幾的事，而需要經歷一段過程。必須長期一而再，再而三地為所應為。要做好數十年堅持不懈的準備。

斯特羅納克簡要地指出：「**你必須努力工作、努力工作、努力工作、努力工作，不要奢望一夕成功。**」

天下沒有白吃的午餐，事業成功要靠你去打造。正如阿利塔德所說，「**成功不會從天上掉下來，必須自己創造成功的必要條件。別再妄想有一天睜開眼睛就能迎來成功。**這不是成功之道。成功是打造出來的。這是一個要點。另一要點是，締造成功、穩定且卓越的企業需要很長的時間。不論如何，這樣的企業仍有可能迅速土崩瓦解，這就是商業賽局的法則。」

維持長期的績效絕非易事，這是多數百萬富翁無法更上層樓的罩門。務必要堅持不懈，還要審時度勢。

索羅談自己經商的心態指出：「一開始時，我每天為了事業和生活奮鬥不已，如今我依然沒變。就某些層面來說，我始終如一。每天早晨，我會進辦公室做事，並充分利用每分每秒，和當年一開始時的做法沒有兩樣。」

他建議讀者們：「**要擬定各式計畫，要有夢想，且要持續不斷的努力加以實現**。不要輕言放棄。要全力超克弱點和突破侷限。」

柯溫強調，堅持親力親為至關緊要：「貫徹事必躬親。這對於一般人終究太難做到。多數人持續不了多久就放棄了。他們不再親力親為。」

一時挫敗與最終失敗有所不同。但若因一時挫敗而放棄了，那麼你難免面臨最終失敗。千萬不要輕易退縮認輸，要屢仆屢起，愈挫愈勇。失敗與成功繫於一線之間，關鍵在於你要半途而廢還是堅持到底。不要因一時失利而捨棄目標，你只需要找出其他可行方式。失敗了就再另尋生路，直到成功為止。只要鍥而不捨，成功指日可待。

簡恩談他面對失敗的心態指出：「首先，我們看待失敗的方式並不正確。我們會把試著去做、但或許行不通的事當成失敗，但其實**只有當你徹底放棄了才算是失敗。要百折不撓，嘗試各種可行的『戰略轉向』**（pivot）。所以說，事情行不通並不意味失敗，單純就是特定的想法未能產生成果。」

從事業初期到後期階段，韌性始終是承受嚴酷考驗不可或缺的特質。

當年東歐社會主義體系崩解時，企業家面臨的各種狀況甚至更為嚴峻。經營連鎖超市的加利茨基記得：

「我們在第一年並未賺到錢，而我又必須養家，因此當時壓力極大。我那時年輕，又是首度創業，一直擔心自己能否成功。我也時常想要放棄，認為『我辦不到。我高估了自己的能力。』」

「當時物流業的利潤並不高，因為我們必須繳稅，還要與不繳稅的對手競爭。我們曾做過不少錯誤決策，以致公司的狀況毫無起色。」

「當時俄羅斯還沒有企業文化，沒有模範可循。我們只能從自己的錯誤記取教訓。此外，當時的社會氛圍極為複雜。在俄國社會解體的時刻，不但幫派橫行，有時政府當局的行為也與黑道無異。」

加利茨基陸續遭遇過：門口被人放置喪禮花圈、辦公室遭投擲手榴彈、歹徒持自動武器闖進店裡。

「簡而言之，當時經商絕不輕鬆。但我們那時不精明，不知道要害怕，只是努力去克服一切。」

為了成功，要堅持到底。

簡恩成為億萬富豪前曾是微軟公司早期的員工。在微軟初期，他曾與後來成為全球首富的創辦人蓋茲共事。我們在都柏林會談時，簡恩分享了他個人對於蓋茲的看法。他的觀點與主流媒體報導的蓋茲故事迴然有別：

「我所知道的蓋茲，是從零開始的白手起家創業者，他能從別人嗤之以鼻的事物中看到發展潛力。」

「在一般人只知道大型主機與小型主機的年代，蓋茲就大談『桌上型電腦』。當時市場上一些大公司的客戶總是要求，『給我們更好、更快、更便宜的電腦』。但業界那時並未出現符合需求的突破。聰明人都明白，在突破發生之前，所有卓越的想法都被視為瘋狂的妄想。要等突破出現後，那些想法才會變得顯而易見。這時大家都會說，早就知道這會實現。

「重點是，蓋茲促進了一切，並開創了全新的產業。而且他是腳踏實地的人。我有幸在微軟初期與他共事，並發現他熱情洋溢且充滿自信。」

「他鍥而不捨地尋求實現的那些事情，多數人是無法堅持到底的。即使視窗作業系統一・〇版宣告失敗，二・〇版與三八六版也一敗塗地，但蓋茲始終沒有氣餒，直到推出三・〇版，他的人生終於否極泰來。」

我訪談的多數億萬富豪都是以「**永不放棄**」做為人生座右銘。

阿利塔德的人生始終在逆境中求勝：「從一開始，我的人生盡是患難，一再遭遇逆境。但若從我的出身來看，一位來自沙漠、一無所有的貝都因人，我的人生何嘗不是奇蹟。當早晨在沙漠中醒來，沒得吃沒得喝時，日子異常煎熬。但我存活下來了。」

逆境使人更堅強。

對於阿利塔德，患難是成功不可或缺的要素。「**不經患難無以成功。想要成功就必須克服逆境。**」面對逆境，你必須堅持到底。

「寫書也是相同的道理。現今有多少企業老闆會讀財經書籍？我想，不是每個人都會去看。」

「讀財經書的人又有多少人會讀小說呢？比率並不高，可能只有一〇％到二〇％。」

「那些人又有幾個會寫財經相關的文章呢？我想，少之又少。」

「他們之中又有多少人會寫小說或文學作品呢？那更是微乎其微。」

然而，阿利塔德不但是二〇一五年全球最傑出企業家，還是多本財經書和五部小說的作者，且著作廣獲好評。他的自傳體小說《貝都因人》（*Badawi*）贏得了多個文學獎項，而且被許多法語學校列為必讀書籍。

知所進退

在事業上和人生中，我們常會面臨一些進退維谷的處境。假如達成目標的路途上盡是遭逢挫敗，該怎麼辦？何時該放棄？何時該堅持下去？

首先，了解所有成功的企業都曾在某個階段遭遇挫敗

所以，只要你對自己的計畫有信心就不要放棄。簡恩以他創辦的資訊空間公司為例指出：

「所有企業都會有發展障礙。如果一家企業不曾行過死蔭的幽谷，將永難獲致成功。所有成功的公司都曾有過瀕死的經驗，當公司置之死地而後生，就會變得更加茁壯強大。」

「資訊空間公司就是一個很好的例證。我用自己的資金創辦它，我的銀行存款曾經不夠發出員工一個月的薪資，當時我告訴全體員工，我們只剩一個月的時間來扭轉情勢，如果我們不能找到自己的商業模式並做出成果，我們將會走上絕境。」

「我們當時嘗試提供分類服務，鎖定的是需要房屋出售資訊的客群。業務部的員工對我說，『有個人願意免費提供所有待售房屋清單給我們，他沒要求我們把賺到的錢分給他。我們應當取用這些清單，拿來做廣告，肯定可以從中獲利。』」

「但我們當時已無銀彈，急需籌措財源。我告訴他，『那個人要付錢。』業務員回說，『對方免費提供清單，為何還要付錢給我們？』我說，『就是要他付錢。告訴他，如果他想把清單貼到資訊網上，就必須付錢。』」

於是業務員致電告訴對方，『我老闆說你必須付錢，如果你想把清單放到網路上，就必須付錢。』接著是一陣沉默。沉默是金，會讓人感到不自在。後來對方終於問說『要多少錢？』於是，我有了一筆生意。由於我們每個月要燒掉一萬美元，我讓他告訴對方，『一個月要付一萬美元。』對方想了一下，問說：『第一個月先付五千美元，然後第二個月起付一萬美元，這樣可以嗎？』最後我決定『成交』。」

「我要說的重點是，在面臨絕境時，我們想出了可行的商業模式，而那是在資金很寬裕時辦不到的。當資金無虞時，我們不可能要求那位免費提供清單的人付錢。」

在此之前，提供資訊內容的人並不會付錢，但簡恩了解到，將待售房屋清單貼到網路，實際上就是一種應當收費的廣告方式。他的公司因此有了生路。資訊空間公司後來成為網路公司興盛期的佼佼者，市值達到四百億美元。

其次，分析公司進退維谷的原因，採取適當化解措施

中國的汽車玻璃巨擘曹德旺指出：

「在任何生意開始賠錢時，我會承認我們必定做了錯誤的決策。無論如何，我必須立刻修改決策以矯正錯誤。但在這麼做之前，我必須先找出錯誤的原因，弄清楚究竟是策略出錯，還是執行有誤，或是環境出現了變化？如果環境變了而未察覺，就是我們沒做好相關研究，而導致決策失準。我必須著手修正決策，甚至於停止執行。」

有時，斷臂求生是較聰明的做法。歐茲耶金建議對不成功的專案要當機立斷：「如果你認為某個專案成功之日遙遙無期，就應斬釘截鐵地斷尾求生。不要在沒指望的生意上做無謂的掙扎。當然，經商必須要有耐心，但**如果看不到盡頭處有希望之光，你就必須斷然割捨**。這不是容易的事，但只要明快處理，你將如釋重負。土耳其有句俗話說是『斷臂求生』。有時為了保全身體其他部分，你必須這麼做。」

對沒有成果的專案要斷然止血。不要自欺欺人。當利潤不可能直線拉升時，就要著手停損。

哈格里夫斯了解一個專案行不通時，會馬上喊停。他對此有一個頗具效率的方法：「我曾與人聯手推動創投案，我告訴對方，必須在二年內獲利。但他不知道，假如六個月後，此案看不出有獲利的可能，我就會斷然喊停。當大公司有二年時間來做一項專案，他們從不評估這實質上是否有可能成功，儘管第一年他們就應知道行不行得通，他們還是照樣投入二年的時間。在知道一件事情不會有成果後，你就應明快喊停。當你突然必須花費過多的時間來討論一個專案時，也就表示它是不可行的。」

不要在不可行的事物上浪費時間。

親愛的讀者們，你是否已做好長期在逆境中求勝的準備？你有否認真看待自己的目標並全心全意追求成功？你會接受拒絕嗎？你具備行過死蔭幽谷仍堅持不懈的恆毅力與韌性嗎？你知所進退嗎？

與億萬富翁的差距

- 游移不定的人放棄努力而致最終失敗。
- 百萬富翁不會輕言放棄，但有時不夠堅持，且常會在行不通的事情上浪費時間。
- 億萬富豪極為頑強，然而一旦了解某個專案不可行，就會明快喊停。

關於本章的更多故事，請上：http://TheBillionDollarSecret.com/resources

第13章
不隨波逐流

「依道理做事的人調整自己去適應世界，不依道理做事的人執意嘗試使世界順應他。因此，不依道理做事的人促成了所有的進步。」

——蕭伯納（George Bernard Shaw）

千萬不要誤以為，學習所有法則然後熟練地加以應用，或是照著去做就能獲致成功。因循前人只會使你成為他人商業機器中的一個完美齒輪，這套公式注定會讓你一生庸庸碌碌，甚至於窮苦潦倒。

億萬富豪選擇自己的道路，並自訂規則。他們無意順從別人建立的規範。他們不追逐潮流，也不追隨他人。他們開創潮流，讓其他人來追隨。

白手起家的億萬富豪自然是卓越的個人主義者。他們有些人甚至自稱「孤狼」。你可能會說，「高處不勝寒」但他們能成為頂尖人物，首先要歸功於他們的獨立思考與自主判斷。

要具有叛逆精神

億萬富豪通常在兒童時期就顯露叛逆與漠視權威的精神。

俄國最大的食品零售業者加利茨基回憶說：「我是被蘇聯時期生活條件虐待過的人。對此，我始終耿耿於懷，總是不斷地想起那段過往。」他在學時曾故意不參加當局強制出席的五一勞動節遊行，結果惹上了大麻煩。「事實上，我的反抗精神極為強烈。因為學業成績不是很好，我經常與教師們發生衝突。我不認為他們是學術權威。我也不認為任何能與我分享知識的人有權逾越我的獨立人格、迫使我聽令行事。」

對於製造與經銷運動服裝的加拿大億萬富豪威爾遜來說，反抗是必然的事。當他十二歲時，因父母離異、家中經濟拮据而不時挨餓，還曾為了買食物，而在一張支票上偽造母親的簽名。他當時體認到，為求生存必須自食其力，不可依賴其他任何人，甚至不能仰賴父母。這成為他的「勝利公式」，促使他創建了許多成功的企業。

二〇一六年「安永世界企業家大獎」得主斯圖爾早年覺得，上學很無聊且很愚蠢。「請別誤會，我學業成績很好。我只是覺得上學很無趣。我總是惹上麻煩。」他當時因行為冒失且愛頂嘴而惡名昭彰。「我記得那時經常挨打。」十六歲時，他還曾翹家多日。因個性好強，他一再與父親發生衝突，也因此時常遭受處罰。

美國軟體業億萬富豪簡恩等人，早年即對現狀嗤之以鼻。當簡恩還在印度的耶穌會學校攻讀管理學碩士時，他對學校所在城市的嚴格禁酒令頗不以為然。雖然簡恩並不喝酒，但他就是不滿禁酒令，並決定去找商學院院長喝酒，以挑戰禁令和引發反應。他解釋說，「因為這項禁令不對，於是我決定挑戰它。他們無權告訴我什麼事可以做、什麼事不能做。喝不喝酒，應由我自己來決定。而不是由他們來告訴我，不可以喝酒。」

結果，簡恩被校長梅格拉神父召見，要他說明有沒有喝酒。簡恩承認確實喝了酒。於是校長告訴他，校方將針對此行為開除他的學籍。信奉印度古老宗教耆那教（Jainism）的簡恩表示：「神父，雖然我不是基督徒，但你是基督徒。你以神父的身分質問我，而我向你告解了，如果你要以我的告解來遂行你的意圖，悉聽尊便。」

這話使神父措手不及，連忙說道：「你知道，我絕對不能利用任何人的告解。」簡恩回說：「我知道。你認為我為何提起這些呢？」

因此，簡恩最終沒有遭受懲罰。

帕里索托當年念神學院時就沒這麼幸運。他的強烈性格及行為與神職人員的標準格格不入。他簡直像個無政府主義者，且對其他學生造成了不利的影響，以致最終被踢出校門。

突破社會規範

億萬富豪尋求獨立自主，不受制於社會加諸他們的角色。他們突破社會的種種規範與法則，不走人人會走的路，而自己另闢蹊徑。

全球鷹架業領導者阿利塔德出身敘利亞貧窮的貝都因人家庭，所屬部落認為他命中注定要當牧羊人。但他不願向命運低頭，從違抗祖母禁令去上學做起，力圖扭轉人生。家族還為他安排門當戶對的婚姻，要他迎娶一名貧苦的貝都因女孩，期能藉此讓他認命當個牧羊人。阿利塔德則採取法律行動，主張這違反他的自由意志，訴請法庭撤銷婚姻安排。部落想要決定他的人生一切大小事，包括結婚對象、服裝、飲食以及職業。但他拒絕任人擺布，努力掙脫部落的束縛。

加拿大汽車零組件製造商哈森弗拉茨同樣具有叛逆精神，他指出：「我們就是異類。」他成長於共產黨主政時期的匈牙利，在工廠當學徒時曾剪下十多份報紙上獨裁統治者拉科西・馬加什（Rakosi Matyas）的肖像，拿到工廠廁所充當衛生紙，結果遭當局監禁三十天。他當時受盡拷問與刑求，但始終沒有認罪。

他後來迷上賽艇，並期望能與另一家工廠即將參加奧運的賽艇選手一同訓練。然而，當時所有訓練中心都限定只有所屬工廠的員工才能使用。為能得償所願，哈森弗拉茨必須得到那家工廠雇用。他提出申請並前往該廠工作。但在共產體制下，變換工作場所是不被允許的事情，他因而受到嚴厲的處分。當時的政權認為任何人違反這類規定會危害到「五年計畫」，於是他受到下列的懲罰：終生不得再接受教育、減薪一〇％，且必須回到原單位工作。減薪的懲罰並不像教育禁令那樣嚴重。幸運的是，哈森弗拉茨後來在服役時獲得部隊上校團長支持，設法幫他完成了教育。

不過他服役時依然桀驁不馴。在一次軍事演習時，他不服從指令、辱罵一名軍官是「白癡」，更差點導致一架蘇聯軍機被高射炮火擊落，結果被關進了軍事監獄。

然而，即使是軍事監獄也無法阻止哈森弗拉茨做他認為正確的事。當他的姊姊結婚時，他說服了負責看守的亞努許中士放他走，還借用了曾經一同划賽艇的亞努許中士的軍服。如果他當時被逮到，將難逃兩項嚴重的軍事控罪：逃兵和冒充士官。

所幸他參加了婚禮，而且皆大歡喜。家人不但不知道他被關進軍事監獄的事，還對他榮任士官深信不疑。由於玩得很開心，他在布達佩斯比原定計畫多停留了三天。

當他從布達佩斯搭火車回部隊時，不巧在車上遇見了部隊一名上尉軍官。上尉問他：「你去了哪裡？我記得你被關起來了，沒想到在監獄裡還能升為士官。」在哈森弗拉茨想著要如何回答時，上尉說「好了，稍後再聊，」然後就走開了。哈森弗拉茨從他漫不經心的神情看出，上尉顯然很清楚發生了什麼事，但寬大地裝作不知道。上尉事後也未再提起此事。

哈森弗拉茨後來參與了反抗匈牙利共產政權與蘇聯軍隊的匈牙利抗暴運動，這或許是他不同流合汙的最佳證明。

脫離不利發展的環境

在《富比士》雜誌的億萬富豪名單上，移民所占比率引人注目。我訪問的億萬富豪中，有多人在功成名就之前離開了不利自己發展的國家，並掙脫了社會賦予他們的角色。

本書受訪的二十一名億萬富豪中，有五人是移民。哈森弗拉茨在蘇聯出動軍隊鎮壓匈牙利抗暴運動後離開了祖國。斯特羅納克從戰後貧困的奧地利轉往加拿大尋求發展。簡恩為了更美好的未來，從印度移民美國。阿利塔德是敘利亞最優秀學生之一，當他獲得赴法國深造的機會後，選擇成為法國公民。柯溫確信能在澳洲找到商機，於是離開了加拿大。

陳覺中、帕里索托與斯圖爾等人則是移民之子，他們努力超越掙扎求生的上一代，最終揚名立萬。

白手起家的億萬富豪深信，原生地的社會背景與生存環境、家族賦予的角色或是社會汙名，都不是他們能控制的事物，因此無法將未來建立在這些基礎上。

不甘受人差遣

多數億萬富豪不願長年為人效力。他們總是尋求獨立自主，寧願發展自己的事業。由於生性難以駕馭，他們若擔任一般雇員，通常派不上用場。某些富豪雖從受雇員工起步，但終究無法抗拒自由的渴望而脫離職場自創事業。

帕里索托是最好的證明。當二十歲那年失去在巴西首都巴西利亞的工作後，他獲得新巴薩努（Nova Bassano）地區一家肉品處理廠人資部門聘用。但他無法安於現狀，先是在任完成中等教育，然後買了福斯汽車商旅車，下班後載客往來帕蘇豐杜（Passo Fundo）地區。

由於單趟車程約一百公里，來回超過三個小時，他通常深夜才回到家。隔天上班時間，他總是因太過勞累而躲在朋友辦公室裡面的房間睡覺。每當廠長找他時，大家都會幫他掩護，謊稱他正在某處忙事情。但廠長二年後發現了真相，並把他開除。

之後，帕里索托通過考試進入巴西銀行任職。那是一份人人夢寐以求、極難得手的高薪工作，且有終身雇用與全額退休金等保障。但為了實現當醫生的夢想，他後來放棄了眾人稱羨的銀行工作。

然而，當他從醫學院畢業後，卻發現這條路行不通，因為他實在無法在醫院工作。最後他了解到自己不甘聽人差遣，於是不再找工作，而專注於學生時代就著手嘗試的創業。

當開路先鋒

不論會引發多大的爭議，億萬富豪都不畏懼與眾不同，能在全新的領域搶占先機。當中國共產黨於一九八〇年代初期推動改革開放時，曹德旺是中國最早出現的企業家之一。在多數人不敢接手中國國營企業的情況下，他也成為中國首批民營工廠業主。一九九三年他更率先業界將公司股票上市，且於二年後拔得頭籌，在中國境內設立首個獨立董事會。二〇〇四年，他成為首位在美國贏得反傾銷訴訟的中國商人。在二〇〇八年金融危機期間，他將未使用的國家補助款退還給政府，這在中國是首見的也可能是唯一的案例。

矽谷傳奇投資家德雷珀始終擅長發掘尚待開發的商業領域。他被封為病毒式行銷（viral

marketing）的發明者，掀起了新創公司革命風潮。他也是全球首個網路電子郵件服務公司 Hotmail 創始之初的投資人。當公司創辦人在幾乎沒有行銷預算的情況下設法擴大顧客群時，他建議於 Hotmail 用戶寄出的每封電郵加上這個註冊連結：「附註：我愛你。Hotmail 提供你免費電郵服務。」

創辦者們最初有所疑慮，德雷珀花了數週說明這麼做的好處，最終才說服他們接受他的建議。結果這創造了所謂的「病毒式行銷迴圈」（Viral Loop）。透過 Hotmail 寄出的每一件電郵都同時成為招攬新用戶的邀請函。Hotmail 在數小時內即出現指數型成長（exponential growth）。Hotmail 用戶數在六個月後從零成長到一百萬，更在此後三週新增百萬，並從此扶搖直上。

歐茲耶金就讀美國奧勒岡州立大學時，是該校唯一的土耳其學生，後來還成為哈佛大學商學院錄取的第二位土耳其學生。即使著手創辦銀行時資金並不充足，他仍史無前例地以銀行專家身分，向土耳其財政部申請了銀行執照。最後他領先群倫，取得銀行執照並在金融業界獲致驚人的成就。

金範洙的 Kakao Talk 即時通訊軟體幾乎全面攻占了南韓所有行動裝置。他在事業生涯中也一再勇闖未知的商業領域探險。在一九九〇年代網際網路尚無固定標準時，他率先推出了網路遊戲系統，讓玩家透過網路玩俄羅斯方塊（Tetris），或對戰朝鮮將棋（Korean Chess）等。這項革命性的做法，可說是當今線上遊戲的開路先鋒。

當網路公司泡沫破裂、公司資金緊縮急需創造收入時，金範洙想出了「免費增值」（freemium）的商業模式，讓玩家免費玩遊戲，並可付費取得額外內容，以增加額外的樂趣。他解釋說，「玩家可以免費玩大多數遊戲，若每月支付四美元則可取得免費增值功能或相關服務。」在推出會員免費增值服務之前，他們坐立難安，因為那時玩家對於付費線上遊戲接受度還不高，而且公司財務狀況仍風雨飄搖。「然而，這項服務啟動當天，我們的營收就達到七萬九千美元，於是我們知道它會成功。」

公司下一項冒險事業 Hangame，進一步鞏固了金範洙開路先鋒的地位。Hangame 捷足先登，第一個在網路遊戲中提供虛擬物品和虛擬化身。他接下來創辦了 Kakao 公司，藉由提供平台給第三方遊戲業者並收取傭金的方式，使得 Kakao Talk 行動通訊服務大發利市。南韓遊戲市場從而成長了二十倍，而他的概念也成為全球各地無往不利的新商業模式。

金範洙最近還想出，如何讓習於免費接收一切的行動裝置用戶花錢買內容，從而解決了業界另一項難題。歷經二年索盡枯腸，他創設了 KakaoPage 平台，讓使用者免費閱讀漫畫和書籍部分章節，或觀賞其他用戶製作的動畫和影片某些段落。假如用戶想進一步閱讀其他章節或觀看更多內容，就必須付費。這個商業模式為用戶、內容創作者與 KakaoPage 締造了三贏的局面。

開創潮流

威爾遜創辦了四家公司，分別生產不同類型的服飾。起初，他專注於一般流行服飾，然後他開設了西海灘（Westbeach）公司專門生產泳裝與衝浪服，這足足領先了業界潮流五到七年。接下來，他又領先潮流開創了輪式滑冰服飾事業。據他指出：「每次我提出概念，總是沒人相信我的想法。所以，我始終必須放手一搏，做我自己想做的事。」

西海灘衝浪服飾公司以衝浪和輪式滑冰服飾著稱，但其銷售業績已開始滑落，於是威爾遜又看到了單板滑雪運動服飾的商機。他想要為這個方興未艾的運動愛好者提供服飾。「然而，公司員工對衝浪和輪式滑冰服飾的想法根深柢固，不願改弦更張。」

威爾遜毅然把公司改名為西海灘單板滑雪服飾，並著手製造寬鬆的「幫派風格」垮褲。他指出：「在一九八七年時，只有三家公司生產單板滑雪服飾，但到了一九九三年已大增到約五百家。」這說明了當年他們遠遠領先時代潮流。

然後，威爾遜偶然體驗了瑜珈，從而發現女性運動服裝始終未獲應有的重視，於是憑著直覺投入了這個領域。一九九八年，他依據在紡織布料與運動服飾方面的經驗，研發出能凸顯女性身形的緊身布料。於是瑜珈服飾品牌露露檸檬應運而生。

威爾遜在溫哥華唯一的瑜珈課上課地點，開設了首家露露檸檬服飾店。多年後，露露檸檬成為運動服飾主要品牌，旗下連鎖店超過三百家，年營收達數十億美元，足與耐吉（Nike）和安德瑪（Under Armour）分庭抗禮。威爾遜因而成為億萬富豪。

威爾遜始終堅持不懈地期望「下一件大事」。而即使一路平步青雲，當他尋求使露露檸檬朝著「正念」領域進化時，仍然遭遇了強烈的抗拒。然後，Kit and Ace 這個服飾品牌應時而生，秉持運動服飾各項最優良原則，並將其應用到日常服飾。

威爾遜也是傑出的商業模式發明者，在一九八〇年創造了服飾零售業的垂直整合商業模式。他回憶說，「當時還沒有人這麼做。幾乎所有人都認為我的方法不對，但它顯然始終都管用。」

「不同凡想」（Think Different）

「不同凡想」是所有億萬富豪基因的組成要項。他們獨立思考、挑戰現狀、拒絕因循苟且。他們超越主流價值觀以尋求自己的真理。

史托達倫建議大家，「當人人都心滿意足、凡事均過度樂觀時，要心懷警惕。當人人戒慎恐懼時，要臨危不懼。因為，如果一切從眾，將永難飛黃騰達。以舊瓶裝新酒終究無濟於事。必須要有截然不同的作為。不過，舊產業也有改造的餘地，畢竟我在飯店業做出了成果。」他指出：「別怕與眾不同。要為自己的理念全力以赴，無須聽從他人。」

億萬富豪以自己的觀點衡量事情。他們不會只看到事物的現狀，而能洞悉其發展潛能。當「飯店業之王」史托達倫見到哥德堡的舊郵局建築時，他看到的是成立飯店的完美地點。各方反對意見來勢洶洶：「不行，不行，不行，這是有一百多年歷史的老郵局。」

史托達倫則堅持：「它會成為飯店。」「不，不行，這有嚴格法規加以規範。你不能為所欲為，不能對它做出任何改變。」

無論如何，史托達倫仍買下舊郵局且著手排除所有法規障礙，然後將舊郵局改造成為飯店並獲致極大的成功。飯店所在地區甚至發展成為哥德堡新市中心。

從眾的人以及在嚴酷的競爭中硬碰硬的人，絕不可能成為億萬富豪。要懂得如何利用體系中的漏洞。不要遵循那些眾所周知的道理，也要避開那些顯而易見的選項。

加利茨基認為：「不要信任順理成章的重大決定，也不要信任簡單的決定，凡事始終要抱持疑問，即使是最顯然的決定也不例外。這就是成功的關鍵。」

他的事業夥伴弗拉基米爾・戈迪丘克證實，「加利茨基從不信任任何事情，始終質疑一切。對於所有狀況，他都有自己的見解。」

億萬富豪從不讓別人的意見決定自己的行動或自我價值。帕里索托指出：「當然，大家都偏愛掌聲而非抱怨。但億萬富豪有時並不在乎別人的鼓勵或勸阻。他們內心自有一套標準，獨立自主地判斷事情。他們也有接受批評的心理準備。他們知道今天得到掌聲，難保明天不會麻煩纏身。即使今天受人批評，也不見得明天不會獲得鼓勵。億萬富豪經得起這一切。我有自知之明，不需要任何人指正。最嚴厲的批評總是來自我自己。」

為自己而活

獨立自主是億萬富豪人生的要項。他們不但堅持獨立自主，也培育自己的小孩養成自食其力的心態。他們期望後代具備獨立思考能力。

史托達倫教育子女的方式與多數父母背道而馳，他總是告訴自己的小孩，學業成績並不重要。他向子女強調說：「要樂於自己所做的一切事情。選擇自己的道路，不要因襲前人。不必聽從母親、走她要你走的路。自己決定人生道路。以自己想要的方式為自己而活。只要能使自己幸福，就去做自己想做的事。」

陳覺中也以相似的哲學教導自己的小孩：「我想讓他們明白，如何基於自己的需求與熱情，去享受人生、為自己而活。人不是為了追隨某人或社會的信仰而活，要為自己心之所向而活。」

歐茲耶金常在自己創辦的大學的畢業典禮上表示：「別做父母要你做的事，要做自己想做的事，否則日後將後悔莫及。如果你做了自己想做的事，卻得不到幸福，終究還是對自己負責了。但若你照別人的話去做而致快樂不起來，那是錯在你聽從了別人。」

留意自負潛在的負面效應

個人主義當然有其不利的面向。本書前面的章節提過，億萬富豪如何不聽人言、自行其是。無論如何，不應為了獨立自主而放棄與人合作。當 Hangame 成為南韓最大遊戲公司時，其強勢競爭對手網石遊戲（Netmarble）公司曾向金範洙提議共同開發一些專案。「我當時想，我們可是一時之選，不需要他們的奧援，於是冷淡地回絕了他們。」金範洙自認二者之間差距會與日俱增，未料事與願違。Hangame 努力拚搏才保住了領先地位。假如當時他們與對手攜手，很可能會有更出色的表現。「可惜我未能突破思考上的偏差，誤以為自己強大到不必與他人合作。我從而學習到，與其總是單打獨鬥，有時與人合作能把事情做得更好。」他認為這件事是事業生涯最大的錯誤。

當面臨自己較弱的領域時，尤其要不恥下問，尋求協助或建言。你必須有自知之明，且要適性而為。厭惡別人的協助可能導致你犯下不該犯的錯，或是被龐大的工作量壓得喘不過氣。威爾遜相信這是成功的重大阻礙。「我想要事必躬親，並對自己的一切錯誤負責。我不要其他任何人來扛我決策錯誤的責任。但這對於事業成功其實是一項限制，因為他們真心想助我一臂之力。」

讀完本章之後，你已了解億萬富豪不隨波逐流，他們在早年就展現個人主義作風，時常打破種種規範。即使周遭親友都認為他們的想法很瘋狂，並勸他們不要冒險，但他們經年累月學習信任自己的直覺並逆勢而起，而究竟最終會一敗塗地或揚名立萬，關鍵通常在於是否知所進退。你是否有特立獨行的大無畏勇氣呢？

與億萬富翁的差距

- 游移不定的人不了解規則，也無法依規則行事。
- 百萬富翁知道所有規則，而且擅長應用規則。
- 億萬富豪明白所有規則，並了解規則是人制定的，他們會找出體系的漏洞並善加利用。他們也創立新規則並締造新典範。

關於本章的更多故事，請上：http://TheBillionDollarSecret.com/resources

第14章 憑藉熱情壓倒群雄

「據我觀察，多數人是在其他人浪費時間的時候取得領先。」

——亨利．福特

辛勞無可避免。愈努力的人，成功的機率愈高。務必要勤奮不懈。有人說，「苦幹不如巧幹。」這是沒道理的話。做事要靠聰明才智也要任勞任怨，這樣才會有競爭力。唯有努力不懈才能取得優勢。俄國最大食品零售業者加利茨基在辦公室受訪時建議，若想要像他一樣成功，「**不要自認比其他人更優秀。只有勤勉不懈才能獲得比他人更多的成就。**」

對他來說，商人最重要的特質之一是勤勉。「**由於人的智力不會相差太遠，所以必須要比別人更加刻苦耐勞，這樣才能擊敗對手。**」

勤勉不懈

全球鷹架業領導者阿利塔德指出：「**不論你的天賦有多高，眼界有多遠，都必須辛勤任事**。我在蒙彼利埃擁有橄欖球俱樂部，是歐洲地區佼佼者之一。去年我們還贏得歐洲盃。球員們很有天賦，但先前都不夠努力。於是我告誡他們，光靠天賦是不夠的，還必須全力以赴。」他們終究不負我的期望。

柯溫的父親也教導他要培養正確的心態：「**只要夠努力，你就能得償所願**。」雖然聽來像是老生常談，但多數億萬富豪指出，勤勉工作是他們成功祕訣的基本要項。歐茲耶金的人生座右銘是「勤懇任事」。他表示，當年在學時班上總有一些比他更聰明的學生。但他比他們更用功，所以持續超越他們。如今他也絕不認為自己是最精明的人，但他相信努力就能占上風。他也在課堂上分享這個核心價值觀：「只要大家勤奮不懈，也能像我一樣成功。」

帕里索托認為，「人的品格形塑價值。**只要認真工作和學習，就能穩操勝券**。」

沈財福在中學入學考試失利後，學到重大人生教訓，明白要辛勤付出才會有相應的成果。「大家都考上中學，只有我必須重考。於是我覺醒了，重考成績是全班之冠。因為我下定決心『捲土重來』。」

夙夜匪懈

對讀者們來說，辛勤工作可能只是個模糊的概念，不同的人對於辛勞的程度會有不同的認知。

接下來，我將具體來談它。

勤勉工作有兩個層面：高強度的工作和長時間的工作。多數富豪在巔峰時期通常清醒的時候都在工作。創業最初幾年，他們幾乎不休假，連週末都充分利用。這意味他們在工作日每天忙碌十八小時，週末時也每天工作八小時。每週工作一〇五小時比每週工作三十五小時多了三倍的工作時間。很顯然，前者完成的事會遠多於後者。所以，要多投注時間努力工作。要夙夜匪懈。

斯特羅納克創業初期有時必須持續工作三天或睡在辦公室。

「在開第一家或第二家工廠時，有時為了準時交出產品，我必須連續工作七十二小時。我的精力很旺盛。」

「在創業最初幾年，我每個週末都工作。我唯一渴求的，是不再挨餓並成為一個自由的人。我真的看到自己逐漸在成長。於是我說再打拼個十年，我就自由了，到時我就可以做自己想做的任何事情。」

曹德旺在自己創業前與父親一起賣水果。他的母親必須在清晨兩點喚他起床，且總是落淚不捨。他記得當年一直睡眠不足且工作非常沉重：「那時我每天只能睡五個多小時。後來我創辦了福耀玻璃，最初二十年，每天睡眠不超過六小時。而且我天天工作，週六和週日都不休息。我每天同樣努力。」

斯圖爾開第一家公司時，也是連週末都在工作。到現在他仍投注大部分時間於事業：「我泰半工作到晚上，即使回家了也仍持續在做事。」

阿利塔德至今仍持續在週末忙他的事業。

前述三位億萬富豪都曾榮獲「安永世界企業家大獎」。因此，想成為全球最佳企業家，很顯然必須全年不休地工作，這在創業初期尤其重要。

假以時日，當公司組成了最佳管理團隊之後，你週末時就可以不必再親力親為。

哈森弗拉茨對於勤勉工作的心態或許最值得學習：「**我工作十二小時，從早上七點到晚上七點。**」他已年逾八十歲，但在公司裡仍極為活躍。其他同齡的人早就在十多年前開始享受退休生活。但歐茲耶金等多位年逾七十歲的億萬富豪，每週仍規律地工作超過六十小時。

想要事業有成，就必須投注時間。阿利塔德指出：「**如果你想要成功，每天只工作二小時是辦不到的，就是不可能。**」

億萬富豪總是想要做更多事情。我請教德雷珀想要人生有何改變，而他表示希望自己能有更多的時間，以完成更多的工作。

剛開始工作時，不要奢望簡單輕鬆的差事。哈森弗拉茨到加拿大後第一份工作是洗車。斯特羅納克到工廠工作前則是一家醫院的洗碗工。簡恩則認為，有工作總比沒工作好。這是他的經驗之談：

「當我在矽谷工作時，公司突然決定搬遷到洛杉磯，但我並不想搬去洛城，所以基本上我就失業了。那時我才剛結婚，於是我四處應徵工作，也顧不了職位高低、薪資待遇，或是否會弄得渾身髒兮兮。妻子看著我說，『你受過教育，當過高階經理，為什麼要應徵這種工作？』我回答說，因為有工作比沒有工作好多了。有了這份工作後，我會再找到更好的工作。」

「**有工作總是比沒工作更好**。有了一份工作後，我會再接再勵去應徵其他工作，直到獲得我想要的工作。工作能給我尊嚴，使我擁有自尊。對我來說，努力工作賺的每一塊錢都比領來的失業救濟金貴重。我絕不會領失業救濟金過活。」

馬不停蹄

想要事業有成必須披星戴月。億萬富豪始終善用每分每秒推進他們的事業。勤勉不懈使他們具有競爭優勢。

柯溫是從運動徹底學習到這些：「我念大學時是很優秀的足球員，曾經入選全明星球隊。雖然不是最頂尖的運動員，但我自認比其他人更加努力。訓練真的非常重要。即使不是最佳球員，但我比誰都更認真練習，不遺餘力地鍛鍊自己。」

勤奮工作會增進運氣。哈格里夫斯常說：「**工作愈多，我就愈幸運**。」

當我在摩納哥會見美國名人富豪馬克・庫班（Mark Cuban）時，他向我表示，商業就像是終極運動，沒有終局、不中斷、毫無規則，而且始終有人力圖擊敗你。所以，若想贏得賽局，你一刻也不能停止競爭。

加利茨基指出：「在多個科學領域，科學家們成功地窮盡一切可能的探索，為相關研究畫下句點。但在商業界並沒有這種事情。一旦你在商業戰場上睡著了，就會有人來把你吞噬。寄望『明年會更好』是不切實際的事。任何時刻都不能鬆懈自己。」

先難後獲，捨棄捷徑

成功之道在於承擔困難的事，而不是挑容易的路走。德雷珀指出：「我始終覺得，成功的方法是解決所有困難的事。**擔起一切棘手的事情，不要嘗試較容易的途徑**。只要你持之以恆，並勇往直前，終究能如願以償。容易走的路通常不會帶你獲得美好的成果，所以要肩負起困難的事情，在克服難題之後，就能輕鬆完成比較容易的事情。」

請反身自問，你選擇的是安逸的人生或是服務與冒險的人生？安逸的人生是虛幻而無意義的。選擇辛苦的人生道路終將苦盡甘來。

簡恩取得工程學學位與人力資源管理碩士學位後，因緣際會做了一項歷來最難的性向測驗。一些朋友先做了測驗，然後告訴他，那是他們所知最難的測驗。

「我看著他們說，『得了吧，我們都是聰明人，這種測驗能難倒我們嗎？』有個人對我說，『你從沒做過像這樣的測驗，所以你不會明白有多難。』於是我說，『可惡，我要來試試……』吃過午餐後，我說，『我就來看看測驗到底有多難。』」

「結果我順利通過了測驗。隔天早上，名為巴羅斯公司（Barous Corporation）的電腦業者來電說，『我們看到了你的性向測驗分數，想提供給你一份電腦程式設計師的工作。』我說，『很遺憾，我一輩子沒看過電腦，甚至不知道電腦是什麼。我這樣怎麼能寫電腦程式？』對方說，『但是根據性向測驗，你絕對適合擔任電腦程式設計師，你知道位元（bit）與位元組（byte）的差異嗎？』我說，『當然知道。』他問，『有什麼差別？』我說，『位元小一點。』他說，『答對了。我們會教你怎麼寫程式。我們要聘用你。我們會把你帶來美國。但我們不會給你高薪，月薪只有五百美元。』」

以印度的水準來看，月薪五百美元頗為優渥，但簡恩到了美國新澤西州才發現，這在當地根本不敷生活所需。此外，他從未經歷過美國的寒冬。

「住處沒有保暖設施，冷風颼颼。我走在雪地，沒有防寒衣物和靴子，只有一雙皮鞋。我曾覺得自己受夠了，心想這個國家不適合我，這是一場惡夢，我要結束這次試驗，我要回印度。」

然而，簡恩最後挺住了，而且因直面這些挑戰而獲益匪淺。不久後，他前往加州，獲得微軟公司聘用，收入豐厚。然後，他創辦了資訊空間公司，後來成為網路公司盛行時代的佼佼者。簡恩從而成為億萬富豪，並在之後陸續創立了多家公司。高瞻遠矚的他如今已是全球具鴻圖大志的企業家的角色模範。

你想要漫無目的度過一生，還是想要人生有所建樹？你只想消費還是想要創造有價值的事物？你想要參與人生賽局或是袖手旁觀？

露露檸檬創辦人威爾遜表示：「我想，重要的是，**人生的價值何在？究竟是遊戲人間就好，還是要去創造價值？**在生命結束前，我想全力以赴創造價值。」

全力衝刺，不遺餘力

若想擊敗競爭對手，千萬不可懈怠。要火力全開，全力以赴。想要成功，就要多付出一些。唯有這樣才能功成名就。

史托達倫可說是我所認識最精力充沛的人。關於維繫超高活力的祕訣，據他指出：「**在給出大量能量的同時，我們也會獲得大量的能量**。這和訓練的道理相同。人們認為訓練要耗掉大量能量。但正好相反，訓練能讓人獲得大量能量。因此，每次晨間跑步運動完後，我在身心兩方面都會充滿正面能量。這是開始一天的絕佳方式。不論下雪或下雨，也不管氣溫冷暖，我與妻子都會帶著愛犬去跑步，跑完後大家都非常愉快。所以，當有人說，『但是你很忙碌……』我會說，正是因為這樣，所以更要運動。」

德雷珀每天都全力以赴，絲毫不遺餘力，而忙完後休息時已筋疲力盡。「我總是在竭盡所能後才結束一天上床睡覺。」

若你不願虛擲人生，不想悔不當初，就要始終全力以赴。曾是極具競爭力蝶式游泳選手的威爾遜指出：「我經常講述自己十歲時在游泳池的故事。那時大家總是在快到比賽終點時使盡全力，以求最後能有好看的成績。但我父親說，『為何不一開始就全力以赴，即使無法拔得頭籌，至少也要勇於嘗試。』他真正要說的，是從起點就不遺餘力。因此，我打破了當時加拿大的游泳紀錄。」

「我總是想，如果我不能凡事全力以赴，如果我只盡九八%的努力而結果輸了，我會不會終生後悔莫及？我離開人世時會不會悔不當初？我永遠不想讓這種事情發生。」

熱情是勤奮與韌性的關鍵

熱情是商人最重要的特質之一，也是本書中受訪富豪們成功的一項祕訣。假如你對所做的事具有熱情，就會自動自發，勤勉不懈。唯有熱情能助你挺過事業初期的煎熬，並克服過程中的諸多障礙。要讓熱情驅動你勇往直前。

哈格里夫斯指出，「**熱愛事業會使你具有最大的優勢，因為你會樂在其中**，甚至把它當成嗜好。我真的熱愛自己的事業。在事業之外，我也從事一些小型的投機活動，但那不是我的最愛。這二者存有極大的差別。」

陳覺中也認為熱情很重要：「**對你所做的事要懷抱熱情**。你必須對它深感興趣。」

柯溫所見略同：「若你對所做的事情有興趣，就分不清自己是在工作或在享樂。如果你真正喜愛它，做起來就會輕鬆愉快。假若無法樂在其中，終究難免失敗。這真的很重要。要能分辨心之所向，並找出能使你快樂的事情。」

做事若能樂在其中，自然不必休息。因此，斯圖爾一天可以工作超過十八小時：「我不會覺得有壓力。對壓力的感受見仁見智。假如你熱愛所做的事，對它充滿了熱情，就算一天工作十八小時也不會負荷不了。但若痛恨所做的事和工作場所，即使一天只工作三小時也可能生病，因為你會始終覺得自己很悲慘，或覺得身不由己。」

若你喜愛所做的事，就會日益駕輕就熟，最終必能獲致成就。斯特羅納克建議：「你必須做自己喜愛且樂在其中的事。只要是樂於去做的事，會日漸得心應手。若再多下一些功夫，就有可能成為該行的佼佼者。不論做什麼，都要擠進最頂尖的行列，然後自然會財源滾滾。」

如何發現心之所向

假如能回到二十歲，簡恩希望自己能找出熱愛的事物。

「要找出自己真正熱愛的事物，最好的方式是**想像一下，當擁有了自己一直想要的一切事物，比如十億美元、美好的家庭等，在此之後你會做什麼？**要永遠記得，賺錢只是做自己喜愛的事的副產品。對於喜愛的事，你會投注長久的時間，而且會日益遊刃有餘。一旦做起事來無往不利，自然就財源廣進。」

「如果賺不到錢，你仍會繼續做目前做的事嗎？」威爾遜斬釘截鐵答說「會」，這也是其他多數白手起家的億萬富豪的答案。

「我會做任何賺不了錢的事。如果我有個不確定會不會受人青睞的想法或概念，我會為它不惜付出，會為了實現它而每晚額外工作五到六小時，並為它去做其他人不願做的事。而且我會日復一日去確認，大家是不是真的需要它、願意為它付出多少代價。」

億萬富豪熱愛自己的事業並樂在其中。哈森弗拉茨堪稱典型範例：「平心而論，除了目前的事業之外，我沒有其他想做的事。完全沒有。即使我獲徵詢出任國家總理的意願也將予婉拒，因為**我對無與倫比的事業矢志不渝。**」

以事業為榮並創造價值

億萬富豪對其事業深感自豪，並對所創造的價值引以為榮。哈格里夫斯指出：「人們常會忘記，如果沒有商業、沒有其創造的利潤與工作，他們將無法享受當下有品質的生活方式。我認為，大家應當要更以商業為榮。我的意思是，在許多國家，運動員、足球員、歌星和演員獲得的讚譽遠多於商人，這真的相當傷我的心。」

對自己在業界無可匹敵的專業程度，哈格里夫斯確實深感自豪。

每當顧客稱讚說，「哇，你的食物美味無比。」陳覺中總是引以為傲：「在獲得這樣的讚賞時，我們格外高興。」

蔡東青也對自己的成就和帶給顧客的價值引以自豪：「我把玩具製造公司成功轉型為全方位娛樂集團，業務廣泛涵蓋玩具製造、漫畫、動畫、授權、電影、遊戲和智慧科技應用，這使我感到無比光榮。我很欣慰集團創造的作品帶給大家歡樂，並融入眾人的生活之中。」

樂趣來自過程而非結果

創業過程的快感遠勝於結果。億萬富豪對創業過程的興致大幅超越擁有公司的喜悅。他們在賺錢過程得到的樂趣遠勝於擁有錢財。

對於名利雙收的曹德旺來說，「聲名與財富並不是最重要的事物。事實上，**自創事業的整個過程才是真的樂趣無窮。**」

簡恩把經商比擬為性愛：「**試將賺錢想像成做愛。你應當享受整個過程，而不是專注於最終目標。**」

成功與幸福之道，在於找出自己擅長的事，並熱情以對，然後享受其中的樂趣。哈格里夫斯在位於布里斯托的辦公室受訪指出：「我從未有極為擅長的事。我是說，我時常跑步，但並不是頂尖的跑者。我未曾贏得任何獎牌。我沒贏過壁球或網球比賽。我從未被選進校隊。**我唯一得心應手的是商業。一旦你找到了擅長的事並著手去做，想必會很美妙。**我的意思是，有些人雖然擅長某些事，卻不想去做，這是很悲哀的事。我認識一些具有運動天賦的人，但他們就是不想當運動員。然而，我發現了自己能駕輕就熟的事，並且樂在其中。」

若無法樂在其中就另謀出路

但是，如果你不喜歡自己的工作怎麼辦？

柯溫在雪梨自宅門廊受訪時建議：「最重要的事或許是樂於所為。如果你是逆勢而為，難免會踢到鐵板。勉強自己做事，自然苦不堪言。你必須真的對所做的事樂在其中。事業總是會遇上障礙，假如你對所做的事並無興趣，難免對其感到厭煩與倦怠，最終並將因難以忍受而打退堂鼓。但若對事業怡然自得，則有望左右逢源，這將正向強化你的事業，推促你更上層樓。成功和失敗都具有感染力。**要樂於你的事業，若無法享受其中樂趣，你可能選錯了行，走上了錯誤的方向。那就另謀出路吧。**」

在一九九三年，斯圖爾經營第一家公司時，達成了自己想要的一切。「當年我曾試圖把公司賣掉，目標金額是六、七百萬美元，這金額在那時是一筆可觀的財富。但因諸多原因，我未能脫手。於是股票公開上市成為最後的選擇。」

關於想賣掉公司的理由，斯圖爾指出：「當時我已完成一切意欲達成的目標。因此覺得人生如此，夫復何求。我不必然是想要退休，只是想把禮品公司轉賣他人。我秉持熱情，鞭策自己完成了當時的所有目標。如同爬山一樣，當你竭盡所能達成不可能的任務，成功攻頂之後，你會想，接下來要做什麼？這就是我當年的心境。」

斯圖爾當年覺得百無聊賴。所幸他的公司最後成功上市，在十八個月的第三方代管期過後，他終於將禮品公司脫手，並得手大筆現金。

他期望自己的子女能發現心之所向，找到自己喜愛做的事。

「許多人做著他們痛恨或不喜愛的工作，以致人生總是被情緒問題困擾。人不應這樣過一生，而應樂在工作中。這是非常、非常重要的事。**不要把精力耗費在不喜歡、無法樂在其中的工作上。**」

親愛的讀者，你有全力以赴尋求擊敗競爭對手嗎？你對自己的事業樂在其中嗎？你對事業懷有熱情並引以為傲嗎？你是否勤勉不懈？你對事業有沒有做到夙夜匪懈、不遺餘力？你選擇了艱辛的道路還是試圖走捷徑？

與億萬富翁的差距

- 游移不定的人懶散又無熱情，他們始終選擇走輕鬆的道路。
- 百萬富翁努力工作但無法持之以恆，他們不能全力以赴，容易被消費分心。他們難以對事業永保熱情。
- 億萬富豪對事業滿懷熱情，他勤勉不懈以超越對手，不重消費而偏好創造，他們選擇艱辛的道路並全力衝刺。

關於本章的更多故事，請上：http://TheBillionDollarSecret.com/resources

第15章 講求效率

「效率是把事情做對；效能來自做對的事情。」

——彼得．杜拉克（Peter Drucker）

哈格里夫斯指出：「想要事業大放異彩，你必須極具效率。營運大企業尤重效率，也必須知道如何善待員工。」

所謂 F.A.S.T. 就是完美的執行（Flawless execution）、絕對的專注（Absolute focus）、迅速（Speed）、和時間管理（Time management），簡而言之就是效率。你做事的效率有多高呢？

執行力是王道

想法人人都有，但重要的是如何去落實。

最高明的想法不見得是商業上必勝的利器。唯有市場表現最佳的公司才能穩操勝券。

斯堪地那維亞半島「飯店業之王」史托達倫常說：「**一切端賴執行力**。即使是哈佛商學院教授，如果沒有執行力也永難成功。有人認為策略或市場定位是最重要的成功關鍵，但我無法認同。這二者對成功的重要性頂多只占一五％或二〇％。**事業成功八成是靠執行力**，要有能力把想法具體落實。」

卓越的執行力是成功商人最重要的特質之一。中國頂尖的汽車玻璃製造業者曹德旺成功的祕訣是：「信仰、願景與執行力。」執行力是他的商業哲學的核心要項。

注重時間管理，講求迅速

要了解，你最珍貴的資產是時間而非金錢。即使失去了所有錢財，你都有機會再賺回來。但時間流逝了就永不復返。與其對金錢錙銖必較，不如對時間分秒必爭。

億萬富豪深知經商貴在劍及履及，而且他們都精於此道。波蘭首富索羅指出：「在我看來，即知即行是商業的一個關鍵要領。」

哈森弗拉茨憑藉明快俐落的優勢，贏得了通用汽車公司數百萬美元的合約。

「友人介紹我認識了通用汽車的業務代表。能與通用汽車往來是非常棒的事情。這位代表帶我參觀了廠房並向我表示，『我們想把汽車主軸的製造外包，不再自己生產。』『產量呢？』『日產量是八千個。』『天啊！這樣我需要多少機器設備？』然後我估了價，並問說『你要考慮一下嗎？』『不必，你的價錢很合理。』於是，我們拿到了合約。這是我的公司與汽車製造商的第一個合約，而且是一筆大生意。我們立即為此建造了一個全新的工廠。」

這就是劍及履及的力量。

在一九九二年經濟嚴重衰退期間，奧斯陸著名的斯汀與斯托羅姆百貨公司聲請破產，此時史托達倫乘機完成了事業生涯壯舉之一。鑒於該百貨公司有將近二百年的歷史，且被稱為「挪威的哈洛德（Harrods）百貨公司」，曾是挪威零售業界的楷模，史托達倫決定競購這家百貨公司。

他在週一中午宣布競購計畫，打算把百貨公司劃分出五十二個櫃位，並在九個月內分租給業者。他最終在競購勝出，而當團隊慶祝戰果時，有人以電話通知他：「你必須立刻來斯汀與斯特羅姆百貨公司一趟。公司舊管理階層自認他們會贏，因此召集了員工並想提出重整計畫。當他們得知競購結果後，留下聚集在一樓的員工自行離開了。你必須馬上趕到現場，向員工提出你的計畫。」

員工要求他盡快提出解決方案，並逼問百貨公司何時能重新營業。當時年輕又滿腔熱情的史托達倫出人意料地宣布，百貨公司將於週三下午三點重新開張，並承諾會有盛大的開幕儀式。

「我那時心想，現在都已是週一下午一點了，我可能甚至來不及在報上刊登重新營業的廣告，該怎麼辦呢？」

而且，他為了拿下這個百貨業品牌已經投注了所有資金。對於四十八小時內要在沒有銀彈的情況下舉辦盛大開幕典禮，團隊感到毫無勝算，因而心急如焚。

於是他告訴團隊：「我們有兩個選擇，而且二者都能讓我們在金氏世界紀錄中占有一席之地。第一個選擇是坐以待斃，從而成為有史以來最快倒閉的公司。毫無做為將使我們在重新開張前就宣告破產。」

他們當然不想讓這種事情發生。

「第二個選擇是，我們在週三之前完成我向投資人提出的九個月計畫。」

結果，他們在二天內不但成功與五十二個業者簽定櫃位租約，還讓這些業者完成進駐與開幕準備作業。史托達倫因此幾乎在第一天就賺回了投注的所有資金。對於他來說，這就像重新經歷了早年賣草莓的經驗。

另一個要克服的難題是開幕活動的廣告。雖然最大報社的截稿時間已過，史托達倫仍然成功地買下二頁全版廣告，因為他承諾在接下來半年會陸續再刊登五十頁彩色廣告。他的訪談甚至搶占頭版新聞版面，大舉宣傳他將舉辦奧斯陸史上最盛大的開幕活動，而且確實在開幕當天沒讓人失望。百貨公司那日人潮洶湧，盛況空前。多部電梯甚至因頻繁使用而過熱停擺，消防部門因擔心發生火災，斷然下令打開所有對外的門。

在史托達倫接手一年後，斯汀與斯托羅姆百貨公司從昔日每年虧損六百五十萬美元，轉變成獲利五百五十萬美元。他的團隊實際上在四十八小時內全面翻轉了局面。這項空前絕後的偉大事蹟，迄今仍是挪威各商業學院津津樂道與深入分析的範例。

更多史托達倫振奮人心的故事：http://TheBillionDollarSecret.com/resources

對我來說，歐洲最大食品零售業者加利茨基關於效率的故事最讓人印象深刻。他的旗下有一萬七千家連鎖超市，而且在我們進行訪談期間，每天持續增加五家連鎖店。你能想像嗎？你知道開一家超市需要做哪些準備嗎？首先，你必須找土地並與地主洽商買賣事宜，然後要取得所有相關許可證，接下來要蓋店面、安裝所需系統、雇用與訓練員工、組織供應鏈、管理物流、進貨、行銷，最後開門營業。那麼，每天開五家新店是如何辦到的？

剛開始時，他們還無法達到這樣的效率，但始終穩定地提升技能與效能，最後終於成功達到當前的效率。這種永無止盡地提升效率的精神，已深植於他們的企業文化之中。加利茨基的事業夥伴弗拉基米爾・戈迪丘克指出，企業的效率必須與日俱進，否則就會被淘汰出局。

> 「企業若止步不前將難逃覆滅下場。你必須勇往直前，還要加速奔馳，而且要愈跑愈快。要保持優越地位、穩固占據上風是很不容易的事情。」

億萬富豪提高效率六大策略

講求效率的同時也要顧及成果。這是沈財福從學生時期就念茲在茲的事。

> 「在念小學和中學時，我習慣思考『如果我做這件事會怎樣？假如做那件事又如何？要是不

做又會怎樣？』我的朋友卻說，『你想太多了，去做就對了。』這麼說沒錯，但也沒說對。隨著年齡增長，我了解當年會想東想西，實際上是因為我有分析能力。那是幫我決定做不做某事的思考過程的源頭。」

「我會自問，『要怎麼做才能獲得最好的成果？』其他人不會去想這個，但我想要得到最佳的結果，也會想這成果能否維持長久？然而很多人認為去做就對了，而不在乎結果。」

億萬富豪有六大策略幫助他們做到事半功倍：

一、設定目標

要明確訂出目標。威爾遜強調，做事要注重期限並要設定「滿意標準」。

「**凡事都要訂出完成期限，所以也要設定相應的滿意標準**。只要我承諾在特定日期完成事情，我就會努力做到。對自己的要求必須始終如一，所以我言出必行，一定依照預定的時間與方式去完成事情。」

沈財福建議他的子女：「**人生是漫長的旅程。如果沒有專心致志的目標，將會迷失人生方向。**假如你們不努力工作，將會成為沒用的人。若是沒有紀律，你們將惹上麻煩。所以要專注於人生目標。」

二、規律地提出計畫

索羅像其他所有億萬富豪一樣，寧願規畫事情而非光是夢想。

「對於較低層次的事物，不需要夢想，只需要提出計畫。我會擬定各種與公司和業務相關的計畫。計畫並無超凡絕俗或任何驚人之處，只是必須加以實現的事情。我的意思是，這只是尋常的計畫。」

諸如柯溫等億萬富豪都會擬定每日計畫。

「我使用萬用手冊，好明瞭事情的進度、全年的計畫，也可藉以回顧歷程。我的每日計畫會訂出當日待辦事項，有時也會加上三到四個期望達成的較大目標。」

三、區分優先要務

億萬富豪會運用各式策略來區分當務之急。確認事情的優先順序至關緊要，選定適合你的區分優先要務策略，並始終如一地運用它。

• 依優先順序處理事情的策略：從最重要的事情著手

這可能是效率大師們最常運用、多數富豪也廣泛採用的策略。南韓首屈一指的行動服務業者金範洙，向來據此決定專案與任務的優先順序：「我會不斷地考慮，什麼是當下最重要的事情？哪些是最關鍵的人物？哪些是必須立刻處理的要務？我會依優先順序去做最重要的事情，並把其次的事情交辦。這就是我做事的風格，它解決了時間管理的需求。如果我手上有很多時間，就意味公司運作良好。若我非常忙碌，也就意味事情進展並不順遂。」

- **依優先順序處理事情的策略：從最困難的事情著手**

布萊恩．崔西稱此策略為「先吃了那隻青蛙（eat that frog first）」。億萬富豪們頻繁運用的程度，甚至超越前一個策略。他們經常最優先處理最棘手的事情。

帕里索托就這個策略指出：「**我必須優先處理自己不喜歡做的那些事情**。為什麼？因為一旦完成了，其他事情就相對容易多了。把最棘手的事擱置到明天，只會使事情變得更糟。所以，如果有什麼不喜歡做的事、某個非聯絡不可的愛抱怨或曾有過節的討厭鬼、某個必須開除的惡劣員工，就優先去處理吧。然後，剩下的就是容易和讓人愉快的事了。」

哈格里夫斯每天早晨都會問自己兩件事：「誰是我最不想交談的對象？我最不想做哪件事情？」而這二者始終是他每天最優先處理的要務。一旦解決了這兩項心中大患之後，一整天都會無比暢快。

- **依優先順序處理事情的策略：從最緊急的事情著手**

你可能會認為這是過時的做事方法，但沈財福等億萬富豪仍實際運用這項策略，他區分事情優先順序有三大步驟：「是否急迫、是否合情合理、是否合乎邏輯。」億萬富豪有時也會順應當時所需來調整策略，蔡東青指出：「我通常會依據事情急迫的程度來決定處理的先後順序。」

• 依優先順序處理事情的策略：從最具潛能的事情著手

某些富豪發展了更細緻的策略，好區分專案與任務的優先順序。他們會優先處理那些潛在利益更大的事情。陳覺中清楚地描述說：「事情的優先順序有時取決於急迫性。但我們更常依據專案的性質來區分優先要務。我們會仔細檢視有更大潛在報酬的項目，然後優先去推動它」

加利茨基更進一步發展這項策略。他不僅聚焦於風險報酬比，也建議依據公司的規模靈活應用策略：「當公司規模不大時，要專注於最有利可圖的事物。當公司規模夠大了，就應聚焦於最重要的事情。」

四、專注

每位企業家都有無數的事情必須處理，也有許多想法等待進一步發展。如果無法專注於真正想做的事，並努力加以完成，終將難以得償所願。所以，重要的是，不僅必須區分事情的輕重緩急據來決定優先要務，還要確定不把時間耗費在哪些事情上。柯溫比喻說：「要像步槍而不要像霰彈槍。」他也指出：「要提防漂亮女孩、新理論與那些會讓人分心的事。」

德雷珀表示：「父親教導我，要挑戰困難的事，專心致志努力實現想要達成的目標。不論是昔日或當下，我都信奉他的教誨。」

索羅在事業生涯中學會了兩個重要原則：「如你所知，人一生會學到許多道理，並奉為處世原則。我學會的第一個重要原則是，『**要確定自己不做哪些事。**』也就是說，要專注於那些重要的事情。一般來說，要對那些很吸引人的事說『不』，並非輕而易舉的事。但人不可能嘗試所有事情，所以不要因那些無謂的事而分心。若無法專注於真正重要的目標，而分心去做不重要的事，終將徒勞無功。我學會的第二個原則是，**如果無法了解某件事情，就不應去做這事**。比如說，假如我不能迅速了解某些市場或事件，就意味我不應涉入。」

威爾遜每天都會省思自己專注的事物。

「對於捨棄那些行不通的事，我絲毫沒有問題。我說的是日常的事務。我每天處理事業上的事情，總是在思考『要怎麼做才能超越自己？』這使我能理清事情的優先順序，摒除他人認為重要但實則無所謂的事，並著手去做真正重要的事情。」

曹德旺在公司於一九九〇年代著手首次公開發行股票時，學會了應專注於自己得心應手的事。當時他在開發方面專業不足，卻仍協助地方政府打造工業村，結果遇上一九九四年危機的衝擊，公司差點就宣告破產。

「我投注多年時間重整公司及處理所有的損失，也從此事學習到，想要事業成功必須充實專業能力。要有能力完成極完美的工作。不要什麼都想做。**要專注於做自己駕輕就熟的事，要壯大自己的實力，這樣才能成為業界巨擘。**」

五、善用時間與精力槓桿

要了解，你一天的時間與精力都很有限，無法相應於耗時費力的工作而延展擴增。這就是時間管理與生產力策略，只能發揮有限效用的原因。隨著公司持續成長，它們很快就會失去動力並面臨瓶頸。因此必須借助槓桿作用，要尋求各方人才協助，以善用時間、精力、技能與財務槓桿。

柯溫指出：「要創造多重收入來源而非只有單一所得的事業。我常對人說，不要當牙醫。對方總是問說，『此話當真？』我的理由是，牙醫完全依靠鑽牙的技能，如果不為人鑽牙就賺不到錢。不要去做那些必須超時工作的事。要做可以找人合作和找人為你效力的事業。你要有能力善用財務槓桿，不要仰賴個人所得。要避開只有個人所得的事業。要善用時間與精力槓桿。」

六、衡量一切作為

要時時衡量你在事業上一切作為，這很重要，因為這能使你的各項努力獲得成效。

對我來說，哈森弗拉茨堪稱效率冠軍。與其他汽車零組件製造商相比，他的利納馬公司獲利能力幾乎勝出三倍。「**衡量一切作為**」就是他的人生座右銘。他親自領導成立「成本管控團隊」，為各工廠引進了無止盡的評估與改進成本的程序。

「對我來說，最重要的是衡量一切作為。從創業第一天開始，我就身體力行。當我們能以一分二十秒完成一件事之後，還要設想如何做得更好？這無關做事是否勤勞，而是要找出更好的做事方法。以我們的「成本管控團隊」為例，當日班員工個子較小而夜班員工身材高大時，工作台高低的問題會讓人傷透腦筋。常見的狀況是高個子員工必須時時彎腰做事，而矮小的員工卻經常搆不著台面。那麼，為何不打造可以調整高低的工作台呢？沒人會去想這種事情。何況『工廠為什麼要做這種事？』這會耗費更多的成本。然而，請再想一想，這種台子能使矮小的員工不必再踩著凳子做事。』」

哈森弗拉茨年輕時是極具競爭力的賽艇好手。我請教他在運動上學習到哪些對事業有所助益的事情，他回答說：

「你必須在時限內完成使命，必須要衡量一切事情，而且要有紀律。賽艇隊的成員必須遵守紀律且具備團隊精神。即使是隊長也同樣要有團隊精神。想贏得比賽就要時時衡量自己團隊的實力。面對商戰也是同樣的道理。要衡量你的一切作為。比如說，刮鬍子時，我會算一下需要幾個動作才能把臉刮乾淨。我想你不會這麼做，因為你留鬍子。（大笑）但我確實這麼做。」

這讓我感到不可思議。於是追問他需要幾個動作才能把鬍子刮乾淨。

「過去需要七十八個動作。但隨著年齡增長，我的臉變大了，皺紋也增多了，現在大約需要八十三或八十四個動作。」

我問說，「你也計算時間嗎？」

「當然，大約要耗掉二分半鐘。淋浴加上刮鬍子需時十五分鐘。我總是準確掌握時間，因為我時時計算做事所需的時間。」

用聰明的方法做事

我們不只要勤勉不懈地工作，還要用聰明的方法做事。本書中受訪的富豪們分享了若干他們常用的增進效率工具：

善用電子郵件

富豪們像大家一樣，必須應付川流不息的電子郵件。某些富豪為此發展出一些應對策略。

阿利塔德掌理逾二百家公司，然而，他總是在一到二小時內回覆筆者的電郵。我對此感到驚訝，因而請教他如何管理電郵信箱。

「我一天大約看三百件電郵，數量真的很龐大。如果當天不把電郵處理掉，留到隔天會變成問題。幸好，多數電郵都可以轉給其他人處理。我通常是快速過目一遍，而約有五%到一〇%的電郵必須由我親自處理。我每隔二小時會查看一下收件匣，看看是否有緊急郵件，若非急件就轉給其他人處理。比如說，我知道你寄來的電郵對你很重要，所以就優先處理。」

斯圖爾回覆我的電郵也相當快速，同樣使我深感訝異。

「我試著按部就班做事。以電郵為例，我會優先處理最新的郵件。有時我會收到某人一連串的電郵，但我只去看最新的訊息。有些事情一天裡的訊息會不斷更新，以致當我想要在電郵中提出評論或建議時，往往又有十多件新的相關電郵傳來。所以，我總是從最新的電郵著手。因此，我始終能掌握最新的訊息。基於必須即時掌握電郵，我時常持續工作到晚上。」

阿利塔德與斯圖爾兩人都曾榮獲「安永世界企業家大獎」。他們處理電郵的策略明確展示了卓越的經營事業技能。

複製成功經驗

當發現了絕佳的做事方法，要善盡其用，一次又一次複製成功之道。這是斯特羅納克集團從一家工廠發展到逾四百家工廠的祕訣。

斯特羅納克指出：「初創業時，我聘用了一名工頭。二年後，我問他，『為何你如此與眾不同？』他回答說，他一直想要自己創辦工廠。於是我對他說，『我們明天再詳談。』當時我銀行帳戶已有一些存款。所以，我隔天告訴他，『我們何不一起開一家新工廠，我來負擔初期的成本，你可擁有三分之一股權，我則持有三分之二股權。你也會有基本薪資，而且不必再加班。年終時，我們依股權分配利潤，並保留一些利潤做為公司發展基金。』他問說，『你是認真的嗎？』我回答說，『當然。』於是我們找律師簽了合約。（大笑）然後，我一再複製這個成功經驗。如今，我們旗下已有超過四百家工廠。」

簡單是王道

斯特羅納克也是化繁為簡以增進效率的大師。他指出，以簡馭繁是他事業成功的一項祕訣：

「簡單是王道。不要把事情複雜化。我們的集團很龐大，我的部門就有二十五位律師，當他們給我一份一百頁的合約，我會告訴他們，『請把合約濃縮為二十五頁。』」

因利乘便

桑格維建議要順應潮流，並善用潮流的力量，要避免逆勢而為。

「若能順勢而為，將可收事半功倍之效。若反其道而行，必然要大費周章。我堅信有方法可以用最小的努力達成最大的成果。如果付出的努力總量為X，而獲得的成果總量為X的十倍，那絕對是遠優於只能獲得一倍成果的方法。」

運用極速原則

這項原則使得億萬富豪得以快速促進公司的成長，並在數十年內創造出一般人需要數千年才能創造出的不可思議的價值。

加利茨基指出：「我始終相信，我的人生承擔了極大的風險。雖然隨著時間推移，當我們年紀較大時，包括我在內，大家都會想要降低承受的風險。但我們需要累積足夠的經驗與智慧，才能了解自己實際能負擔多大的風險。所謂企業的應變能力，意思是說，**施以不至於使企業崩潰的最大壓力，從而使其達到極速成長。**」

「舉例來說，我創業最初五到七年並沒賺到錢，但我們仍持續設立新的分店。每個月我們檢視損益表時，總是害怕看到虧損或損益兩平，但我們照樣繼續開設新的分店。當時我大約是二十五或二十七歲。」

親愛的讀者們，你能以多快的速度推進事業？你執行專案是否事半功倍？你有否設定目標並規律地提出達標計畫嗎？你有區分事情的優先順序並專注於當急之務嗎？你是否用聰明的方法做事？唯有確實做到這些，你才有機會躋身億萬富豪行列。

與億萬富翁的差距

- 游移不定的人雖有想法卻不加以落實。
- 百萬富翁會落實想法，但執行起來沒有效率。
- 億萬富豪懂得迅速且專注地落實想法，他們的方式總是事半功倍。

關於本章的更多故事，請上：http://TheBillionDollarSecret.com/resources

第16章
用錢要精打細算

「節儉囊括了一切美德的優點。」

——西塞羅（Cicero），羅馬哲學家

人們對億萬富豪及金錢常有誤解，總認為富豪們坐擁金山，除了設想花錢的新方法之外，什麼事都不用做。這種認知與事實截然不同。在本書引言中我曾解釋，保留十億美元現金是不合常理的事，因為每天會耗費掉高達十三萬五千美元的機會成本。所以富豪們擁有的財富都投注於自己經營的公司、其他公司發行的股票、房地產和其他資產。

富豪們認為金錢不是只供花用，還要用於投資與創造。他們視金錢為各行各業發展的動力，用處在於成就事業，實現自己的願景。

要有正確的用錢態度

簡恩認為自己只是受託管理錢財的人，而非錢財的擁有者。

「人生是否成功可以用一種非常有趣的方式來衡量。我曾經參加一場活動，出席者都是聰明人，我在會場上走著，逢人就打招呼：『嗨，你好嗎？』我與其中一人擦身而過，約走了一．五公尺之遙，居然聽到他回答說：『唉，我現在有點沮喪。』真的，整個活動現場除了聽到『很好，謝謝』這類的客套話之外，沒有想到居然有人會如此回答（笑）。我直覺地後退幾步，然後說：『哦，很抱歉。到底發生了什麼事？』當時正值二〇〇八年股市崩盤之際，那個人回說，『我在股市賠掉一半的錢，現在情緒很低落。』」

「我深深吸了口氣，然後說：『好吧，錢財原本就不屬於你。無論如何，你只不過是受上帝善意託付而已。上帝仍然相信你，因為祂依然留下半數的錢給你，這是希望你能在其授信下多做點好事。做為受託管理者，你應把祂賜予的善意分享給他人，幫助需要幫助的人。反之，如果上帝不相信你，祂就會拿走你所有錢財。總之，上帝仍然留給你一半的錢，表示祂依然信任你，希望你能去做一些事情。然後祂可能會肯定你是很好的受託人，然後會再給你更多的錢。』」

「那個人打趣地看著我，然後說：『你為什麼相信上帝與我的事有關聯呢？』我說：『好吧，你是否曾經不求回報、出於善意真心幫助過別人？或許上帝看到你的善意，會因此也善待你。』」

「過了三、四年後我再度遇到那個人。我問：『你好嗎？』他回答：『我記得你，我現在過得真的、真的很好。』我說：『哦，怎麼了？』他說：『我現在不僅過得十分快樂，而且我把過去賠掉的錢都賺回來了。』我說：『發生了什麼變化？』他說：『我的人生觀完全改變了。當有人談到需要幫忙時，我不再像過去那樣憂心忡忡，我會依照你的建議伸出援手。我現在過得非常快樂，而且財源廣進，這真是很神奇的變化。』」

在電視上我們常會看到關於有錢人鋪張浪費、窮奢極侈的報導。實際上，許多白手起家的億萬富豪私人生活非常低調簡樸。

哈森弗拉茨個人需求並不多。「泰半的日子，我只吃一個起司三明治和喝一罐健怡可樂。我要的真的不多，自我十歲以來並沒有太大的改變。」

哈格里夫斯．蘭斯頓創辦人哈格里夫斯從父親身上學到謹慎理財的態度。

「我的父親是一位小商人，成長於非常艱苦的時期，那時大家普遍不富裕，尤其是在第二次世界大戰之後，英國和歐陸幾乎所有國家都破產了。我父親用錢特別謹慎，他總是小心翼翼地處理每一筆支出，包括每週的瓦斯、電費等開銷，務求達到收支平衡以維繫事業。」

哈格里夫斯十分懂得節流。他的公司沒有配車，私底下他開一部車齡八年的豐田普銳斯（Prius）上下班，這是我在布里斯托採訪他時親眼目睹的，他也把節儉這個好習慣傳給了他的小孩。

「這兩個孩子讓我非常自豪，因為他們完全沒受到金錢的不良影響。他們過著一般人的生活，我女兒曾在倫敦一處公寓住了一年，她總是跟在我後面關掉我忘了關的燈，因為她必須自付電費。」

「我兩個孩子開的車非常普通，各自的車齡都有七年，兩人也各住在一般等級的公寓裡。如果要去度假，他們會選擇和同伴一起出遊，搭機也都是選經濟艙。順帶一提，由於我住處離布里斯托機場僅十分鐘路程，所以從布里斯托搭乘廉價航空公司的班機相對容易得多，與其開車二小時去較遠的希斯洛機場，我們寧願搭乘廉航班機。」

哈格里夫斯接著說了他在西班牙以折扣價購買馬約卡島（Mallorca）、颯拉（Zara）的故事。

「這雙鞋的價格大約是三十五歐元，直到今天我還是很常穿，前後已經有十年了，但這鞋仍然是我的最愛，而且保持的相當整潔，看來就像新的一樣。我敢打賭，這是他們製作的那批鞋裡碩果僅存的一雙。」

但是，在所有受訪者中，生活最低調的當推印孚瑟斯的創辦人穆爾蒂。儘管印孚瑟斯已是全球數一數二的軟體公司，穆爾蒂仍然住在班加羅爾一處普通的三房公寓，那裡是他草創公司時就與妻子同住的地方。

帕里索托因為與穆爾蒂同時角逐二〇〇三年「安永世界企業家大獎」而相識。在盛大的頒獎典禮活動上，主辦單位規定受獎者必須穿著正式燕尾服出席。穆爾蒂最後出線贏得大獎，但是，正如帕里索托告訴我的，穆爾蒂是全場唯一沒有穿燕尾服的人，他只穿了尋常的西裝。據他解釋說，他連一件燕尾服都沒有，因為真的穿不著。

穆爾蒂說，他唯一允許自己購買的奢侈品是書籍。

以上這些故事與你想像的淨資產超過二十億美元的富豪的消費習慣大不相同，對吧？

要學習如何理財

不知道如何管理財務，就不可能在商界闖出一片天。想要事業成功，一定要學會財務管理。最好的理財方法就是不斷追蹤記錄個人的開支。

歐茲耶金是土耳其白手起家實業家中的首富，他在年少時就養成預算管控的好習慣，上大學後並將所學的簿記和理財技巧運用在實務上。

「我在大學兄弟會社團負責財務工作，每個月幫他們記帳，並收取八十美元酬勞，當時對我來說這是一筆不小的數目。此外，每年寒暑假我都去打工，並且記錄下自己所花的每一分錢，直至今日我仍然保有那些帳本。」

他還找出舊帳本念給我聽：「剪貼簿三元，筆記本一．七五元，競選用塑膠板二元，吉利刮鬍刀一．五五元，郵寄耶誕賀卡一．九六元，家庭舞會摸彩券一元。有了錢後，我開始和女孩子約會。與莎莉約會花費二．一五元。襪子一．七九元，鞋子十一．九五元。那時物價還很便宜。」

「我給大家最重要的建議是，要**盡早培養長期記帳和建立預算的習慣**，這將使你擁有自律的能力。」

有些白手起家的富豪從小學就學會如何賺錢及存錢。

德雷珀九歲就開始學習投資，對金錢很有概念。

「九歲那年，父親就鼓勵我投資。我用零用錢買了一張奧馬哈互惠人壽（Mutual of Omaha）

的股票。」

「但是股價持平沒有太大變動。然後我還把十美元存入銀行，那筆錢也沒多少增長，因為年利率僅有五％，然而有一段時間我卻誤以為是一〇％，以為每一塊錢會變成一．一〇元。」

「父親從小訓練我投資，對我產生了重大影響，使我在開始從事創業投資時，能夠順利地從一家小型企業投資公司ＳＢＡ借到錢。那年我才二十六歲，當時貸款條件之一是必須擁有十年以上的投資經驗。我跟他們說：『我從九歲起就開始投資。』於是他們說：『好吧！』」

「小時候的理財經驗使我很早就開始創業。我認為從小有固定的零用錢真的很重要，這有助於了解金錢的價值。整理花園的工作也是很好的經驗，儘管我不喜歡勞動，但我喜歡賺錢的感覺，心想『又一分鐘過去了，我又賺到了一分錢了。』」

威爾遜從十八歲開始工作且賺了不少錢，但直到二十歲時他才學會如何適當理財。

「我在阿拉斯加監看輸油管，那是一份世界公認收入最優渥的工作，那時我才十七、八歲。如果以今日的物價計算，在一年半期間我大概賺進了七十萬美元。這是一筆很大的數目，是我每天工作十八、九個小時換來的，當地又沒有地方可以花錢。我沒日沒夜的工作，最後實在受不了了，不得不離開。」

「因為當地沒有花錢的地方，所以我就把賺的錢全部寄回家，並用來買了一棟三間套房的房子，其中一間套房成了我從阿拉斯加回來後的住所，沒用到的另外兩間則出租，這促使我開始思考現金流量和財產的問題。」

「我當時犯下的最大錯誤是在房貸利率高達一九%時貸款購屋，那時存款利率只有二%，我卻把錢全部存在銀行，以支付利率一九%的房貸款。我竟然不知道要將存款拿來先繳清房貸而支付了許多利息。所以說現金流才是王道。」

當他解決這個問題之後，錢就逐漸積少成多，使他不到二十五歲就變得相當富有。

要懂得節流

要懂得削減成本，無論金額多寡，都將百分之百轉化為利潤，而且集腋成裘，最終你就有餘錢從事其他投資。

哈森弗拉茨以嚴謹的成本管控聞名。在女兒接捧擔任他創立的利納馬汽車零組件製造公司執行長後，他就專注於領導「成本管控團隊」（Cost Attack Team，簡稱ＣＡＴ），唯一任務在為公司找出節省成本的環結。

「假設利潤目標為一〇%，如果我的團隊一小時可為公司省下十六萬美元的成本，也就相當於生產線一百六十萬美元的產值所能創造的利潤。」

因此，要勵行成本管控，儘量節省非必要的開銷。

哈森弗拉茨每年都為利納馬公司省下數百萬美元成本。

「你會驚訝於我為歐洲廠所做的事。我在二週內就訂出至少二百七十萬美元的節流計畫。這不是一次性節流，而是每年都可以達到的。如果歐洲這邊的工作持續五年，節流計畫就會推行五年。當前一般汽車零組件製造商的稅後淨利率約為三．五%到五%。利納馬公司的稅後淨利率卻高達八．五%，這項成就在業界只有另一家公司做得到，那就是博格華納公司（Borg Warner）。試想要如何才能有這樣的成果？而我們今年已經達成了。」

我看著哈森弗拉茨給我過目的財務報表不禁說：「哇！三千七百萬美元！每年都是這樣嗎？」

「是的。但因每年總會有不同的狀況出現，例如要扣除給客戶二%的回饋金等，因此，我們要不停地研究新的節流措施，才能維持那樣的淨利率。」

我請哈森弗拉茨舉例說明他採取的撙節成本措施。

「昨天工廠生產線發生了一樁蠢事。每台生產機器都有一個輸送帶把零件送出來，我看到流程第一關輸送帶在運轉，但上面卻沒有任何零件，或是只有極少量的零件。我的助理亞歷克斯當下說：『哇，所有輸送帶都在運轉，卻只送出少量的零件。輸送機的輸出馬力為五馬力，用電量大約是每小時四千瓦，每小時一千瓦的用電成本是十一美分，所以一天的成本是四十四美分乘以二十四小時，大約是十美元。為什麼不以電腦程式來控制呢？你可以用電腦程式來運作輸送帶，使它每三十分鐘運行五分鐘。』我說：『你還有察覺其他事情嗎？好的，你的建議很好。』那裡有四百台機器，每台每天成本十美元，四百台每天就需耗掉四千美元。『你還注意到了什麼？』輸送帶運行時會帶出一些殘留的冷卻水，抹除這些水要增加每公升九．五美分的成本。亞歷克斯是個聰明人。他說：『我們何不每人發一個一公升的瓶子去裝水帶回家？』（笑）我說，『亞歷克斯，你還這麼年輕就已經學會開玩笑了？』」

如上文所述，撙節支出很容易走火入魔變成刻薄吝嗇，有時這確實會發生。外界曾盛傳哈森弗拉茨某次跟十幾名律師和會計師一起開會的軼事。當中有人講了個笑話，哈森弗拉茨看著鐘算了時間，這個笑話用掉了三分鐘。由於律師和會計師是按時間計算諮詢費，所以他算了一下這三分鐘必須支付的報酬。他說：「那個笑話耗掉了我一百五十美元的成本。從現在開始，當大家開玩笑時就停止計費好嗎？」對他來說，如何撙節開銷是一個很嚴肅的問題。

柯溫講了另一個他在私人遊艇上會見哈森弗拉茨的故事：「我說：『法蘭克，你想喝酒或飲料嗎？』這是我們首次見面。他回說：『如果我不喝的話，可否折抵現金給我？』（大笑）我說：『法蘭克，我現在終於明白你為什麼會如此成功，為什麼你的生意會做得如此出色。』」

不要透支錢財，要避免負債

做生意最淺顯、卻也最常被人忽視的守則是：「千萬不要入不敷出。」即便這是最基本的原則，但因為太重要了，富豪們總是不厭其煩地提醒大家注意。

對斯堪的納維亞半島「飯店業之王」史托達倫來說，這項原則至關緊要，所以他在公司的哥德堡法則銘石上刻了「**支出前要先衡量收入**」以示警惕。

彼得．哈格里夫斯
「人們往往會借貸超過他們所需要的錢，甚至在不需要的時候去借錢。」

哈格里夫斯也很會省錢。他從年輕的時候開始，只要有錢都會存起來。

「當我還是一名英國特許會計師時，賺的錢並不多，因為這不是一個領固定薪資的職業，必須有人委託才會有收入。即使如此，我從未缺過錢，因為我用錢總是十分謹慎。雖然所得不多，我二十一歲時儲蓄的錢已足夠買一部車，於是我買了新車。這是件很不容易的事，以我當時的收入來說，甚至是一件辦不到的事情。但因我存了很多錢，所以我辦到了。我一生只曾有過一筆很小額的房屋貸款，但沒多久我就還清了。我從未對花錢著迷，我始終只花用自己收入的一小部分。」

哈格里夫斯一向反對借貸和負債。

「我認為人們借貸的錢往往超過實際所需，他們甚至在根本不需要的時候去借錢。我認識一名在布里斯托生意做得很成功的老闆，他基於某些原因找了一名創投家注資自己的公司，但他根本不需要那些錢。我認為很多借錢的人若好好想清楚的話，可能就不會借了。我們公司從來沒有向人借過錢。」

哈格里夫斯創辦的金融服務公司，憑藉這策略已發展成為當今英國規模最大、最成功的公司之一。

「我想，在我們之前並沒有人能在無借貸或購併的情況下，造就出金融時報一〇〇指數成分股企業。這在過去從未發生過。我的意思是，有些擠進金融時報一〇〇指數的公司，可能是靠購併和藉助大量貸款來達成的，當然這也意味著他們在該企業的持股不可能太多。我們在公司的股票公開上市自由流通之前，從不拋售股權，這就是為什麼我會如此有錢，因為我擁有許多的股票，而且從未辦理任何借貸，也從未花錢去購併其他公司。我認為這是史無前例的事。」

簡恩從文盲的母親那裡學到了金融理財方面的基礎知識。

「記得在我離家上大學時，母親對我叮嚀的第一件事是：『你要出外打拚了，希望你將來會非常成功，但切記一個簡單的原則：**能賺多少錢都無所謂，但永遠不要入不敷出和負債，務必要量入為出。**』」

這是簡恩一生中所獲最有價值的建議。

「我事後想起，如果有機會的話，我母親可能也會是名出色的大公司執行長。不要靠借貸過日子，一定要量入為出，這是她教導的利潤基本定義。我從來不曾也決對不會負債，這是我堅持的原則之一。我絕對不會去買一間超過自己財力所能負擔的房子。我一直告誡員工，每位會計師都會告訴你，基於賦稅考量，別把房貸還清。但我要說，房貸固然可以抵稅，最重要的卻是內心的平靜，住在沒有房貸負擔的房子才會真正有家的感覺。」

總之，負債和虧損是簡恩經商極力避免的兩件事，「因為這最終會使人一敗塗地。」哈森弗拉茨從小與兄弟姐妹一起在父母的農場幫忙，在這過程中也學到了粗淺的理財概念。

「我們打雜以換取零用錢，家中每個小孩都要幫忙做事，甚至是我妹妹，她也必須幫大家做飯。那時候她才十二歲，就要在其他人工作時幫忙做晚飯。所以父母總會給我們一點零用錢。我父親曾經說：『**你們想要致富嗎？有一種方法可以做到：量入為出。如果你們能少花錢，同時把賺的錢累積起來就可以致富。**』當然，有錢是每個人的夢想。」

你喜歡賺錢還是花錢？

問問自己究竟喜歡賺錢還是花錢？你是將工作和事業視為賺錢維生的「必要之惡」或是實現夢想的方式？你真正喜歡自己做的事情，而且花錢對你來說並不重要嗎？」

以下的論斷是本書的核心論述之一。如果只能用一句話來說明，**理財成功的人（百萬富翁）和理財超級成功的人（億萬富豪）之間的差別在於，後者從賺錢獲得樂趣，並不以花錢為樂。**

波蘭首富索羅不太喜歡花錢。當我們在他的辦公室進行訪談時，他說：「我至今仍很節儉，不會到處揮霍。因此，我沒有深刻的關於花錢的記憶。我真的不是花錢高手。」他自我解嘲地補充道：「從某一方面看來，這其實是我必須改進的地方。」

如果你喜歡錢，就不要亂花錢，最好保錢存起來！

這是帕里索托期望我明確理解的事情。

「有些人錢還沒進口袋就急著把花掉，從此成為金錢的奴隸。你喜歡錢嗎？如果喜歡，你會怎麼做？你會把喜歡的東西留在身邊。現在的人可能不喜歡錢，因為他們往往還沒收到錢就把錢花了。」

帕里索托六歲時就透過打工開始學習金錢的價值。他的工作是摘玉米葉用來包菸草和雪茄。

「每天晚餐後我們都要工作二小時，爸媽因此給了我一點錢當報酬。那點小錢根本不夠拿來買一雙鞋或一件襯衫。但是，當我收到父母給的錢時，都會將它藏在櫃子中隱密的小格子裡。我會不時打開來數一數，我喜歡看到錢，也喜歡觸摸紙鈔的感覺。我愛上了錢，因為那是我的錢，這才是最重要的。」

除此之外，帕里索托也體會了存錢勝過花錢的道理。

「因為那時我們錢不多，而去醫院看病總得付帳，所以特別需要存錢。」

如今，帕里索托已是億萬富豪，且是南美洲最富有的人之一。

經商要懂得精打細算

管理私生活的開銷是一回事，但是管理事業財務又是另一回事。富豪們會開發一系列的理財方法和工具來有效地協助他們管理事業財務。以下向大家分享我與他們訪談的重要心得。

經商理財的重點不在營收多寡，有無利潤才是關鍵，務必要優化你的利潤與財務盈虧！

這是桑格維一生奉行不渝的準則。

「父親曾經告誡我，銀行櫃台的收銀員雖然每天可以數很多鈔票，但重點是，他到底能拿多少錢回家。公司的營收可大可小，但對你而言，利潤才是需要關注的重點。」

當我採訪桑格維時，他的太陽藥業公司（Sun Pharma）利潤高達營收的二五%，市值是銷售額的四倍，這是印度其他企業難以企及的驚人數字。

威爾遜在加拿大創立運動服飾品牌露露檸檬時，即充分意識到上述道理，從而運用到經營實務上並且獲益良多。

「任何人都知道安德瑪（Under Armour）是一家比露露檸檬大得多的運動服飾公司。但因安德瑪做的是批發生意，所以露露檸檬實際的獲利能力遠高於安德瑪。**你想在一家獲利能力較強的公司工作，還是在一家工作量較大的公司工作？**」

「安德瑪從事躉售，也就是說，他們以十美元的成本製造商品，然後以二十美元的價格出售給批發商，最後在店家以四十美元賣給顧客。露露檸檬以十二美元的成本製造品質更好的產品，再通過自己的銷售系統以三十八美元的價格賣出，因此利潤比對手好得多。你也可以看到蘋果公司和特斯拉沿用相同的模式，製造精美的技術產品，直接提供給客戶，這是一種更好的商務模式。」

威爾遜最後離開了他創辦的公司，而那時露露檸檬堪稱是除了珠寶業和蘋果公司以外，全球每平方呎（約〇．三〇四公尺）商店銷售額及利潤最高的零售店家。「我在露露檸檬創立的經營模式稱得上世界第一，還無人能及。」

親愛的讀者，在用錢方面你是屬於精打細算的人嗎？你的消費習慣是否良好？你學會了正確理財的知識了嗎？你是否有負債或是經常入不敷出？比起賺錢，你更喜歡花錢嗎？你經營的企業財務狀況如何？

與億萬富翁的差距

- 游移不定的人喜歡花錢，他們常花光積蓄，甚至負債累累。
- 百萬富翁賺錢是為了花錢享受。
- 億萬富豪不認為錢財是供私人享樂之用，他們喜歡賺錢更勝於花錢，並建立了財務健全的高效能企業。

關於本章的更多故事，請上：http://TheBillionDollarSecret.com/resources

第17章
精益求精

「凡人必須經過內心的混亂與掙扎，才能蘊育出卓越耀眼的新生命。」

——尼采

凡事豫則立，不豫則廢。

對加利茨基來說，成功的祕訣很多，「首先，**你必須在思想和行動上做好準備**，其次是你必須相信自己。」

帕里索托也相信，想要積累財富，你必須做好相應的準備。

自我教育

教育至關緊要。帕里索托相信良好的教育是他成功的關鍵。

「我們全家都非常重視教育。我記得父親說過：『我可能不會留任何遺產給子孫，我唯一能做的就是教會小孩如何學習。』他說，**只有好學不倦的人才有成功的機會**，他一直強調這句話。不幸的是，家父沒有錢支付我們兄弟姊妹的高等教育，最後是由我一肩挑起。這當然需要許多努力與付出，但我認為，照顧兄弟姊妹的責任感是我邁向成功的一大動力。」

學校傳授的知識並非成功的決定性要素。學歷和學識之間有很大的區別。許多富豪可能學歷不高，但他們的學識卻十分出色。

正如蔡東青所說：「**學校傳授的知識不是成功的決定性因素**。我很早就輟學了，也不擅長從書本上學習。在商界，**更重要的是吸收新知識的欲望和能力**，以及誠信和責任感等人格特質與行為。」

蔡東青的原則之一就是：要求自己做到永不止息的學習和進步，要懂得從事業中學習，並逐步改進。對於我提問若重回二十歲對自己有何期許，他回答：「希望能學得更多！」

曹德旺是我見過最明智的人之一，儘管他只有小學五年級的學歷。他就像是中國的哲學家或佛教高僧。我以前不認識他，但他如智慧老人那樣，隨著年齡和經驗的增長看透一切，從中汲取許多深奧的道理，且樂於傳授他攸關人生和商業的智慧結晶。

曹德旺從未自任何學校畢業過，也沒有上過大學。他的家人貧窮到無法供他完成小學教育。因為欠缺正規教育，他一生中的知識都是靠一己之力學習得來。儘管如此，他現在是中國最受尊敬和最富有的人之一，不僅是一名白手起家的億萬富豪，同時也是二〇〇九年「安永世界企業家

──蔡東青

「學海無涯。」

大獎」得主。我問他對年輕人有何建議，他的回答讓人感到驚訝：「我對年輕人的建議是，他們應該及早開始增進智慧，而不只是賺錢而已。」

要把握所有學習機會

要善用一切機會學習，說不定將來你會受用無窮。因此，要盡可能隨時隨地學習。

帕里索托曾不經意參加一場週末研習課程，沒想到獲益良多。他在那裡學到的技能對日後的事業非常有幫助，同時也使他有能力負擔上大學所需的費用。他早年曾就讀神學院，但因故被開除，之後他在叔父任教的巴西利亞一所大學擔任工友二年，賺取微薄的薪水。

「當時校方在週末開了幾門課程，都是一些特殊應用學科，我記得其中包括技術設計、稅務申報等實用課程。我在那裡學過工會立法，對於應徵某些公司人力資源部門的工作很有幫助。我去聽這些免費課程，原本只是用來打發週末時間，沒想到它讓我的頭腦變得靈光起來。」

「當我回到南里約格蘭德州（Rio Grande do Sul）時，我在一家雇用二十三名員工的小型肉品加工廠找到了一份工作，負責核算每個月底發給員工的薪餉。」

「此外，在每年一月、二月及三月，我還要為大家提供所得稅退稅特別服務。受惠於巴西利亞期間所學，我得以為公司的卡車司機爭取最佳權益。依照當時稅制，卡車司機享有三%的薪資免稅扣除額，不過絕大多數司機並不清楚這項規定。我發現他們多數人在年底都可以辦理退稅，只是他們不知道相關權益，所以沒人提出申請。我說：『我們需要檢視你們的繳稅資料，也許你們可以退稅。』『不可能！進到國庫的錢怎麼有辦法拿回來？算了吧！』於是第一年我跟大家說：『我先不收服務費，等到退款下來時，你們再付給我二〇％手續費，如何？』服務截止日期是三月底。」

「到了九月、十月，有申請退稅的人陸續收到退款，我順理成章地成為眾人的最愛，因為我是唯一能讓他們從政府手裡拿回錢的人。我從中賺取的服務費大約相當於一部福斯金龜車（VW Beetle）的售價。我就是靠這筆錢和既有的存款念完大學。」

陳覺中隨時向每個人學習。

「我認為最好的學習方法，是保持開放的心胸去傾聽並提出正確的問題。**我認為每個人都是我的老師，每分每秒都是學習的好時機**，即使只是短暫與客戶及員工交談，都可以從中獲益。因此，假如能永遠保持開放的態度，就能從他人身上得到很好的回饋。」

了解世界如何運作

百萬富翁和億萬富豪之間的主要區別，在於他們的知識多寡。億萬富豪能在不同的層次上了解世界運轉的法則。如何建造摩天大樓？如何為工廠取得融資？如何與政府就購買礦山進行談判？這些都是億萬富豪學習並尋求答案的問題。

讓我舉一個例子。沈財福以龐大的交易價收購了布魯克史東（Brookstone）公司。

「為了這筆交易，我不得不和許多銀行打交道，所以我強迫自己去了解所有財務和會計方面的問題，包括所有衍生性金融商品及其可能牽涉的細節、公司損益表、資產負債表、現金流量、以及從營運和財務角度了解市場的運作方式。」

「我需要注意各種不同的問題，因為在金融領域有太多值得探索的地方。商業銀行家、投資銀行家、私人銀行家性質互異，各自具有專業。如果不知道如何與他們打交道，操作財務槓桿的能力將隨之減弱。這會使交易出錯，從而讓人付出代價。」

學習做生意的三個步驟

你不能光憑在學校或從書籍學到的理論來經商，這就像你無法憑藉閱讀手冊學會游泳一樣。學習游泳必須進入水中把身體弄溼，然後試著划動四肢，但是在此之前，建議你先做好一些準備，以免下水後馬上淹死。

一、做好準備

商人必須竭盡所能了解商業基礎知識和自己所屬的行業。

你可以依循歐茲耶金的建言來為將來的事業作準備。

「我曾建議歐茲耶金大學每名學生在畢業後，先到企業工作一段時間，除非他們能提出如同臉書或推特那樣傑出的構想，否則不要直接創辦新公司或企圖成為新進企業家（笑）。社會新鮮人應先到企業工作，藉以了解公司的運作方式，同時結交朋友並學習從中建立人際網絡，以及接觸各種不同的行業。」

因此，社會新鮮人優先要務，是探悉所從事的行業，從基層開始逐步向上，以便從下到上通盤了解。

這與哈森弗拉茨的見解不謀而合：「**我只知道有一種成功可以從最高處開始，那就是朝地下挖洞**。這種工作勢必要從上方開始，別無他法（笑）。除了挖洞之外，所有事情最好是由下拾級而上。」

二〇〇三年「安永世界企業家大獎」得主穆爾蒂首次創業即遭逢挫敗，然後，他決定從最基層員工做起，學習事業的基本知識。

「一九七六年，我在浦那（Pune）成立了名為Softronics的公司，但最後卻以失敗收場。原因出於當時電腦軟體在印度根本沒有市場、電腦售價非常昂貴、沒有銀行願意貸款給我，而且大多數企業不信任小公司。」

「這一結果未嘗不是一種福份，讓我學到非常重要的一課，也就是光有創業的點子還不夠，也要有市場的配合。如果市場條件還不成熟，再好的想法也不可能實現。」

「因此，不到一年我就明白錯誤所在，了解到必須專注於出口市場，於是我關閉了

Softronics，著手學習出口貿易和中型企業經營技能，學成之後出任總部位於孟買的ＰＣＳ科技公司軟體部門主管。但我知道自己遲早會再出來創業。」

「我當時領導一個約二百名軟體工程師組成的團隊，並且經常出國與客戶見面，因此掌握到軟體出口的商機，也學習到建立和經營出口貿易公司的知識。我非常感謝ＰＣＳ提供我這麼好的機會。」

帕里索托建議大家多閱讀書籍和雜誌、參加會議及產業展覽會，而不要只想著到處旅行購物。

「如果你想了解任何一種行業，都有書籍、雜誌可供參考，再不然也可以上谷歌查，不要把時間浪費在旅遊享樂之上。何不多去參加會議、出席各種產業展覽會呢？只要你有意願和興趣，就能找到了解特定領域的方式。」

「敞開你的心胸，看清世界現勢。旅行雖然也重要，但是大部分人都是為了購物而旅行，以致無所作為、一無所獲。」

你將在本章後文閱讀到一趟紐約之行如何讓他孕育出一個成功的創業靈感。

二、要向他人學習

要向你所敬佩和信任的人汲取經驗。家人永遠是你最好的諮詢對象。如果你的祖父母或父母是企業家，就多多向他們請益。

其次要向業界傑出人士學習。即使有時他們也是你的競爭對手，但仍要與他們往來並向他們學習。

歐茲耶金曾受著名的土耳其企業家和慈善家維比·柯契（Vehbi Koc）啟迪：

「當我還在建設信貸銀行擔任總經理的時候，我和柯契洽巧住在同一棟公寓大樓。他一向以謙虛著稱，年紀比我大四十歲，每當我拜訪他時，他都會非常認真地聽我說話。現在回想起來，我多希望當年他能多說一些，自己也能多聆聽些。」

「他是我們這個時代最有遠見的企業家之一，許多人將他視為土耳其現代慈善事業的鼻祖。他創設了許多重要機構，例如土耳其教育基金會、柯契大學等各級學校以及許多博物館。」

眾所周知，哈森弗拉茨始終向他所敬佩的業界專家學習：「我組成了一個十人的製造團隊，是一個通用性質的編組，成員不限於汽車製造業。我要求他們『每個人都要做一場簡報，介紹自己可供他人學習的長處，內容即便自吹自擂都沒關係。』自吹自擂也沒什麼不好。一個小組有十個成員是最好的，但通常只能找到六、七個。」

史托達倫也向經驗更豐富的人學習：「如果你的胸襟開闊，一定可以從他人身上學習到寶貴的東西。例如我就從公司不同級別的員工中學到很多，特別是在我的職業生涯剛起步時，我很慶幸能與很多經驗比我豐富的人一起工作，讓我有觀摩和學習的機會，著實獲益匪淺，且可避免重蹈他人覆轍。」

蔡東青等富豪則從他人身上學到與自己不同的觀點。

「最有用的建議，往往來自可以給我不同想法並指出問題所在的人。這樣的建議既有用又能帶來實質影響。」

三、**邊做邊學**

柯溫就學習經商的最佳方法指出：「學習商道的最佳方法是什麼？**經商的奧妙在課堂上是學不到的，實際去做顯然是最佳的學習方式。就像學游泳，要不斷跳進水裡並體驗如何踢水。**要經得起「烈火的洗禮」，要獲取實際經驗，而不是靠課堂理論。這就是學習之道。」

簡恩也肯定上述方法：「實做是學習商道最好的方法。我不在乎你讀了多少書，也不在乎你曾師從多少位教授，**學習經商的不二法門就是實際去做**，並從中找到一位很好的導師。」

人生旅途殊異，但切記，經驗是人生最珍貴的寶石。蔡東青這樣詮釋：「經驗是我們生命中最有意義的事，但是唯有懷抱目標，人生才會充滿靈感及獲得成就感。這個目標必須與你真正想做的事保持一致，如此你才能嘗盡人生百味仍樂在其中。」

要保持好奇心

不論為了事業或私人生活上的發展，保持年輕的心態是不可或缺的。要常保好奇心，接受新想法，時時探索新機會。

史托達倫認為，開誠布公對商人而言，是最重要的人格特質。「與其堅持你有正確的答案，不如抱持開放的態度去傾聽周遭人們的想法。」

穆爾蒂也認為，商人最重要的人格特質是對新想法保持開放的態度及提出正確的問題。好奇心幫助帕里索托找到了理想的市場行銷模式。

「我生性好奇，有一次帶了一些錢去紐約，平生第一次看到卡式錄影帶和攝錄影機。舊款卡式錄影帶攝錄機可能重達十公斤，可以連接到電視上。在百老匯地區的店家，有一名推銷員在外面攝影，拍到的畫面立即呈現在電視螢幕上。」

「對我來說這個示範再清楚不過了：以後拍影片不再需要沖洗底片。舊式膠捲底片和相機底片一樣需要沖洗顯影，然而卡式錄影帶，不但不需要沖洗，還可以重新攝錄，一次又一次地使用。」

「店家除了賣設備、攝錄機之外，也陳售電影及百老匯節目錄影帶。所以我提了兩個裝滿錄影帶的手提箱回巴西，開始經營錄影帶租賃俱樂部。最初是一家零售店，之所以將稱為『錄影帶俱樂部』，是因為客人必須支付月費成為會員，才能租借錄影帶。」

「這門生意祕訣，在於顧客必須購買播放設備才能看影帶。因此，我也開始銷售播放設備及電視。通常這類顧客都具備良好的購買力，同時也是思想開放的人。他們捨得花錢買更高規格的電視，追求更佳的音效，於是我的生意蒸蒸日上。」

「但最重要的部分不是錄影帶俱樂部，這只是用來招攬客人上門。我將錄影帶俱樂部設在店裡最後面，所有顧客都要經過設備區才能到達（笑）。」

運用這種方式，帕里索托促進了相關設備的銷售。不久，他就成為當地電子器材市場霸主。

要精益求精

成功是一回事，而能否守成則是另一回事。要在業界永續經營，不是擁有文憑就可以辦到，一定要不斷的學習和改進。

曹德旺所有的知識都是靠自修得來。他十四歲時仍然不識字，最後卻成為億萬富豪並榮獲二〇〇九年「安永世界企業家大獎」。他就是一個活生生的例子，證明無論出身多麼寒微，只要努力進取，最後都可以取得驚人的成就。我很專注地聽取曹德旺有關學習的建議：「人只要肯努力並勤學不怠，前途將無可限量。」

中國另一名富豪蔡東青也如此認為：「終身學習和追求自我提升才是確保成功不墜的法則。人要隨時隨地不斷的學習，不斷的思考。」

富豪們追求自我提升，永無止境。一般人獲選為全球最傑出企業家後，或許會認為自己已經夠完美了。二〇一五年「安永世界企業家大獎」得主阿利塔德表示：「我認為，好還要更好，要精益求精。」

對於波蘭富豪索羅，精益求精不需要外在激勵。他就成功的祕訣指出：「追求進步是我內在的能量，這股發自內在的動力不斷敦促我『努力向前』和『精益求精』」。

「重要的是要具備從失敗記取教訓的能力，透過不斷的學習來追求自我改善。要向更有能力的人請益，要不停地去尋找這樣的人，持續地向他們學習。」

索羅建議我們，「要超脫自己的弱點和限制」。

陳覺中是永不停止追求進步的典範。他創業成功後仍到大學深造，即使獲得了二〇〇四年「安永世界企業家大獎」，也依然每年前往哈佛大學商學院進修一週。

「我想透過不斷的進修來提升自己，所以參加亞洲管理研究所（AIM）學程。該研究所在亞洲甚受歡迎，校址在馬尼拉。我研修高階經理人課程，也到AIM學術夥伴哈佛大學進修。我深知自我提升的重要性，對了解與學習更多新事務充滿熱忱，因此選讀了這些管理課程。我認為自己在經營事業方面仍有很多地方需要學習，所以我每年仍會回到哈佛大學參加一週的課程，並且不時閱讀商業方面的書籍。自己所學以商業居多，另外也上一些通識課程。」

威爾遜也倡導終身學習。他選修過許多課程，獲益良多，但其中里程碑（Landmark）課程對他職業生涯發展最具突破性的貢獻。那時他經營西海灘（Westbeach）運動服飾公司，是平生第一次創業。

「我當時有兩名合夥人，彼此關係並不融洽，公司也沒有賺錢。其中一位合夥人大我十歲，育有多名孩子，他想要貸款買房子，而我則想把錢投注於事業。另一個合夥人試圖當中間人，但因為他討厭衝突，所以調停沒有產生任何作用。」

「我們一起去上里程碑課程，結束後，彼此不計前嫌，重新言和。為了打造更美好的未來，我們決定將公司出售，但在此之前，還有很多事等著我們。因此，我們再次聚在一起，把過去不快一筆勾消，然後向前邁進。那是我人生的一個轉捩點，自己意識到生命中其實可以有很多種不同的選擇，而且身為一名商人、公司負責人和人父，自己有多條路可走，沒有任何一條路是唯一正確的。」

人不需要無所不知，只要挑一項自己最懂的，專注的去做就好。

當然，人要自省才會成長，這首先必須要充分了解自己，弄清楚自己的才能和不足。只有這樣，你才會知道自己必須改進和進一步發展之處。

沈財福建議大家要「專注於自己的強項並努力讓它更臻完善」。此外的事可以委託他人，或找個事業夥伴分擔。

桑格維跟許多富豪一樣，不斷追求進步，尋求超越自己過去的表現。

「**我想做自己擅長的事情，並且想要比過去做得更好**。我通常不會與其他人競爭，但會與自己過去的表現競爭。」

對於史托達倫來說，這種持續追求進步的精神是公司成長的主要動力：「今天要比昨天好，而且明天要比今天更好」。

請記住：人永遠有可以再精進之處。

加利茨基坦承：「我不相信有什麼事情是完美的，天下絕對沒有完美的事物。我一直想要進步，這不是強迫症，我只是一個追求進步的人。我老婆有時會因此生我的氣，因為我老想改進這個、變動那個，永遠不安於現狀。」

人不可能無所不知，世上總是有需要學習的事物。

我問二〇一五年「安永世界企業家大獎」得主阿利塔德，是否已領會萬物運作的奧祕。

「我認為自己從未達到這樣的境界。個人只是持之以恆地認真學習。真的有人可以當之無愧的說『我無所不知』嗎？我實在不能苟同。」

哈森弗拉茨最初對經商一竅不通，但經過數十年按部就班逐步改善，如今他在公司經營上取得了驚人的複合成效。

「就像日夜交替一樣，變化是巨大的，並且日復一日。我們今日做事方式已與十年前不同，而十年前的做事方式，也跟二十年前不同。現今職場瞬息萬變，幾乎所有東西都自動化了，隨便在我們的工廠內走走，到處可以看到機器人取代人力。當初我進這一行時，對這個產業知之甚少，但我每天都在學習。」

哈森弗拉茨會隨時記錄個人的經驗教訓。

「無論我從中學到什麼，我每年都會寫下自己的『經驗教訓』。整整五十年來，我細數做錯過的事情，而這些都是最好的經驗教訓，其中包括一些很大的錯誤，我沒騙人，真的是這樣。我每年都會將經驗教訓記錄下來。」

隨著公司的發展，你的學習內容和挑戰會相應改變。

要進階到下一個新的水平，你必須改變觀點，學習從別人的角度來看事情。

我請教金範洙，為實現目標，有哪些事需要改善。

「我認為影響最大的是開放的心態，要能從不同的視角看待事物和人。要明白，只透過自己的框架去看世界，視野是有限的。以不同的角度觀察世事至關緊要，這對我的事業成就功不可沒。」

「最重要的事情是，不要陷入自己的思考窠臼，學習從新的角度出發，堅持用開放的態度去面對世界，以及用新的視野來解決問題並建立新的關係。」

最後，讓我以斯圖爾的人生智慧來總結本章節：

「**我認為人活在世上最重要的不外乎學習、成長和發展。**凡人都懷有抱負和理想，但是在**人生旅途中，有時目的地並不是最重要的，重要的反而是過程中的種種作為。無論你的人生尋求達成何種目標，最彌足珍貴的是達標的過程，**而不是目標、成就、金錢，或是財富和權力。在這段人生旅途中，你烙印下的痕跡才是最要緊的，最終決定了你的心靈進化狀態。不斷地追求更高的境界的態度是美好的，我現在已經不用刻意去做了，因為它已像贏得成功一樣成為我自己的一部分。」

與億萬富翁的差距

- 游移不定的人在完成學業後不再進一步學習，以致知識很快就過時。
- 百萬富翁在個人發財後就停止自我提升，於是知識逐漸落伍。
- 億萬富豪始終精益求精，他們有人可能學歷不高，但始終不斷透過自我學習增長知識。

關於本章的更多故事，請上：http://TheBillionDollarSecret.com/resources

第18章
有為有守

「非善勿為，非真勿言。」

——馬可．奧理略（Marcus Aurelius）

追求財富與保有高尚人格，二者其實可以並行不悖。人無誠信則不立，唯有堅持崇高的價值，事業成就才能維繫不墜。本書中每位億萬富豪都是傑出的範例。穆爾蒂的人生座右銘是「問心無愧則高枕無憂」。

不撒謊，不舞弊，不竊盜

世上有些人堅信，要獲得人生第一桶金可以不擇手段。實際上，「為富不仁」也是一般人對富人的印象，但這是再錯誤不過的想法。

曼尼．斯圖爾
「絕對不要說謊，我現在比以往更加了解這個道理的重要性。因為只要說謊被抓到，儘管就那麼一次，以後你也不必混了。」

雖然有人可以靠騙術成為百萬富翁，但通常也只能短暫當個過路財神。騙人終有東窗事發的一天，靠詐術得來的錢終究留不住，本人還會受到懲罰。因此想靠做奸犯科來致富，永遠難以如願以償。

寧可公平地參與激烈的競爭，也不要投機取巧。

二〇一六年「安永世界企業家大獎」得主斯圖爾對此有絕佳的形容：「我認為，投機取巧可以讓人成功一時，但不會使人成功一世。有朝一日事跡敗露，難免要付出慘痛代價，就算不是蒙受經濟上的損失，也可能賠上家庭與健康。我對因果報應堅信不移，即使不是現世報，將來也必有果報。你看那些為非作歹之輩，最後都會付出代價。因果相循，叫人不得不信。」

誠信是多數億萬富豪強調的企業文化要素，也是企業家最重要的人格特質之一。許多富豪更將誠信視為最崇高的人格特質。

斯圖爾告誡大家，絕對不要欺騙客戶：「我剛開始做第一筆生意時就了解，為了維持雙方關係，絕不能撒謊，並且要與客戶建立互信。要贏得別人的信任非常困難，然而一旦建立了信任，則可能終生維繫不墜，但信任也會因謊言而立即冰消瓦解。我相信一旦失去別人的信任，將如覆水難收。當然，對方可以原諒你、與你維持關係，但他們不會再像先前那樣相信你總是說實話。不要蒙騙他人，這樣生活會比較輕鬆自在。」

確實，誠信對於事業長遠發展及成功至關緊要。

不要拿任何不屬於你的東西。不要成為貪污的共犯，即使周遭的人都在聳恿你，或是不同流合污事業就經營不下去。

賄賂是印度社會牢不可破的傳統，已成為經濟和社會制度運行的基礎。印度億萬富豪簡恩指出：「父親曾擔任監工，負責監督政府營建工程，由於賄賂文化盛行，這原是一個不折不扣的好缺。但父親決心做個誠實的人，不接受任何賄賂。」

因此，他們家一直過著窮苦的生活，畢竟公務員微薄的薪水不足以養家糊口。

「依據印度社會的潛規則，監工會告訴承包商，『不要全放水泥，放一半水泥和一半沙子就好了，將省下來的錢分一些給監造單位』。然後，監工會拿走屬於自己的一小部分，再將其餘的錢交給上司，他的上司也會依樣畫葫蘆，將錢上繳。就這樣層層拿錢，在食物鏈中所有人都會得到好處。但父親不願這麼做。」

「有時，他的上司會打電話給承包商說，『嘿，我怎麼沒看到錢，是他獨吞了嗎？』承包商會說，『你知道他要我做什麼嗎？』『什麼？』『他要我按照規範施工。你有聽說過這種事嗎？當我投標時，我知道可以偷工減料，所以用低價搶標。現在，他要讓我血本無歸，而你竟然還問我為什麼不給錢？』」

「公家機關是鐵飯碗，上司無法開除他，於是年年將他調單位，『把他攆走，以免自斷財源』。因此我們全家從一個村落輾轉流落到另一個村落，最後落腳於完全沒有公家工程的最偏遠村落。從那時起，父親不再被行賄的問題困擾。我們落腳的地方幾乎沒有電，沒有學校。家裡沒有桌子，也沒有椅子，要趴在地上寫字，我就在這樣的鄉下長大。」

「我非常清楚地記得，當我八到十歲時，有一天我跟父親說：『我知道你想做個誠實的人，這就是你的堅持。但你有沒有想過養家糊口的責任。』我當時很生氣，但父親靜靜地看著我，語調和緩地說：『其實，現在我不知道該怎麼回答你，但等你長大了，你自然會明白，比起其他父母，我給了你更有價值的東西，也就是人格操守的重要性。你今天可能體會不到，但總有一天你會明白的。』我至今仍將這些話銘記在心。」

印孚瑟斯公司創辦人穆爾蒂也不願向印度社會賄賂傳統低頭。

「我們用行動證明，透過合法且合乎道德規範的方式經營企業，一樣可以在印度獲致成功。我從來不曾行賄，在一九九〇年代創業初期，有人向我們索賄被我們嚴正拒絕，這曾導致公司申請案遭到政府延宕。但是當他們意識到我們絕不會屈服時，他們轉而支持我們，因為他們也希望社會能有一些好人。這對於印度和其他腐敗國家的人們來說，誠屬寶貴的經驗。」

持守健全的價值

成功通常是堅守健全的價值行事的副加產物。億萬富豪們都會確保旗下事業建立在健全的價值觀之上。

蔡東青談到經營事業應該避免的事情指出：「**我們不能為做生意而做生意，我們應該用原則**

做生意。」

對史托達倫而言，事業成功的祕訣在於秉持四項價值：正直、誠實、開放及可信賴。

虛懷若谷

我從簡恩身上學習到這件非常重要的事情：

「**做人謙虛低調是成功的表徵**。因此，當你懂得謙沖為懷時，才有機會知道什麼是成功。如果一個人傲慢自大，意味他仍處在必須向他人證明自己能力的階段。不懂得謙虛做人，就表示他尚未如願以償獲得成功。」

富豪們受訪時所展露的謙卑態度，著實讓我感到驚訝。以下請各位從他們所說的話來親自領會。

桑格維創立了印度最大製藥公司太陽藥業，目前是全球製藥業界的首富。筆者問他對人生哪件事最感到驕傲。他答說：「就我個人而言，我認為自己並沒有任何能引以自豪的非凡事蹟。」

陳覺中曾榮獲二〇〇四年「安永世界企業家大獎」，他創辦的快樂蜂食品公司旗下擁有眾多品牌和數千家餐廳，是亞洲最大的食品連鎖企業。他對個人成就的看法是：「我猜想成功大概是……，事業日復一日維繫不墜，但我不認為自己非常成功。」

曹德旺成長於中國飽受戰爭蹂躪的貧窮村莊，沒受過多少教育，曾經放過牛。他創立的福耀玻璃在全球汽車玻璃製造業界拔得頭籌，他本人曾得過二〇〇九年「安永世界企業家大獎」。本書第一章講述過他啟發人心的成功經歷。不過，他謙稱：「事實上，我只是一個尋常人，每天做的事情再平凡不過，所以沒有什麼足以稱道的精彩故事。」

良善勝於富裕

桑格維的父親曾經說過：「**金錢可使人富有，但富人必須努力提升自己，做個更好的人。**」桑格維也忠告大家，千萬不要以金錢衡量一切。

歐茲耶金就自己最想讓世人記住的事情指出：「我希望人們想起我時，會說『他是個好人』，如此而已。你懂我的意思嗎？不是說『他是個有錢人』，而是『他是個好人』。」

其他富豪也以不同的話語表達了相同的期許。

近朱者赤，近墨者黑

要結交具有高度商業道德和品格高尚的人。

對於如何挑選商業夥伴，斯特羅納克指出：「我選擇品格良好的人。」只與你喜歡且信任的人做生意。

史托達倫說：「我只與自己喜歡和信得過的人生意往來。如果我不喜歡他們，我就不會與他們做買賣。」

不要把時間花在憤世嫉俗而且沒有操守的人身上。

腳踏實地

做人要踏實，切勿讓金錢影響你的價值觀、生活方式或人際關係。

儘管桑格維事業極為成功，但他始終虛懷若谷。

「我盡量不讓金錢影響我的價值觀、我的生活方式及人際關係。我當然認識許多非常有成就的人，但我最親密的朋友是同窗舊識。」

哈格里夫斯最好的朋友也是年輕時的死黨，現在仍定期與他們一起去當地酒吧喝啤酒，不因有錢了就改變生活方式。

當你在街上與白手起家的億萬富豪擦身而過時，可能無法從外表去判斷他們的身價。蔡東青就是一個極佳的例子。如果要用一個詞來形容他，那就是謙卑。他確實是一個樸實無華、毫不做作的人。他腳踏實地，更沒有忘本，身上沒有半件奢華行頭，給人的印象毫不起眼，但他的內在卻宛如一顆鑽石。他堅忍不拔，為了實現夢想，永不輕言放棄。

及時行善

曹德旺常告誡自己要及時行善，利人利己。

「人每日面對許多繁瑣的事務，必須隨時做出決定。如果一個決定有益於自己的生活，同時對社會、國家及人類有利，就是可行的好決策，反之則不可行。若能確保所作所為都對他人有利，最終善有善報，自己也會受益。」

重視精神生活的斯圖爾建議大家：**「要及時行善，如果做不到，或是不能做，至少不要去做壞事。」**

做人可靠才能贏得信賴

可靠孕育信賴，而信賴是事業發展的動力。做個值得信賴的人，這能使你推展事業更加輕鬆自在。

蔡東青指出，信用是事業成功的關鍵。

「我認為，信用和魅力幫助我們贏得合作夥伴的大力支持和持久合作。在商界，許多決策和交易並非只是買賣而已，其中蘊涵許多真誠或無形的事物，例如信用、正直、誠意和個性。」

如果信用不佳，甚至無法開設銀行帳戶，因此要使自己值得信賴。

對阿利塔德而言，在從事鷹架事業初期要獲得銀行融資是一大挑戰。他先於法國獲得博士學位，然後在阿布達比找到一份很好的工作，賺了不少錢，接著自己創辦了一家電腦公司，且在賣掉公司後財力倍增。但對法國銀行來說，這些並不足以證明他值得信賴。

「當地銀行不信任我，他們說：『這傢伙是來自阿拉伯世界的敘利亞貝都因人，曾做過電腦業和收購過幾間破產的公司。』當我接手米芙蘭（Mefran）公司時碰上的最大問題是無法在銀行開戶。我並不是要向銀行借錢，只是要為公司開立銀行帳戶而已。沒有公司帳戶，一切事情都免談。」

「最後，銀行帳戶終於開通了，因為我依照銀行的要求，用房子去抵押。第一年公司有些許盈餘，但銀行不相信，多次審查了公司資產負債表，想找出造假的地方（笑）。這聽來有點不可思議，但事實上，信用不足真的是一個很大的障礙。」

那麼，如何才能贏得信賴？

1. **從準時這個小事做起**。準時是再簡單不過的事情。但富豪們一致指出，準時是事業成功基本要素之一。曹德旺強調：「永遠要準時，答應人了，就要準時現身。」

2. **重然諾，一諾抵千金**。斯特羅納克為人處世的原則是：「**凡事說到做到。履行承諾是做人做事的第一要務**。」遵守對自己有利的合約很容易，但更重要的，是當買賣不利於自己時，依然要履行契約。

3. **言而有信**。眾所周知，簡恩在業界向來報一口價，從不討價還價。

「我的人生守則，是永遠不要提出自己做不到的承諾。如果你已經出價五千萬元，就不能問『可以降到四千萬元嗎？』遵守這個原則攸關你的信用，否則業界將認為你會一再出爾反爾。請永遠記住，建立信用需要數十年的時間，但要讓信用毀於一旦卻輕而易舉。」

簡恩關於信用的看法著實令人大開眼界。

「讓我再舉例說明做生意的法則。大多數人會說，能否做成生意完全取決於人脈。這種想法實在大錯特錯。說這種話的人大概從未獲得真正的成功。其實那與人脈或對方喜不喜歡你關係不大。**深厚、長遠且永續的生意關係有三種層次，除了要讓對方了解你、喜歡你，最重要的是要讓人信任你**。所以要有人脈且要受人喜愛，更要取得他人的信任。而且，如果無法發展到第三個層次，你或許做得成短期的買賣，卻永遠無法建立長期的生意關係。」

讓我引用這句顛撲不破的諺語來做為註解：「**被信任遠比被愛難。**」

以誠待人

要祝福並善待他人。

穆爾蒂指出成功的真諦是：

「**當你一出現就吸引眾人目光，並使人笑逐顏開，那就是成功**。這與財富、名氣、美貌或權力沒有直接的關聯。大家綻放笑容是因為知道你正派、關心他人，且有雅量祝福他人。」

大公無私

與人打交道時要開誠布公。大公無私不僅是一種道德的展現，也能為自己的生意帶來好處。

公平對待員工能使他們做事更有衝勁，而公平對待事業夥伴則能贏得他們的忠誠。就經濟層面來說，不公平的交易是無法長久持續的，只有雙贏的局面才可長可久。

陳覺中一向習慣從對方的角度切入，以了解其需求。

「我的信念永遠是有福同享，不能只有單方受益。要讓對方認為他們比自己在買賣中獲益更多，要做到讓利並隨時為對方設想，這個原則我始終奉行不渝，至今也受益良多。公司的人遇到談判時總會說：『不要讓陳覺中參加，因為他都在讓利。』但這一直是我的信念。讓對方覺得他收穫更多，交易自然順水順風。」

開誠布公已成為陳覺中始終不渝的人生哲學。

對史托達倫來說，「**一樁好的交易是雙方都覺得自己占盡好處。**」

善待他人

富豪們遵循的另一黃金法則是：己之所欲，施之於人。這是陳覺中的人生座右銘，也是柯溫推崇的人生智慧。

不要傷害他人。

對於做生意應避開哪些事，曹德旺指出：「任何會損及客戶利益，以及任何傷害別人的事情，我都不會做。」

尊重他人

富豪們通常十分尊重他人。

史托達倫向我解釋其中的道理：「我父親常說，禮尚往來。只要待人以禮，對方就會投桃報李。要平等對待每個人，每位顧客都是飯店的貴賓，不論他們是穿牛仔褲，還是西裝畢挺都沒關係，因為他們每一位都很重要。」

簡恩認為，餐廳老闆對待旗下女服務員就該像是自己的事業夥伴。

「我無法忍受人們無禮對待他們的下屬。我見過一些人在談買賣時對人百般奉承，因為他們亟欲做成生意，但他們對待女服務生卻很刻薄。對我來說，我經商的首要原則是，絕對不與這種人生意往來。因為今天他們如此對待人，有朝一日也會這樣對待我。」

不僅要尊重他人，而且當他人做出有利於你的事情時，也要給予肯定。

信任他人

威爾遜與其他富豪一樣充分信任他人。當我們在他位於加拿大溫哥華的家中進行訪談時，他解釋了自己的作風。

「從本質上來說，我人生中很天才的一面是，總是毫不猶豫地信任他人，但這也是我人生中最大的敗筆。我生性容易相信人，但是法律制度卻是一板一眼，從沒對我有太多關愛。我一向期望人們像我想像般的正直，雖然通常事與願違，但鑒於仍有人可能不負我的期望，我依然對人抱持信任。」

「我常常不把汽車上鎖，覺得如果有人要偷，就讓他偷吧。在做生意時，不設防的個性導致我時常受騙。但是我不想改變自己，我生性如此，也一直認為這樣才能吸引到真正的好人，當然也會招來一些良心泯滅的人。」

的確，你有時會遇到一些不值得信任的人。斯特羅納克認為，儘管這樣，仍然不應改變對人的信任：「有時候人們會對我說，我太容易相信人了。但是，我的事業仍然做得很好。因為我相信，儘管偶爾會遇到一些不值得信任或人品不佳的人，但是信任他人還是值得你去冒的風險。」

忠實厚道

忠誠對生意往來的雙方都很重要。史托達倫就箇中道理指出：

「為人要忠實厚道，要善待人生中遇到的每個人。因為人總有需要他人幫助的時候。如果你一直善待別人，在你需要協助的緊要關頭，他們也會助你一臂之力。所以請善待他人，不要在意他們是清潔工或是幫人洗碗盤，說不定在人生的旅途中你會需要他們的協助。人不可忘本，要記得他人的恩惠。」

本書第十五章曾講述史托達倫如何使斯汀與斯托羅姆百貨公司轉虧為盈，接下來則是他與購物中心的故事。

「我最初的抱負，是在斯堪的納維亞半島建立最大的購物中心集團，後來我確實做到了。

從一九九二年到一九九六年，我們大舉擴張，包括在一九九六年將公司上市，賺了很多錢，在銀行有大筆存款。我當時覺得這是自己主掌公司、呼風喚雨的時代，儘管我持有的股權只有三％到四％，但這是出自於我自己的想法。身為公司執行長，所有幹部都是我親手挑選，且都是一時之選，公司在業界的發展領先群倫。」

「就在職業生涯達到巔峰之際，我突然遭到解職。」

原因出於他與一位大股東發生衝突。該名股東同時也是購物中心的承租戶，他想要查看競爭對手在購物中心的租約。基於這項要求違反商業道德規範，史托達倫抵死不從，結果被開除了。

「拳王邁克．泰森（Mike Tyson）沒說過太多發人深省的話，但他這句『人都自信滿滿，直到被一拳擊倒為止』卻深植人心。我是被擊倒了，而且是在沒有準備的情況之下徹底遭到羞辱。當時我心中想的只有一件事：報仇。我發誓要用比上次更快的速度建立一家新公司。」

這段話是史托達倫在一場普受矚目的記者會上說的，他當時宣布要打造斯堪地那維亞半島最大的飯店連鎖事業，如今他確實辦到了，這件事我也曾在本書第十一章提及。史托達倫一路走來結交了不少朋友，由於有他們的奧援，他終於如願以償。

最近，史托達倫重新進軍購物中心，組建了強大團隊收購一家規模超越斯汀與斯托羅姆的公司，金額逾十億歐元，是挪威最大宗交易之一。當年租約事件因史托達倫未妥協而權益獲得保障的人，鼎力支持這起購併案。

「那人對我說：『佩特，因為你過去惠我良多，現在我們會全力支持你。』於是他們大手筆注資，使我們順利買下這家購物中心企業。雖然繞了一大圈，但我終於東山再起。」

由於忠誠厚道，史托達倫獲得了巨大的回報。

以誠信樹立聲譽、贏得各方尊重

聲譽對人的價值遠高於金錢，累積個人聲譽遠勝於累積財富。正如斯特羅納克所說：「**錢財總有機會賺取，但聲譽一旦失去就永難彌補。**」

沈財福將聲譽視為企業最重要的資產，並建議自事業生涯初始就應著手建立信譽。

「人誕生之後，在還很小時，性格與心態就成為個人聲譽的基礎。如果你壞了自己的名聲，還會有誰來支持你，給予你肯定、協助，甚至相信你？」

曹德旺相信毛澤東的話：「**一個人做好事並不難，難的是一輩子做好事。**」他在事業上確實做了很多好事。信不信由你，他可能是全中國唯一退回國家補貼的企業家。他經營的福耀公司曾自地方政府獲得一千萬元人民幣，用來維持一家沒有利潤的工廠度過危機、繼續運作，使員工免於失業。曹德旺最後讓工廠再度獲利，然後把補助款退還給國家，因為公司已不需要這筆錢。

簡恩指出：「要用最高的道德標準來做每一件事，並且要記住，**樹立個人聲譽需要花上數十年時間，但它卻可能毀於一旦。**」

只要有良好的聲譽，自然有人樂於與你生意往來。歐茲耶金等億萬富豪足以為證：「由於大家都知道我是連續創業者，因此經常有人邀我投資他們的新創公司，有些商機實在好到讓人難以置信。」

切勿喪失誠信

柯溫告誡大家，做人千萬不能喪失誠信。在他提出的十三個人生課題中，誠信一直排名在第二順位。他表示：「**如果失去誠信，成功就不再有意義，此時攬鏡自照，會益發自覺心虛。**」

因此，不要偏離正確的道路。

曹德旺表示：「你看過《貧民百萬富翁》（*Slumdog Millionaire*）嗎？這部電影講述一個平凡的年輕男子幸運成為百萬富翁，而遭許多人惡意對待，試圖讓他屈服，但他始終堅持善良與人格操守，最後成為真正的百萬富翁。這當中完全沒有僥倖。」

贏得敬重

擁有良好的品格才會受人敬重。

當穆爾蒂創立印孚瑟斯公司時，他提出的經營願景，是使公司成為業界最受人敬重的一員，而不是像有些人建議的，打造最大或最賺錢的公司。

「我始終相信，如果每項交易都能得到所有利害關係人的尊重，將可為公司帶來營收、利潤和市值。這是我做生意的祕訣。」

「如果你能履行對客戶的每項承諾，久而久之，他們會看清你的公司誠實可靠。同樣地，當你秉持最好的原則來對待投資人，他們就會體認可以安心的把錢交給你。如果你以公平、有禮和正直的態度對待每位員工，他們就會明白這是一家可敬的公司。只要你與社會和諧相處，人們就會了解這是一家自敬自重的公司。因此，對任何一家公司而言，受人敬重都是最重要的屬性。」

「切記，受社會敬重尤其重要，因為不論是客戶、員工、投資者或政府官員，全都來自社會。政治家也是由社會成員選出。因此，只要公司受到社會敬重，自然能吸引客戶上門、員工加入、投資人注資，而政治家和政府官員也會為你的產業推出有利的政策。想要獲得社會敬重，你的言行必須像一個模範公民。」

穆爾蒂一直避免去做「任何有損於贏得外界敬重的事情」。

曹德旺說，「**受到他人敬重才能算是成功。**」他可能是中國當前最受人尊敬和喜愛的商人。「我個人最大的成就是受到各級政府官員認可，並贏得人們的欽佩。」

親愛的讀者，你的人格操守經得起檢驗嗎？你是否擁有健全的價值觀，或是偶而會投機取巧？你是否虛懷若谷、腳踏實地，堅定不渝地行善？你是否牢靠、值得任信？你如何對待他人？是否秉持公平、尊重、誠實和忠誠的原則待人？你的聲譽好嗎？受人敬重嗎？

與億萬富翁的差距

- 游移不定的人通常不會有健全的價值觀，為達目的，他們會投機取巧，不惜自毀人格操守，最後淹沒在自己造成的混亂中。
- 人或許可以靠謊言和舞弊成為百萬富翁，但不義之財終究無法長久持守，有朝一日惡行會被揭發並遭受懲罰。多數百萬富翁雖具有健全的價值觀，但他們不會專注於建立聲譽和業界的信任。這限制了他們的事業成就。
- 億萬富豪以誠信和可信賴度來建立良好聲譽。他們與人交往時能贏得對方深切的尊重。

關於本章的更多故事，請上：http://TheBillionDollarSecret.com/resources

第19章
知恩圖報

「為他人服務是人生在世必須的付出。」

——穆罕默德・阿里（Muhammad Ali）

人必須承認，無論自己的成就有多高，都是社會的恩典。社會給予我們受教育的機會，也提供企業所需要的員工、客戶和投資者。要懂得感恩回饋。

即使無法回報在人生路途上幫過我們的每個人，我們還是要竭盡所能來回報他人的恩惠。我為什麼這麼說呢？

以下是簡恩的親身故事，將使你了解其中的道理。

「在我第一次創業成功之後，有天接到一位女士來電，她跟我說：『我丈夫住進了重症病房，他有話想和你說。』各位可以想像，接到這樣的電話，我的直接反應是，我的天哪，她欠了大筆醫藥費，要找我幫忙。我回答她：『這位女士，我完全理解妳的狀況，我們有基金會可以提供協助，請發電子郵件來申請，我保證基金會能幫妳處理。』」

「她說：『不，我只想請你跟我先生說幾句話，他真的很想和你說話。』我當下有些惱火，心想：『好吧，就花一分鐘來打發他吧。』於是我接了電話，開口就直接問他：『先生，有什麼需要我幫忙的地方呢？』」

「接下來的對話徹底改變了我的一生。他回答說：『什麼都不需要，先生。不知道你還記不記得，當初你想離開美國時，是我勸你留下的。我一直非常關心你的事業發展，也為你現在的成就感到驕傲，我只是想讓你知道這些而已。』」

簡恩早年在紐澤西州過得並不如意，當他想離開美國時，那人勸他留下並幫他在加州矽谷找到一份不錯的工作。

「我倒抽了一口氣，心想：『天哪，我變成什麼樣的人了？我不僅忘了這位恩人，更糟的是，他根本不需要我幫助。』當下我發誓『永遠不會再讓這種事情發生。』儘管我無法回報他，但我一定要去幫助別人，把恩惠傳出去。只要能力所及，我會幫所遇到的每個人實現夢想，藉以回報我的恩人。在生命旅程中幫過我卻被我遺忘了的絕不止他一人。」

要懂得感恩

要對現有的一切心懷感激。

我請教帕里索托懷抱什麼樣的夢想？他回答說：「不，我沒有什麼夢想。我每天感謝上帝賜予的一切。只要有可能，我會再多做一些，但我也需要回顧來時路，並感謝上帝，因為我擁有的已經夠多了。」

要知福惜福，並對身邊的人心懷感激。

威爾遜首次創業時遭逢許多挫折，後來他從中體會到：

「我以前常對過去所做所為懊惱不已，要不然就是活在對未來的憧憬中。我也從來不會對現況、周遭的人或自己的成就心存感激。我好像一直處於求生戰鬥的狀態，只會不停檢討過去和盤算未來。

「我意識到自己活了四十年卻從沒說過：『人生不是很美好嗎？』於是我開始思考：『其實我活得很好，我該如何讓人生變得更好？也許不該老想著自己，應當多為這個世界著想。想想如何為世界帶來改變，使它變得更加美好。』」

人生就像是一顆洋蔥，等待著你逐層剝開以品嚐其中滋味。

我問桑格維，如果能回到二十歲，他最想知道的事情是什麼。

「對我來說，最大的樂趣就是過自己想過的生活。人生就像是一顆洋蔥，隨著時間流逝，逐層被剝開，從中學得新鮮的事物。所以，假如我在第一天就知道了一切，或許我就不會享有沿途探索所帶來的樂趣。」

苦難可使你真心對自己擁有的事物心懷感激，並讓你學會從不同的角度看待人生及世人。

哈森弗拉茨初到加拿大時一無所有。他必須先賺一些錢才能去蒙特婁投靠叔叔。在此之前，他只能委身火車站為家。

「火車站裡面只有一些長椅，但很溫暖。在魁北克，儘管已到五月下旬，外頭仍然很冷。我帶著一個小包包，在車站待了幾天，由於無法沖澡，只能簡單擦拭一下身體和刮鬍子，身上想必散發難聞的味道。睡覺的長板凳雖然很硬，但還可以忍受。」

「當地民眾非常友善，我向他們打聽到工作機會，『這裡有些汽車經銷商，他們一直在找洗車工。』於是我就去應徵了。當被問到『洗過車嗎？』我回說，『沒有，但是我可以學習。』」

哈森弗拉茨當時連一句英文都不會。

「但必要時還是有辦法讓人明白我的意思。我每洗一部車可賺二角五分，一天下來大概可賺到五元。我花一角八分買一條吐司，另外花一角九分買一升牛奶，這大概就是我一天的吃喝花費。早上吃半條吐司，晚上吃剩下的半條，是那種切成薄片的吐司，嚐起來有點像蛋糕。我覺得很滿意，因為每天花費不到五角可以存一些錢。最終我的存款足夠買一張去蒙特婁的火車票。」

「我那時身上肯定有臭味。即使自己沒察覺，但在蒙特婁有人對我說，『你為什麼不洗（澡）？』『我有洗啊！』『你確定？』『是的，我的工作就是洗車。』『你確實洗了。』（大笑）很有趣，不是嗎？」

「在蒙特婁期間，我也是以火車站為家。接著我轉赴多倫多，在那裡過了近四星期的街友生活，並不是很糟。」

你能想像嗎？一名無家可歸的街友，窩在火車站，用長板凳當床，後來居然成為億萬富豪？這段經歷使哈森弗拉茨學會在極端困苦的環境下生存，也讓他對日後的安適生活心懷感激。

樂善好施

要樂於行善。

多數人平時忙著打理自己，總是推說沒時間關照別人。但是，正如簡恩所指出，行善與享樂並不相互排斥，事實上，想要享受人生，首先就必須大方行善。

「若想創建市值達十億美元的企業，你必須有能力解決一個價值一百億美元的問題。如果你有能力幫助十億人，肯定會大發利市。」

斯特羅納克表示：「當你擁有的資源愈多，你就愈有能力行善，愈能為社會立下典範。」

使世界變得更美好

行善無關個人，而是為了使世界變得更美好。對簡恩而言，**一個人是否成功，應以他對社會的貢獻來衡量**。

我問斯圖爾最希望世人如何記得他。

「我最想讓人記得我是一位非常成功的企業家，但我也希望從現在起到去世之前，有能力多做點善事，讓這個世界遠比我出生時變得更加美好。」

穆爾蒂最想與世人分享的人生道理是：「世上任何人都應竭盡所能，使世界變得更加公平、包容、和諧、和平，以及可長可久。」

仗義疏財

企業家應具備的是「豐盛心態」（abundance mindset）而不是「匱乏心態」（scarcity mindset）。

二〇〇四年「安永世界企業家大獎」得主陳覺中抱怨商界普遍存在吝於付出的心態：「在我創立快樂蜂食品公司初期，有一家菲律賓速食連鎖店老闆曾告訴我，不應該給公司員工太好的待遇。那家公司現在已經不復存在，因為老闆輕視豐盛心態。」

陳覺中忠告世人：「**萬物豐饒，取用之道貴在樂於與人分享。我們分享得愈多，其他方面的回饋也相應愈多。**」

善待你身邊的人，無論他們是員工、追隨者，或是不認識的人。為善總會有善報。威爾遜的人生座右銘是「**但求施予，不求回報**」。

「我喜愛幫助人。每當促成他人大步躍進時，我總是對自己能帶來改變樂在其中。」

柯溫是我認識最慷慨的人之一。他不吝撥冗接受我採訪，且對待我就像其他受訪的富豪們一樣。他個人擁有兩艘遊艇，是那種豪華大型遊艇，船上組員包括廚師在內共十多人。我曾在摩納哥登上他的遊艇並和船長交談，從而得知一個關於柯溫如何慷慨的故事：

「柯溫在遊艇上向一位工作約三十五年即將退休的員工宣布，讓他們夫妻免費使用他的遊艇一週，做為退休禮物。這名員工既不是公司的執行長，也沒有擔任過任何高階職務，只是一名普通的職員。這真是不可思議。」

你可能不知道，這艘遊艇光是保養費每週就要耗掉數萬美元。

全心全力行善

請善盡一己之力來造福社會和所有不幸的人，要為他人做出貢獻。

蔡東青努力的目標在於，「造福社會。不能光考慮個人得失，更要時時為他人著想。」

阿利塔德最感到高興的事情是：「自己所做的每一件事，即使只是小事，都能夠對他人、鄰居、家人和所有員工有所幫助。」

史托達倫就企業經營之道指出：「我不僅對公司的員工責任重大，而且對社會、地球的未來、我的孩子，以及下一世代的人都責無旁貸。」

人生不光要會賺錢，更重要的是要能為世界帶來改變。

史托達倫向來以創造永續經營的事業做為自己的使命：「對我來說，經營北歐精品酒店集團的目的，從來不只是為了賺錢，最重要的是為世人帶來改變，包括旗下的員工、入住的客人和飯店所在的社區。藉助酒店經營來改善世界，一直是我經商的核心理念。我期盼客人基於這個理念，選擇入住我們的飯店。」

穆爾蒂和家人專注於學習普世價值。對他來說，最有價值的是「**將機構和社會的利益置於個人的利益之上**」，因而他主張「**企業要能永續經營，必須建立在回饋社會的基礎之上**」。

樂於助人

簡恩最想與世人分享的理念是：「對需要幫助的人伸出援手，並且盡可能幫助更多的人。**沒有什麼比助人但不求回報，更能帶來快樂和自我實現感**。而且助人帶來的喜悅，是人生中擁有的所有事物難以比擬的。」

對哈森弗拉茨而言，樂於助人是事業成功的祕訣：「想要事業成功，你必須善解人意。很多事情可以慢慢學，唯有結交朋友和樂於助人必須從小做起。不要問『你能為我做什麼』，但求『我能幫你什麼』。就這樣開始吧！不要存有期待回報的心理，因為要不要回報完全在對方一念之間。」

白手起家的億萬富豪回饋社會的方式

游移不定的人不會有太多助人的念頭，他們只想從別人身上獲得好處。有錢人應該多方行善。

許多稍有財勢的政商名流從事慈善工作，往往把錢花在舉辦各式各樣的新潮派對上，說穿了只是在做個人公關。但是億萬富豪的作風就不同了，他們從事慈善事業不只是捐個錢而已，而是透過成立大型慈善機構，有系統、有效率地去行善。有些人甚至十分低調，不會大肆張揚他們的善行。

我採訪過的富豪幾乎都是這種大慈善家。他們通常在年輕時專注於發展事業，等到年紀大了，很多人都將重心轉移到經營慈善事業。

五十歲的沈財福仍然活躍於商界，對於行善的道理，他指出：

「我大約九歲上小學四年級時，學校來了一位非常嚴厲的訓導主任，還分到我們班擔任導師。我們都很討厭他，因為他處罰人從不手軟，包括罰半蹲、跪貝殼，或是讓人在手指頭夾筆，然後不斷磨擦直到瘀血為止。這是不折不扣的體罰（笑），這就是我們討厭他的原因。」

「後來我才明白，他其實是個非常好的人。有天下課時我獨自待在教室裡，沒跟大家一起出去玩，因為我在踢足球時把身上僅有的五分錢弄丟了。後來他看到我，走進來問我為什麼還留在教室裡？我回說，我把錢弄丟了。他看著我，隨即拿出二十分錢遞給我。」

「這個舉措讓我對他幡然改觀。固然體罰使學生覺得他是個惡人，但他也確實有一顆善良的心。」

沈財福現今是新加坡《海峽時報》學校零用錢基金會（Straits Times School Pocket Money Fund）主要捐款人，這個基金會提供星洲九千名學童零用錢，讓他們可以在學校購買食物。

「迄今我已捐給該基金會約六百萬美元。」

富豪們回饋社會的方式不同，有些是捐出公司的產品或服務，有些則是透過成立慈善事業來實現。如果要詳細介紹他們的各種慈善活動，可能需要整本書的篇幅。以下就讓我擇要舉例說明：

歐茲耶金是土耳其最慷慨的慈善家之一，他與妻子艾森（Ayşen）一手成立的慈善事業規模與相關活動都很驚人，包括創辦一所大學、為弱勢女學童蓋了六十五所學校和宿舍、創辦成人教育、提倡婦女賦權、從事農村發展計畫，以及實質挽救了數以百計毒品成隱者的生命，迄今整體受惠人數已超過一百萬人。

史托達倫是斯堪的那維亞半島頂尖慈善家，他成立的「史托達倫基金會」專注於對抗氣候變遷、倡議保護熱帶雨林，以及發展再生能源及環保技術。

穆爾蒂透過成立「印孚瑟斯基金會」來幫助印度社會弱勢族群。

「我們在印度農村地區興建醫院、學校、圖書館、貧民午餐廚房，也為窮人設立獎學金和改善教育，還在印度和美國發生洪災時幫助災民，另外也贊助數所高等學府的數學、物理和電腦科學教育。」

印孚瑟斯公司每年提撥二%的利潤用來從事慈善事業，金額達五千萬美元。

斯特羅納克的麥格納國際公司努力實踐公平企業理念，每年不僅與管理階層和員工分享公司利潤，並且將二%利潤用於社會公益事業，金額高達四千萬美元。

桑格維的慈善事業聚焦於關懷弱勢團體和提倡健康教育，而且完全自掏腰包。

陳覺中推行「學校供餐計畫」（School Feeding Program），每天為菲律賓一千八百多所學校約十八萬名學生免費提供餐點。

帕里索托在巴西亞馬遜州（Amazonas）從事社會公益事業，提供約四萬名印地安人原住民教育、醫療救助，並購買他們的永續生態農業產品，藉此保護了一片約葡萄牙面積大小的熱帶雨林。

> 「這些公益作為，使當地民眾可以安身立命，無需去砍伐森林。」

此外，他還蓋了一家醫院，提供兒童醫療照護。

但我見過最傑出的慈善家可能是中國富豪曹德旺。他已對慈善事業挹注超過十億美元，是亞洲最慷慨的慈善家之一。他捐出個人持有的福耀玻璃公司大批股票成立「河仁慈善基金會」(Heren Foundation)，用來從事各種公益活動。

> 「例如，去年河仁慈善基金會將三千萬美元股息用於賑濟尼泊爾地震災民」。

威爾遜成立的「想像有一天基金會」(Imagine1Day Foundation) 致力於慈善事業，為衣索比亞民眾提供優質教育。

澳洲富豪斯圖爾傾個人和公司之力從事慈善事業，他的「麋鹿玩具公司」投注約一〇%的利潤行善，主要用於維護兒童健康及福祉。他們支持自閉症研究，且是為病童帶來歡樂的「小丑醫生」（Clown Doctors）計畫主要贊助者。此外，斯圖爾也將個人所得一〇%捐贈予各式慈善事業。

德雷珀創立了數個慈善與社會公益計畫，包括推動「商業世界」（BizWorld）教育課程及創辦「德雷珀大學」（Draper University）。

阿利塔德對慈善事業的捐款遠多於個人自企業所得。

納文．簡恩
「經商貴在樂於助人。」

「我每年捐出一千萬美元用來救濟窮人、殘障人士、孩童以及孤兒，為他們做些重要的事。」

他的目標在「對抗疾病、貧窮，使人免受飢餓，以及幫助無國界醫生組織（Doctors Without Borders）赴戰地行醫，挽救眾生於倒懸。」

加利茨基對慈善事業貢獻良多，其家鄉克拉斯諾達爾市（Krasnodar）受惠尤深。他為這個城市興建了一座公園，也翻新人行道，復甦公共綠地和街區，還建造了全俄羅斯數一數二的足球場。這使他成為當地最著名的慈善家和最受尊敬的公民。東歐常發生仇視富人事件。我特別在當地做實地考察，藉以了解民眾對加利茨基的看法，結果居然沒有人對他有任何負面評價。民眾普遍的看法是：如果有任何值得在俄國致富的人，肯定非他莫屬。能在俄國獲得這樣的評價意義非凡。

使商業成為最好的慈善活動

對陳覺中而言，「做善事最好的管道就是創業，因為每僱用一名員工就能幫助一個家庭。在菲律賓，一名員工平均可以養活五個人」。

簡恩認為，「做生意與助人息息相關」。他希望能解決世界的重大問題，為數十億人帶來正面的影響。對他來說，做善事就是最好的生意，因為它有助解決人類所面臨的重大問題。

納瑞亞納．穆爾蒂
「經商的目的在使這個世界變得更舒適宜居。」

「水資源、能源、糧食等問題各自潛藏著數以兆計的商機，等待著有能力的企業家來挑戰。因此，對我來說，商業與慈善事業二者相輔相成。」

富豪們會在商業中注入社會公益原則，賦予資本主義不同的樣貌。

史托達倫認為，永續資本主義是最理想的商業模式。

「我期望的資本主義是一種能著眼長期發展的制度，因為如果我們不考慮長期問題，就無法拯救世界。我相信氣候變遷確實存在，期望自己能對此有所作為，我不想自己的小孩有天問說：『爸爸，你當時為什麼不採取任何行動？』我希望屆時我的回答會是：『我掌握了相關訊息，我知道自己做得還不夠多，但是我已經盡力了。』那就是我生命所託，我始終竭盡所能使自己成為促進變革的助力。」

穆爾蒂把他的經商模式稱為慈悲的資本主義（Compassionate Capitalism）。

「我們透過員工認股，證明我們有能力結合資本主義和社會主義來創造出我所謂的慈悲的資本主義。」

對他來說，「**做生意就是要讓這個世界變得更加美好。**」他的印孚瑟斯公司提供二十萬員工高薪工作。他並希望最終能為全人類創造一百萬個工作。

斯特羅納克則為自己發展的公平企業系統感到自豪，他在麥格納國際共已創造逾十五萬個職位。

「這些都是高薪工作，讓人有共同創造財富的機會。」

金範洙創立了他稱為創投慈善事業的「C計畫」，大舉投入教育工作。「我們看到了韓國教育制度如何使莘莘學子喪失創造力和獨立思考的能力，因為在此制度下一切努力都是為通過大學入學考試做準備，這是個大問題，完全忽視學生對課外活動的需求。」

簡恩說，慈善事業不應只是捐錢，而應當要有助於解決問題。社會問題往往是商業最能派上用場的地方。金範洙指出：「社會問題最終有賴解決。遇到問題時，人們會先有一個假設，然後思考解決之道。我認為企業是解決問題最有效率的組織，尤其是我們公司擅長運用科技來解決問題。基於企業家精神，我想要解決問題。」

樹立典範

億萬富豪們在慈善領域各自樹立了許多典範。比爾．蓋茲可能是本書受訪者們最常提到的人物。穆爾蒂解釋說：「所有人都欽佩蓋茲，不僅是因為他在商界執牛耳，也因為他後來的一切作為，包括捐出大筆個人財富來對抗瘧疾、愛滋病和許多至今仍深深困擾世上貧窮地區的疾病。他的事蹟確實卓越非凡，因此成為大家最好的楷模。」

富豪們行善學習的榜樣還包括：

亨利．福特，他為工人建造醫院和學校。

約翰．洛克斐勒（John D. Rockefeller Sr.），雖是高度爭議性人物，但也是歷史上最著名的慈善家之一。他為黑人興學，同時創辦兩所大學，另外還成立實驗室開發了許多重要的疫苗。

約翰・皮爾龐特・摩根（J. P. Morgan）捐出逾八〇％的個人財富用於慈善事業。

親愛的讀者們，你抱持什麼樣的人生態度？你是否對自己擁有的一切心懷感激？你懷抱的是豐盛心態還是匱乏心態？你會幫助別人還是希望獲得幫助？你有否對周遭的人群、所處的社會及世界做出貢獻？請以億萬富豪做為你的榜樣，及時行善並奉行不渝。

與億萬富翁的差距

- 游移不定的人只會期待別人給予。
- 百萬富翁抱持匱乏心態，偶爾會捐錢給他人經營的慈善機構。
- 億萬富豪擁有豐盛心態，他們能體會企業家的社會責任，並且建立慈善機構去實現自己的想法。

關於本章的更多故事，請上：http://TheBillionDollarSecret.com/resources

第20章
代價不菲

「成功的代價遠低於失敗的代價。」
——湯瑪斯・華生（Thomas Watson），IBM公司初期的董事長兼執行長

要怎麼收穫，先怎麼栽。

創建一家市值逾十億美元的公司需要長年投注時間與心血，甚至時常必須不眠不休，在私人生活上做出種種犧牲。這意味著長時間一刻也不得閒，必須過著日以繼夜的生活，同時犧牲與家人親友的關係。這是一場終生的奮鬥，途中充滿無數艱難險阻與無盡的不確定性，難免時常跌跌撞撞，停滯不前。另外還可能遭受沒有抱負與不得志的人不斷冷嘲熱諷。想要闖出自己的一片天，就必須付出這些代價。

即使只有少許成功的機會，仍應做出最大的犧牲，以期達成人生的目標。

二〇一六年「安永世界企業家大獎」得主斯圖爾表示：「我想最重要的，是對自己做的事情

充滿信心，而且全心投入，同時了解，沒有付出，就不會有成果。無疑地，這意味著沒有時間與家人和朋友相處，這是**成功必須付出的代價**，我說的不是那種泛泛的成就。」

他一再強調，「**不要當個半調子。**」

不惜犧牲

想要成功必須投注大量時間、精力與努力，私人生活必然會有許多犧牲。你願意付出這樣的代價嗎？

德雷珀認為，成功企業家最重要的人格特質就是：「願意為公司與顧客的利益和一切機會不惜付出。」

因為代價很大，億萬富豪並不鼓勵人追隨他們的成功之道。

阿利塔德建議想要致富的年輕人：「不要走我的老路，那會非常辛苦。**需要付出的代價是長達三十年、每天十四到十五小時的工作。那是我必要的犧牲。**」

帕里索托也小心翼翼地提醒：「我不清楚大家是否有必要走上這條路。當然，就最後結果而言，這些努力都是值得的。但大家需要知道走上這條路的代價：**在成功之前，必定要勤勉不懈。**」

成功需要你時時犧牲個人與家庭的生活。

帕里索托表示：「因為很辛苦，所以我不建議任何人效法我。我不知道大家是否準備好過那種不度假、週末加班的生活，特別是在創業之後。我不清楚人們是否有那樣的精力。有時代價真的很大，尤其會犧牲自己與親友的關係，我想只有少數人才做得到。但我出生窮苦家庭，別無選擇，所以迫不急待地逃離那個環境，追求更好的日子。如今，隨著國家愈發達，人們就愈變得躊躇滿志。」

創業最初數十年會特別的辛苦。曹德旺坦言：「創業頭二十年，我幾乎一週工作七天，每天作息都相同，完全沒有與家人相處的時間。我每天沒日沒夜地工作，晚上都要做到八、九點。」

在成為億萬富豪之前，你不會有時間享受生活。

信不信由你，有些富豪反倒羨慕一般人悠閒的生活。富豪們的生活與媒體塑造的形象迥然有別，他們並不耽溺於奢華的派對或無盡的假期。

歐茲耶金說，因為沒有時間，所以他無法像多數一般人那樣享受人生的美好滋味。

「我周遭的人們基本上比我更常旅行，更常做些有趣的事。每當新年假期我打電話問候，他們不是在普吉島就是在更棒的地方，我卻還要工作（笑）。我不得不自憐自艾，我是多麼想去度假，到挪威一覽峽灣風光。友人最近送我一本好書，是他到阿拉斯加度假三、四週的成果，書裡放了許多釣魚的照片，而且記錄了很多有趣的事。這讓我十分羨慕，我想我是不是太過喜歡工作了。」

對於希望人生有何改變，蔡東青指出：「我想要有更多的時間來享受幸福。讓自己多點快樂和喜悅，而工作時間可以少一點。我想要的改變是生活和工作可以達到平衡，盡可能做到同時享受工作與生活。我想要多點時間來享受人生，到處走走看看。」

關於最期望自己二十歲時就能明白的事，斯特羅納克耐人尋味地表示：「人只能年輕一次。」許多富豪的時間、精力與思考全奉獻給了事業。

柯溫認為他根本沒辦法擁有自己的嗜好。

「如果我太太在這裡，她會說：『你根本是個工作狂。』我擁有兩艘遊艇，原因是我太太說我必須培養業餘愛好。」

柯溫買這兩艘遊艇，原本是期望不再過度專注於事業，結果事與願違。

「我用那兩艘遊艇來做出租生意。我可能有些需要改進的地方，其中一點，就是我應當更在意自己日漸衰老的事實，我不可能永遠像現在一樣拚命。沒有人能永生不死，生命最終必然會走到盡頭。」

是的，這是實實在在的風險。在成為億萬富豪的過程中，你可能沒有時間享受人生。多數富豪確實如此。

責任與壓力

億萬富豪肩負重責大任，壓力無比沉重。他們要對成千上萬員工與家屬的生計負責，不能因為壓力太大或沒有成就感就撒手不管。

加利茨基指出，龐大的財富意味著巨大的壓力，它會限制個人的生活。

「**錢賺得愈多，各方面的自我設限也會愈多**。多數人不會想成為這些限制的奴隸，因為**無法過真正的家庭生活**，不能像小富小貴的人那樣多花時間與家人相處。你必須不停地認真工作，而且**賺的錢愈多，相對的壓力也就愈大**。多數人根本沒做好承受這種壓力的準備。」

你或許會感到不可思議，但有些富豪的確寧願單純當個上班族。

對於若能重新來過將會做什麼，曹德旺表示：

「如果能回到原點，我首先可能會完成良好的教育，然後學習專業經理人員必備的技能，再找一間公司謀個差事貢獻所長。如果不自創事業的話，就能免除許多壓力與責任。**單純做一名夥計，人生可能會快活些**。如果能從頭開始，我不要成為企業家，寧願當一名專業經理。」

我難以置信，因此繼續追問，為了使人生快活些，他真的願意放棄目前所擁有的一切？

「是的，我寧願當一名專業人士，像一般人那樣不必承受太多風險。」

有些富豪的想法更徹底，若重新來過，他們不會選擇創業。

哈森弗拉茨說：「如果現在從頭開始的話，我或許不會創業（笑）。過去的種種經歷和錯誤使我明白，如今重新再來的話必須更加拚死拚活。」

長跑者的孤寂

幾乎無人能了解富豪們面對的種種問題，更遑論幫他們設想解決之道。他們不時要面對外界的不信任、質疑甚至指責，承擔所謂「長跑者的孤寂」。

索羅形容說：

「許多人跟我一樣有種『長跑者的孤寂感』。因為人生的一切經歷難以和他人分享，所以真的倍感孤單。換句話說，社會對我們可能有所誤解，甚至對我們創造的一切無法接受。周遭的人通常過度簡化我們的形象，皺著眉頭看我們的眼光彷彿在說，『那根本不可能，必定有舞弊行為，否則我同樣有能力，為何做不到。』這是再簡單不過的看法，這些態度也反應他們試著理解卻無從得知。」

「我僅有少數可以談論事業的朋友，而且都是公司內部成員而非外人，難免會有『長跑者的孤寂感』。請設身處地想想，在一場超級馬拉松競賽中，競爭心會促使你全力以赴，期能拔得頭籌。當你在沙漠中跑了一百一十公里且領先群倫，卻突然有記者靠過來攔下你問說：『你目前的狀況如何？接下來的策略是什麼？』當下你會有什麼樣的反應？恐怕你心裡會先嘀咕，『這是什麼蠢問題』，然後想說，『這傢伙根本不懂超馬，才會在這個時候問這種問題。』。這名記者雖想克盡採訪職責，但顯然根本搞不清楚狀況。當然你也無從向他說明自己脈搏有多快、有多少危機必須克服、要付出多少代價，以及如何做好飲水管理。你內心千頭萬緒的感受只有自己能體會，而對方只給你十秒鐘去說明。他甚至沒有用心去了解超馬的計分方式，對於長跑帶給身體的負荷也全然無知，因為他認為可以從你身上學到一切。他事前連一點基本的功課都不想做。而在這之後，你仍會一場接一場持續不斷地跑下去……。」

許多富豪根本沒有可以求助的朋友。沈財福把自己比喻成一隻孤獨的老鷹：

「我沒有朋友可以依靠，這是生命中最艱難的部分。我甚至不與太太談論問題，只有當事情明朗且容易選擇時，才會去跟她談。我最大的問題，是沒有辦法跟她講什麼，因為那會給她帶來更多的問題、更多的困擾。我個人的煩惱已經夠多了，不想再造成其他人的困擾。人攀上顛峰之後，真的會倍感孤寂。」

登巔造極者唯有孤寂相伴，他們這種切身的感受是他人難以領略的。

想要在事業上出類拔萃，就必須準備好忍受「權位的孤寂」。

帕里索托解釋說：「富豪們最常面臨的是權位的孤寂，這是一般人無法理解的。」

「我很難與人討論一億、五億或十億美元的投資案，因為沒有人可以提供任何建議。我真的是孤軍奮戰，如果成功了，一切都美好，而一旦失敗了，也只能向自己訴苦，因為大部分的事無法向別人訴說。並不是因為別人無能或是無知，而是他們不在那個處境裡，因而無法理解。」

「另外一個因素是，人各有志，有人想擁有房子，有人要的是車子和一些銀行存款，也許是百萬或千萬美元，目標大不相同。有人知道我要的不只如此。許多人問我，『你賺的錢已經夠多了，為何不退休？』我告訴他們，如果不工作了，我可能會因失去一切熱情而撒手人寰。我需要熱情，需要找些自己喜愛的事來做。保持熱情與參與才能感受到自己是社會上有用的人。」

「我也面臨許多風險，因為如果我經營的石化公司稍有差池，發生了環保問題，恐怕會有牢獄之災。但是我對事業的熱情終究高於風險所帶來的挑戰。」

許多富豪因有過慘痛經驗而很難信任別人。

簡恩指出：「一旦事業成功，你會發現九九％親近你、當你朋友的人都有求於你。就某種意義來說，有錢人或漂亮的小姐，宛如受到神的咀咒，盡是吸引一批不對的人。那些人從不了解錢財或美貌表象之下的實相。他們永遠不懂，即使是有錢人，也會因為內心感到空虛、寂寞而不快樂。現今人們不再與人建立實質的關係，因為大家都害怕深刻的實質關係會使自己暴露內心的脆弱。」

富豪過得快樂嗎？

這一切都值得嗎？當個富豪就一定快樂嗎？這或許是我寫這本書時最常被問到的問題。讓我們多談談這個話題吧。

對阿利塔德及許多人而言，「成功就是快樂。」

斯特羅納克常受邀到各大學演講：「我教這些大學生的第一件事是：**人生成功與否完全取決於生活快樂的程度**。依我的經驗，**有錢的話，確實比較容易感到快樂**。聰明的學生會問：『那要如何賺錢？』我說：『二十歲左右的人，還無法真正了解自己，一切都要靠自己不斷的摸索。』」

一般社會大眾常有以下兩種極端的想法。一種是「錢能使人快樂」，另一種是「那些可憐的億萬富豪，他們極其富裕卻一點也不快樂。」

事實上，錢財不能大幅改變你感受快樂的能力，只會更加凸顯你的人格特質，如果你原本就是快樂的人，變成有錢人後的確會更加快樂。但如果你本就是不快樂的人，金錢只會讓你更不快樂。因此想要藉由堆金積玉來使自己快樂，無疑是緣木求魚。

錢財不會帶給人快樂，有錢只是讓人多了一些選擇。一切端看你能否從財富帶來的選項中做出有利的抉擇。

那麼，億萬富豪們都快樂嗎？最簡短的答案是：「對，但原因絕非如你所想。」

如前文所述，要成為億萬富豪需要付出許多代價，但我們還必須考量以下事情。本書提到有些人格特質及嗜好可能有助於賺大錢，同時也能讓人快樂。接下來讓我們進一步來談。

億萬富豪們都深諳人類心理且擅長溝通。這使他們能夠建構長期和諧的關係，自然而然地增加個人的幸福感。

與多數人對有錢人的刻板印象相反，筆者會見及訪談的白手起家富豪多數過著簡約的生活，而且背後都有一位相互容忍且支持他們一切作為的賢內助。他們的生活沒有戲劇性起伏，也沒有人離婚，太太及小孩都成為他們最穩固的支柱，讓他們無後顧之憂全力衝刺事業。

歐茲耶金認為自己能有今日的成就，原因之一是娶了一位好老婆。

「她是我人生中最重要的伴侶，無怨無悔地幫我撫養小孩成人。值得一提的是，小孩出生時我適巧都有事無法陪伴在側，例如生兒子時，我人在巴格達，當我搭乘的飛機在伊斯坦堡著陸時，私人司機告訴我，穆拉已經出生了，當下我決定直奔醫院去探視。當女兒艾瑟琴出生時，我則在利比亞首都的黎波里出差，是收到電報後才知道此事。我太太從未抱怨我在孩子小時候過於投入工作。每當我出差，不論是白天或晚上，她總是起身送我出門，然後依照土耳其傳統向座車後方灑水，祈禱旅途一路平安順遂。直到今天，不管身處世界哪個角落，我總會在登機前打電話給她，她也會在飛機一落地馬上向她報平安。」

對於哈森弗拉茨也是如此，賢內助的支持是事業成功的一項關鍵因素：「我堅信一定要有一位賢內助。太太在事業與社交生活上惠我良多。」

富豪們都熱愛自己的事業及所屬產業。由於他們做自己喜歡做的事，因此比較快樂。桑格維指出：「解決問題也可以帶來快樂。」

談到快樂之道，蔡東青說：「做自己想做的事，同時樂在其中。」

接下來，我想談的是自由。富豪們做事，不是因為不得不然，而是出於心甘情願，而且他們覺得自己做的事非常重要。

加利茨基認為：「**自由，是有能力把時間投注於自己認為重要而且樂在其中的事情。**」

有錢意味著更能掌控自己的生活和周遭的環境。如同我在第九章所指出，富豪們不是隨風飄盪的旗子，他們就是風。能力和財富使他們有更多選擇來應對生命中的逆境，並創造出正向的結果。

針對快樂之道，柯溫指出：「快樂源自能夠自己掌控日程。這不是出於自私。要知道所有人都有情緒，因此我寧願控制自己當下想做的事，而不要別人來安排。我發現人生有個問題是，隨著年齡增長，會愈難忍受他人指手畫腳。我的妻子會說：『你能幫忙做這個嗎？』我常回答：『我必須做嗎？』她通常斬釘截鐵說：『是的』。」

富豪們通常對自己感到滿意，也因自己的成就而感到自豪。他們不再需要向任何人證明什麼，他們有能力過自己想過的生活。

蔡東青坦承，「當我的事業取得顯著成果時，內心一股自我實現感不禁油然而生。」

索羅指出：「我很高興能蓋房子供人居住，透過建設與生產使人們生活過得更輕鬆。我的第一家上市公司名為「改善波蘭生活」，我不僅改善了自己的生活，而且也改善了他人的生活。」

成就使人感到快樂。成就卓著的億萬富豪其樂融融。

富豪們是創造者，有能力實現自己的夢想。這是一個深刻的自我實現過程。

加利茨基談到讓自己開心的事指出：「當事情按照自己的規畫具體實現。當看到自己的想法最終落實，雖然速度不一定很快，但終究如願以償。當抽象的構想變成事實的存在，我可以站在那裡注視幾個小時都不覺得疲累。若不是終究會累，我甚至可以一連站上好幾天。」

他已實現的想法之一，是為家鄉克拉斯諾達爾（Krasnodar）建造一座可容納三萬四千名球迷的宏偉足球場。

蔡東青同樣喜愛「實現公司發展藍圖的過程」。

富豪們可從他人的肯定與尊重加深自己的幸福感。

曹德旺說，讓他感到欣慰的是，「周圍的人都尊敬與肯定我做了正確的事」。

富豪們對於自己能促進他人福祉並親眼見證他人成長、成功和快樂，也同樣感到歡欣鼓舞。

史托達倫談到讓他感到喜悅的事時指出：「看到他人成長、自己的妻子事業成功、自己的孩子過得幸福、自己養的狗兒快樂、員工愛護公司並對公司感到自豪、有人努力從接待員做到公司經理、每個人都能發揮潛能並落實自己的願望、即使有人未發現自己的巨大潛能但終究實現了夢想，這一切都讓我引以為樂。」

索羅表示：「能讓我感到快樂的事情是，自己所接觸的人都怡然自若。對我而言，這是再快樂不過的事。」

我們不要忘記許多富豪常懷感恩之心，且奉行斯多葛主義愛人如己。這有助於他們感到幸福。生命本身是德雷珀快樂的泉源。

桑格維指出：「我大致上是快樂的，不需要藉由外部活動使自己開心。我盡量不讓外部活動成為自己快樂或不快樂的關鍵。難題不會使我悶悶不樂，同樣地，成功也不會使我喜形於色。我幾乎不喜不悲。如果事情的發展不如己意，我不會因而抑鬱寡歡。」

富豪們其實都很珍惜生命中一些簡單的事物，畢竟他們都已看盡人生百態。

哈格里夫斯引以為樂的是，「生活中那些簡單的事情。當然，我有一個很好的菜園，我最大的樂趣，是在週日早晨挖些蔬菜供午餐用。我也摘芽菜或到野外找蘑菇，儘管有時我不會吃它，但光是找到蘑菇就能讓我心花怒放。」

「我熱愛大自然，因此很享受越野跑步。我喜歡十月，深深著迷於秋色和清爽的晨間時光。

能讓我感到快樂的，往往是生活中最簡單的事情，像是結交一些好朋友，享受美食和品茗好酒，甚至是熱烈的辯論，只要我能辯贏，都會讓我感到快樂。（笑）」

「我也樂見別人成功。當我看到別人成功時會百感交集。幸福總是讓我心緒激動。見到他人有所成就，我會眉開眼笑。當年幼的孩子做了很好的事情時，我會雀躍不已。我是情感豐沛的人。」

我們不要忘了，富豪們容易感到快樂，與這些性格特徵和習慣有關：具有信仰、生性樂觀、信賴他人、有目標及使命感、重視健康、主動積極、忠於自己、人格完整，以及樂於回饋社會。

當然，這些並不能使他們免於疾病或喪失親人之痛。而且，並不是所有富豪的人生都其樂陶陶。但如果將所有因素都考慮進去，我認為，富豪們比社會上其他人過得幸福些。

親愛的讀者，為了使自己有朝一日躋身富豪之列，你是否願意付出一切代價與努力？你是否準備為此犧牲泰半的人生？你必須投入大量時間與精力，同時也要承受無比的壓力和肩負沈重的責任。你能忍受長跑者的孤寂感嗎？

與億萬富翁的差距

- 游移不定的人往往不想付出代價，他們只想享受當下，不願意為自己的人生做出犧牲。
- 百萬富翁通常願意付出代價，儘管他們往往不知道代價會有多高，或者沒有將它與現實環境連結。事實上他們會灰心喪志、精疲力竭，或迫於外在環境，在投注的時間或承擔的責任上妥協讓步。
- 億萬富豪通常勇於付出代價並對此有所準備。一旦調整好心態與環境，他們會不惜一切必要的犧牲但求達成目標。

關於本章的更多故事，請上：http://TheBillionDollarSecret.com/resources

結語

親愛的讀者們，本書已進入尾聲。你已學習到世上最成功、白手起家億萬富豪經營事業的祕訣。藉由他們揭露的內在智慧，你當能像他們一樣獲得極致的成就。接下來就靠你身體力行。

切記，外在因素並非成功的關鍵，你才是自己人生的主宰者。要離開舒適的窩，振翅起飛去闖出自己的一片天。讓永不饜足的饑渴，引領你邁向成功的康莊大道。要以信仰、樂觀、自我肯定與信任自己打造成功之「船」，這艘船將載你安然度過事業生涯的大風大浪。要避開拜金者陷阱、學習商業大師六大技能並養成致富六大習慣。找出人生的目標，設定宏大的願景並著手實現夢想！不要隨波逐流，要引領風潮。要審時度勢並伺機明快出手。要勇往直前，別讓恐懼阻撓你成就大業。要甘冒風險，但不要孤注一擲。成功之前必然會經歷多次挫敗。虛心接受挫敗但不要放棄，要愈挫愈勇。別害怕與眾不同。不要盲目從眾。要懷抱熱情，熱情能助你勤勉不懈地朝實現夢想前進，和克服一切障礙。講求效率與精打細算，是商場克敵致勝的關鍵。要活到老學到老。堅持不懈地精益求精。為人處世始終要光明磊落。要建立良好的信譽，且別忘了把愛傳出去。也請始終謹記：成就大業後要感恩圖報。

我們擁有前所未有的充足機會，要把握可乘之機，切莫錯失良機。著手運用本書提供的二十項致富原則，展翅高飛吧。依循筆者揭示的成功路徑圖，你必能邁向成功的康莊大道。請讓我預先祝賀你達成目標。祝福你早日成功！

致謝辭

在撰寫致謝辭之際，我驚訝地發現，實現這個寫作專案需要何其多人的協助。接下來我要獻上他們當之無愧的讚譽。

本書是受三位作家啟發，若沒有他們的激勵，我絕難產生寫書的想法。首先要感謝的是，講述了「克里夫・楊故事」（Cliff Young Story）的傑克・坎菲爾（Jack Canfield），他帶我走上了發展自我的道路。接著是T・哈福・艾克（T. Harv Eker），他寫的《有錢人想的和你不一樣》（*Secrets of the Millionaire Mind*），使我了解財富是心態的產物。最後要感謝拿破崙・希爾，他的《思考致富》引領我從全球的視野去探索極成功企業家的思考方式。感謝這些傑出的思想家使我有了當前的成果。

我也要感謝從一開始就信任我的寫作願景的所有人，他們相信我能克服萬難完成此書。這一路走來有時覺得自己是在出版業的逆境中求勝，謝謝在漫長的寫書過程中支持我的所有人。基於保護個資的理由，我在此只提各位的名字，敬請見諒。但各位知道我對你們的謝意。馬可是第一位獲知我這個瘋狂的寫書計畫的人，他說服我相信自己能完成重任，並激勵我採取了第一個步驟。

我也很感激馬里歐、米內、亞齊三位助手，他們在計畫看來不切實際且令人生畏的萌芽期，毅然迎向挑戰，為我安排了與億萬富豪們的訪談。謝謝各位，你們是我的英雄！

感謝對我信任有加的優秀的諸位，為我聯繫了訪談對象，並在整個寫作過程中滿足我的一切要求：安傑、艾拉、麥納斯、潘杜、萊納、卡洛琳、弗雷德利、朗尼、瑪莉、湯瑪斯、馬可斯、瑪麗、猶塔、茱莉亞、安娜、莎賓娜、曉菁、筱紀、潔西、艾瑟、愛麗絲、康妮、凱瑟琳、珊曼莎、安德瑞、巴斯特、戴斯利、西蒙和凱倫。若不是你們鼎力相助，我將難以說服成就非凡的富豪們分享他們的智慧。

我也要向本書卓越的主角們致謝，感謝你們敞開胸懷和心靈，與讀者們分享成功的祕訣。各位商業英雄是我們的時代最傑出的企業家，也是世界各地所有企業家的角色楷模，你們提供的產品與服務更使無數人的生活益加舒適。各位給我的畢生難逢的機會，各位對我的熱情款待，各位的開放態度，以及各位與我的讀者分享的洞見，實在讓我感激不盡。讀者們除了可在書中讀到他們的故事，也可以在富豪群像中找到他們的簡歷。

我特別要感謝傑克．柯溫為我開啟了許多門扉。在寫書的後期，他如同當年安德魯．卡內基幫助拿破崙．希爾那樣幫我。他對我就像是世界的接口、知己、嚮導與導師。我將終生銘記他的傾囊相助。感謝你，傑克！

我也要感謝書籍助產士（Book Midwife）公司的梅樂蒂與明蒂，盡心盡力協助我整理材料、理清思緒，使這一切形諸文字。你們功不可沒。

我還要感謝出版業老手蓋瑞、葛瑞絲與瑞克，幫我在業界的迷宮中找到方向。傑克．坎菲爾不但為本書寫了引人入勝的前言，更分享了他的寫作經驗，且對如何在美國出版作品提供了寶貴的建議。感謝你！

也感謝尼克、葛瑞、安姬、克莉斯汀、布莉塔尼、林希與DNA公司的曼迪，各位勤勉不懈的工作使我的訊息得以傳達到世界各角落。

我還要感謝艾迪與佐伊供應世界頂尖的卡布奇諾，使我在寫書的漫長時刻元氣滿滿。你們的咖啡館無疑是我的第二個家。

還有我親愛的朋友們，亞伯特、安德烈、亞瑟、英格麗、麥克與莫妮卡，感謝你們百忙中撥出時間閱讀尚不完美的手稿，並提出珍貴的建言，為本書增色不少。

我也要感謝寫書期間為我加油打氣的YouTube善心觀眾。感謝你們！對於所有唱衰本書的人，我同樣抱持謝意，因為各位給了我充足的理由以證明自己辦得到。

我也要藉此機會感謝我親愛的員工、助理和幾位自由業者，歐拉夫、希勒斯、大衛、葛瑞、卡米爾、馬丁、賽巴斯提安與湯姆，幫助我管理公司與專案。感謝各位為我分憂解勞。

我也要對長年忍受我四處旅行工作而不能隨時陪伴的家人與朋友，致上最大的謝意。由於你們的諒解與莫大的支持，本書才得以大功告成。感謝你們不求回報地當我的後盾，且不曾動搖地信任我、為我費心費力。

最後，我要感謝各位親愛的讀者，謝謝你們投注時間閱讀本書。筆者全力以赴的這部著作絕對開卷有益。

有錢人與你的差距，不只是錢

The Billion Dollar Secret:20 Principles of Billionaire Wealth and Success

作者	拉斐爾・巴齊亞（Rafael Badziag）
譯者	陳文和
商周集團執行長	郭奕伶
視覺顧問	陳栩椿

商業周刊出版部

總編輯	余幸娟
責任編輯	潘玫均、涂逸凡
封面設計	萬勝安
內頁排版	廖婉甄
出版發行	城邦文化事業股份有限公司 - 商業周刊
地址	115020 台北市南港區昆陽街 16 號 6 樓 電話 ：(02) 2505-6789　傳真：(02) 2503-6399
讀者服務專線	(02) 2510-8888
商周集團網站服務信箱	mailbox@bwnet.com.tw
劃撥帳號	50003033
戶名	英屬蓋曼群島商家庭傳媒股份有限公司城邦分公司
網站	www.businessweekly.com.tw
香港發行所	城邦（香港）出版集團有限公司 香港灣仔駱克道 193 號東超商業中心 1 樓 電話：(852) 25086231　傳真：(852) 25789337 E-mail：hkcite@biznetvigator.com

製版印刷	鴻柏印刷事業股份有限公司
總經銷	聯合發行股份有限公司　電話：(02) 2917-8022
初版 1 刷	2020 年 9 月
初版 22.5 刷	2024 年 4 月
定價	450 元
ISBN	978-986-5519-15-5

國家圖書館出版品預行編目 (CIP) 資料

有錢人與你的差距，不只是錢 / 拉斐爾 . 巴齊亞 (Rafael Badziag) 著 ; 陳文和譯 . -- 初版 . -- 臺北市 : 城邦商業周刊, 2020.09

面；　公分

譯自 : The billion dollar secret : 20 principles of billionaire wealth and success.

ISBN 978-986-5519-15-5(平裝)

1. 成功法 2. 財富

177.52　　109009955

金商道

The positive thinker sees the invisible, feels the intangible, and achieves the impossible.

惟正向思考者，能察於未見，感於無形，達於人所不能。 —— 佚名